形势与政策概论

金祥波◎主编

XINGSHI YU ZHENGCE GAILUN

编委名单

主　编　金祥波

副主编　孟祥鹏　封　莎

　　　　　马　晶　王丽丽

编　委　尚靖君　王立波

　　　　　陈艳玲　梁明哲

中国社会科学出版社

图书在版编目（CIP）数据

形势与政策概论/金祥波主编．—北京：中国社会科学出版社，2011.9
ISBN 978-7-5004-9931-2

Ⅰ.①形…　Ⅱ.①金…　Ⅲ.①时事政策教育－高等学校－教材　Ⅳ.①G641.41

中国版本图书馆 CIP 数据核字（2011）第 124384 号

责任编辑　杨晓芳
责任校对　郭　娟
封面设计　李尘工作室
技术编辑　戴　宽

出版发行　中国社会科学出版社
社　　址　北京鼓楼西大街甲 158 号　　邮　编　100720
电　　话　010－84029450（邮购）
网　　址　http：//www.csspw.cn
经　　销　新华书店
印　　装　三河市君旺印装厂
版　　次　2011 年 9 月第 1 版　　印　次　2011 年 9 月第 1 次印刷
开　　本　710×1000　1/16
印　　张　18
字　　数　286 千字
定　　价　39.80 元

前　言

形势与政策教育是高等学校学生思想政治工作的重要内容，也是高等学校思想政治理论课教学体系中不可缺少的组成部分，是大学生提高综合素质、开阔视野、增强社会责任感和大局意识的重要载体，在大学生思想政治教育中具有不可替代的作用。其主要任务是对大学生进行系统的马克思主义理论教育，帮助他们树立正确的世界观、人生观、价值观，提高运用马克思主义的立场、观点、方法分析和解决问题的能力。其根本目标是培养中国特色社会主义事业的合格建设者和可靠接班人。

“形势与政策”作为高校大学生的必修课，是对大学生进行形势与政策教育的主渠道、主阵地，在多年的教学实践中，由于该课程的特殊性，一直没有教材，只有一个《时事报告》（大学生版）作为参考资料，以致学生对时事与政策缺乏系统的了解和掌握。为了弥补这一不足，从2006年开始，延边大学社会科学基础部形势与政策教研室组织部分教师编写了《形势与政策概论》讲稿，在使用中收到了很好的效果，在总结经验的基础上，我们编写了《形势与政策概论》这本教材，并已列入延边大学“十二五”规划出版教材之中。

本书采用专题式的编写方法，试图把具有相对稳定性、基础性的知识框架与当前不断变化的形势结合起来。全书共分四部分，即：经济篇、政治篇、文化教育篇、国际关系篇。每个大专题下又设几个小专题，大专题侧重于全局性的重要问题，小专题侧重于局部性的热点问题。在专题内容上，努力体现权威性、前沿性，注重理论与实际的结合，历史与现实的结合，在相关问题的解读和分析上下工夫。本书各专题的作者，既是这一领域的资深专家，也是形势与政策教育中具有丰富教学经验的一线教师。

我们衷心希望大学生们通过“形势与政策”课的学习，学会运用马克思主义的立场、观点、方法观察和分析形势，把握时代主题和时代脉搏，自觉弘扬和践行社会主义核心价值观，毕业后主动投身到祖国的改革开放和现代化建设事业中去。

当然，本书作为“形势与政策”教育教学的一种实践摸索和创新尝试，肯定会有不足之处。其中，每位参编者的写作水平略有参差，写作风格也难有一致。特别是本书从策划到组织编写，再到出版发行，至少需要半年多的时间，这对本书的编写带来很大的挑战，甚至会出现书中对某个问题的分析判断跟不上形势发展变化的情况，请使用本书的师生给予谅解，我们将会适时地、有针对性地增减、调整和修正《形势与政策概论》中的一些内容、形式和领域，以使教材在自我完善中充满生机和活力。

热忱欢迎广大专家、学者和读者批评指正！

如有对本书的批评、建议请发至：yjjinxb@ 126. com

本书编写组

2011 年 4 月

目　录

经　济　篇

政　治　篇

文化教育篇

国际关系篇

经 济 篇

第一讲

当前中国的经济形势与发展趋势

经过改革开放三十多年的发展，尤其经过“十一五”期间的努力，中国社会主义建设取得非凡成绩，经济发展已经站在一个新的起点上。党中央、国务院在深入分析当前国内、国外环境的基础上，审时度势，对中国的经济形势做出了正确评价，并开始制定中国经济和社会发展的第十二个五年规划，为我们准确认识和把握新时期、新阶段中国经济发展形势指明了方向。

一　当前中国的经济形势分析

（一）中国经济继续保持良好发展势头

1. 中国经济继续保持良好发展的国内外条件

从世界看，世界多极化继续演进，要和平、促发展、谋合作是时代的主旋律。当今，人类社会生产力在不断发展，要和平、促发展、谋合作是时代的主旋律。全球范围内新一轮区域合作进入加速发展新时期。各地区多边组织空前活跃，各大国和新兴力量为争夺区域经济合作主导权，加大投入，区域内外国家间力量分化组合继续深化发展。东亚成为大国竞争及新一轮区域合作发展的重点，美、日、俄、欧，对亚洲区域合作予以越来越多的关注，中国在亚洲区域合作及重大国际问题上的作用备受重视。东亚合作进程中虽然复杂因素不少，但也出现了互利共赢的新局面。

经济全球化趋势深入发展，我国面临机遇和挑战。随着各国之间贸易、投资、技术、劳务等方面合作的加强，我国经济与世界经济的联系和相互影响正在加深，可利用的外部机遇更多，发展空间更大。各国普遍看好我国的发展前景，发展对华关系、加强对华经济合作的意愿日益强烈。各国和国际组织对我国经济发展的前景和宏观经济政策的调整倍加关注，期望我国在促进区域经济合作和多边贸易体系中发挥作用。这些，无疑将为我们利用好“两个市场”、“两种资源”，加快高新技术产业发展和传统产业的改造升级带来前所未有的发展机遇。同时，“中国威胁论”、“中国傲慢论”等不利于我国发展的国际舆论时起时伏，中国加入世界贸易组织后，对外贸易和投资中各种摩擦与日俱增，对我国产品的技术壁垒、生态壁垒、安全使用壁垒等也呈上升之势，制约发展的外部因素增多，面临的外部风险和挑战也在增多。

世界科技进步日新月异，当前世界科技发展呈现新特点。世界科学技术发生了新的重大突破，以信息科学、生命科学为标志的现代科学技术突飞猛进。当前世界科技发展呈现出几个突出的特点：一是学科交叉融合加快、新兴学科不断涌现。二是科技创新、转化和产业化的速度不断加快，原始科学创新、关键技术创新和系统集成作用日益突出。三是科技发展呈现出群体突破的态势。四是科技与经济、社会、教育、文化的关系日益紧密。五是国际科技交流与合作日益广泛。美、日、欧等国在经济科技方面的优势将长期存在，缩小与它们的差距，我们必须看清世界科技进步的大势，制定出正确的科技发展战略，奋力跟上科技发展的时代潮流，才能在未来的发展中进一步把握住机遇、赢得主动。

从国内形势来看，我国具备保持经济平稳较快发展和社会和谐进步的诸多有利条件。“十五”时期城乡居民消费结构逐步升级，产业结构调整和城镇化进程加快，为经济社会持续快速发展提供了广阔的市场空间；丰富的劳动力资源、较高的国民储蓄率，是经济社会持续快速发展的坚实保障；比较雄厚的产业、科技和教育基础，以及不断完善的基础设施，为经济社会发展提供有力支撑；市场经济体制逐步完善，社会政治保持长期稳定，为经济社会发展创造了良好的社会环境。目前，我们已经顺利实现了“三步走”的第一步和第二步战略目标，为进一步发展奠定了坚实的基础。

2. 中国经济建设不断取得新的进展

我国在国民经济“十一五”规划期间取得了巨大的经济成就。期间尽管在2008年受到了罕见的世界金融危机的冲击，但在党中央的科学领导下，在社会政治稳定、充满机遇的条件下，全国上下围绕全面建设小康社会的宏伟目标，积极落实科学发展观，认真贯彻加强和完善宏观调控的各项政策措施，我国的国民经济保持了平稳较快的增长，经济运行继续朝着宏观调控的预期方向发展。“十一五”时期，全国各族人民同心同德，扎实工作，国民经济增长较快、效益较好，主要体现在以下几个方面：

第一，经济平稳较快发展出现新特点。

经济运行的稳定性有所提高，国内生产总值在2006年、2007年、2008年、2009年分别增长11.1%、11.9%、9.0%、8.7%的基础上，2010年前三季度分别增长11.9%、10.3%、9.6%、9.8%，这说明在整个“十一五”期间，我国国民经济基本上按照原有的目标实现了较为平稳、快速的发展。[①]

第二，结构调整取得新进展。

农业综合生产能力进一步增强。“十一五”期间粮食产量连年上升，从2006年到2009年增长率分别为2.9%、0.7%、5.4%、0.4%，年均增长约2.4%；肉类总产量年均也有较大幅度上升，从2006年到2009年增长率分别为4.6%、3.5%、5.9%、5.0%，年均增长约4.8%。[②]

工业结构升级步伐加快。多年来，我国采用高新技术、先进实用技术改造提升传统产业，促进信息化和工业化的融合，振兴装备制造业，夯实工业发展的基础，发展高新技术产业群，支持新能源、新材料、信息、生物、医疗、节能环保等新兴产业的发展，培育新的经济增长点，

---

① 中华人民共和国中央人民政府网：中华人民共和国2005年、2006年、2007年、2008年、2009年、2010年国民经济和社会发展统计公报整理。

② 同上。

从而改善了工业投资结构，淘汰了落后产能。从2006年到2009年高技术制造业增加值比上年分别增长了18.7%、17.8%、14.0%、7.7%，年均增长约14.6%。[①]

服务业继续稳定发展。政府和企业信息化应用水平近一步提高。邮电通信、现代物流、社区服务、旅游、会展等新兴服务业发展加快，商贸餐饮等传统服务业保持良好发展势头。

从地区结构调整看，区域发展总体战略积极推进，西部大开发进展顺利。东北地区等老工业基地振兴战略扎实推进。研究制定了促进中部崛起的政策措施。农业基础进一步巩固，优势产业发展壮大，城市群的辐射带动作用增强，东部地区在经济结构调整、增长方式转变方面取得新的成效。

第三，改革开放迈出新步伐。

经过以家庭承包经营为核心的农村经营体制改革和以农村税费改革为核心的国民收入分配关系改革后，农村改革已进入了以促进农村上层建筑变革为核心的综合改革新阶段。按照巩固农村税费改革成果和完善社会主义市场经济体制的要求，多年来农村不断推进乡镇机构、农村义务教育和县乡财政管理体制改革，加快建立精干高效的农村行政管理体制和运行机制、覆盖城乡的公共财政制度、政府保障的农村义务教育体制，促进了农民增收和农村公益事业发展，全面推进了社会主义新农村建设。

企业改革方面。2003年国资委成立后，国有企业改革向纵深发展。从国有经济整体布局和结构优化的高度以及从搞好整个国有经济目标出发，对国有经济布局进行战略性调整，对国有企业进行战略性改组。通过实施国有经济“有进有退，有所为有所不为”的方针，我国国有经济更多地向关系国民经济命脉的重要行业和关键领域集中。截至2006年年底，中央企业80%以上的资产集中在石油石化、电力、国防、通信、运输、矿业、冶金、机械行业，在经济发展中发挥了“骨干”作用。通过重组调整，培育了一批具有国际竞争力的企业航母。其中银

---

① 中华人民共和国中央人民政府网：中华人民共和国2005年、2006年、2007年、2008年、2009年、2010年国民经济和社会发展统计公报整理。

行、铁路、民航、烟草、邮政等行业管理体制改革不断迈出新步伐。同时，国家制定并实施鼓励支持和引导非公有制经济发展的政策措施，各类所有制企业公平竞争的体制和政策环境得到进一步改善。

对外开放取得新进展。“十一五”期间外贸进出口总额基本呈稳步上升趋势。从2006年到2008年外贸进出口总额增长率分别为23.8%、23.5%、17.8%。2009年由于受国际金融危机影响较大，比上一年下滑约13.9%，但2010年外贸进出口总额大幅回升，仅1—7月份就比上一年同期进出口总额上升约40.9%，达到16170亿美元；机电产品和高新技术产品出口从2006年至2008年分别比上一年增长28.8%、29.0%，27.6%、23.6%，17.3%、13.1%。受世界金融危机影响，2009年与上年相比有所下降，但从2010年1—7月出口看，与上年同期基本持平，预计下半年会有较大上升，因此，中国对外贸易种类及控制高耗能、高污染和资源性产品出口取得成效。①

第四，资源节约和环境保护取得新成效。

节能、节水、节材、节地、资源综合利用工作力度加大。对部分高耗电行业实行了差别电价政策。对部分高耗水行业制定了取水定额国家标准。

循环经济发展步伐加快，环境保护和生态建设进一步加强。在重点行业、重点领域、产业园区和部分地区启动了国家循环经济试点，使社会生产能耗总量增幅下降，能源消耗强度减小和“三废”排放量下降，资源循环利用率提高。如下表所示。

2005—2008年中国能耗强度变动情况②

年份	万元GDP能耗（吨标准煤）	同比变动（%）
2005	1.226	-22.4
2006	1.204	-1.79
2007	1.16	-3.66
2008	0.909	-4.21

① 中华人民共和国中央人民政府网：中华人民共和国2005年、2006年、2007年、2008年、2009年、2010年国民经济和社会发展统计公报整理。

② 杨雪峰主编：《循环经济学》，首都经济贸易大学出版社2009年版，第263页。

第五，社会事业发展出现新局面。

国家开始全面实施《国家中长期科学和技术发展规划纲要（2006—2020年）》，国家创新体系、基础研究和科技基础设施建设进一步加强。研究与试验经费连年增加，从2006年至2009年分别比上一年增长20.1%、22.0%、23.2%、17.7%。另外，“十一五”期间，我国在科技领域取得了许多重大突破，如“神州七号”载人航天飞行又获得圆满成功，首台千万亿次超级计算机系统“星云”研制成功；“嫦娥二号”卫星发射成功等。[①]

“十一五”期间，我国教育经费逐年增长，极大促进了我国教育事业的发展。2006年至2008年，全国教育经费分别比上一年增长16.59%、23.77%、19.37%。到2008年，全国义务教育人口覆盖超过98.5%。高等教育“211”工程和“985”工程稳步推进。[②]

我国的医疗卫生事业取得了较大的进步。覆盖省、市、县三级的疾病预防控制体系基本建成。突发公共卫生事件医疗救治体系建设进展顺利。艾滋病、结核病、血吸虫病等重大疾病防控得到加强，城市和农村医疗服务体制改革顺利推进。2009年末全国参加城镇基本医疗保险的人数40061万人，增加8239万人。2716个县（市、区）开展了新型农村合作医疗工作，新型农村合作医疗参合率94.0%。

第六，人民生活和社会保障水平有了明显提高。

城乡居民收入继续较快增长。2005年农村居民人均纯收入3255元，城镇居民人均可支配收入10493元，到了2009年，农村居民人均纯收入5153元，城镇居民人均可支配收入17175元，年均增长分别达到8.4%和10.2%。就业、再就业工作进一步加强，社会保障工作取得新成效。2009年末，全国参加城镇基本养老保险人数23498万人，比上年末增加1607万人，而新型农村社会养老保险试点也顺利启动。

总之，“十一五”时期是全面建设小康社会的关键时期，全国各族人民在党中央、国务院的领导下，以邓小平理论和“三个代表”重要

---

① 中华人民共和国中央人民政府网：中华人民共和国2005年、2006年、2007年、2008年、2009年、2010年国民经济和社会发展统计公报整理。

② 同上。

思想为指导，深入贯彻落实科学发展观，我国改革开放和现代化建设取得了新的更大成就。经济保持平稳较快发展，跨上了一个新台阶。经济发展方式转变和经济结构调整取得重要进展。农业特别是粮食生产连年获得好收成，产业结构升级加快，基础设施建设得到加强，节能减排和环境保护扎实推进，区域发展协调性增强，经济运行质量和效益稳步提高。一些重要领域和关键环节的改革取得重大突破，社会主义市场经济体制进一步完善。对外贸易快速发展，结构优化，利用外资质量提高，“走出去”步伐加快，开放型经济水平不断提高。

（二）中国当前经济发展中面临的问题和挑战

“十一五”期间，中国经济社会发展中也存在不少矛盾和问题。主要是：经济结构不合理，自主创新能力不强，经济增长方式转变缓慢，能源资源消耗过大，环境污染严重；就业矛盾比较突出；投资和消费的关系不协调；城乡、区域发展差距和部分社会成员之间收入差距继续扩大；社会事业发展仍然滞后。这些问题虽经几年的努力，但由于其的长期性和艰巨性，不可能在短时间内解决，仍然成为“十二五”要解决的主要问题。

从《“十二五”规划建议》可以看出，我国正处于并将长期处于社会主义初级阶段的国情并没有改变。生产力不发达，城乡区域发展不平衡；增长方式转变缓慢，经济结构不合理，使经济社会发展与资源、环境之间的矛盾突出；技术储备不足、自主创新能力不强，直接影响了我国经济的国际竞争能力的提高和可持续发展；解决“三农”问题的任务相当艰巨，就业压力依然较大；公平与效率、经济与社会发展之间不协调的矛盾日益凸显；影响发展的体制机制问题亟待解决，处理好社会利益关系的难度加大。从国际看，影响和平与发展的不稳定不确定因素增多，发达国家在经济科技上占优势的压力将长期存在，世界经济发展不平衡状况加剧，各国围绕资源、市场、技术、人才的竞争将更加激烈，贸易保护主义也有新的表现，对我国经济社会发展和安全提出了新的挑战。

二 当前中国经济工作的主要任务

2010年，我国已根据国内外环境的变化制定了“十二五”发展规划。从“十二五”时期经济社会发展的国内外环境看，当前和今后一个时期，世情、国情继续发生深刻变化。当今世界，和平、发展、合作仍是时代潮流，世界多极化、经济全球化深入发展，世界经济政治格局出现新变化，科技创新孕育新突破，国际环境总体上有利于我国和平发展。同时，国际金融危机影响深远，世界经济增长速度减缓，全球需求结构出现明显变化，围绕市场、资源、人才、技术、标准等的竞争更加激烈，气候变化以及能源资源安全、粮食安全等全球性问题更加突出，各种形式的保护主义抬头，我国发展的外部环境更趋复杂。我们必须坚持以更广阔的视野，冷静观察，沉着应对，统筹国内国际两个大局，把握好在全球经济分工中的新定位，积极创造参与国际经济合作和竞争新优势。从国内看，工业化、信息化、城镇化、市场化、国际化深入发展，人均国民收入稳步增加，经济结构转型加快，市场需求潜力巨大，资金供给充裕，科技和教育整体水平提升，劳动力素质改善，基础设施日益完善，体制活力显著增强，政府宏观调控和应对复杂局面能力明显提高，社会保障体系逐步健全，社会大局保持稳定，我们完全有条件推动经济社会发展和综合国力再上新台阶。同时，必须清醒地看到，我国发展中不平衡、不协调、不可持续问题依然突出，主要是，经济增长的资源环境约束强化，投资和消费关系失衡，收入分配差距较大，科技创新能力不强，产业结构不合理，农业基础仍然薄弱，城乡区域发展不协调，就业总量压力和结构性矛盾并存，社会矛盾明显增多，制约科学发展的体制机制障碍依然较多。我们必须科学判断和准确把握发展趋势，充分利用各种有利条件，加快解决突出矛盾和问题，集中力量办好自己的事情。

综合判断国际国内形势，我国发展仍处于可以大有作为的重要战略机遇期，既面临难得的历史机遇，又面对诸多可以预见和难以预见的风险挑战。正是在这样复杂的环境下，2010年10月18日中国共产党第十七届中央委员会第五次全体会议通过了《中共中央关于制定国民经济和社会发展第十二个五年规划的建议》（以下简称《建议》）。《建议》指出，“十二五”时期（2011—2015 年），是全面建设小康社会的关键时期，是深化改革开放、加快转变经济发展方式的攻坚时期。为此，《建议》为科学制定“十二五”规划，为抓住和用好我国发展的重要战略机遇期、促进经济长期平稳较快发展，夺取全面建设小康社会新胜利、推进中国特色社会主义伟大事业指明了方向，也为我国今后几年经济工作指明了重点。

（一）加快转变经济发展方式，开创科学发展新局面

以加快转变经济发展方式为主线，是推动科学发展的必由之路，符合我国基本国情和发展阶段性新特征。发展理念决定发展方式，发展方式决定发展质量。以转变经济方式为主线，推动我国经济社会科学发展，符合发展方式与发展理念之间的逻辑关系，适应世界科技革命和新型产业发展的新趋势。加快转变经济发展方式是我国经济社会领域的一场深刻变革，必须贯穿经济社会发展的全过程和各领域，提高发展的全面性、协调性、可持续性，坚持在发展中促转变、在转变中谋发展，实现经济社会又好又快发展。

1. “十二五”时期加快转变经济发展方式的基本要求

坚持把经济结构战略性调整作为加快转变经济发展方式的主攻方向。推进经济结构战略性调整，就要坚持扩大内需战略，落实和完善促进消费的政策，建立扩大消费需求的长效机制，调整优化投资结构，加快形成消费、投资、出口协调拉动经济增长的新局面；就要抓紧实施加快培育和发展战略性新兴产业的规划及政策措施，积极营造良好的市场环境，加大扶持力度，积极推进节能环保、新一代信息技术、生物、高端装备制造、新能源、新材料等产业的培育和发展；就要继续推进重点产业的调整与振兴，加强对企业兼并重组的引导和扶持，优化产业结构和企业组织结构，进一步改善服务业和中小企业发展环境，制定落实促进文化、物流等产业振兴规划的配套措施；就要促进区域协调发展、积极稳妥推进城镇化，实施区域发展总体战略，实施主体功能区战略，完善城市化布局和形态，加强城镇化管理，加大对革命老区、民族地区、

边疆地区、贫困地区的扶持力度，构筑区域经济优势互补、主体功能定位清晰、国土空间高效利用、人与自然和谐相处的区域发展格局。只有把上述各项工作抓紧抓实，才能真正完成好经济结构战略性调整这一关系未来五年经济社会发展全局，并作为加快转变经济发展方式主攻方向的重要目标任务。

坚持把科技进步和创新作为加快转变经济发展方式的重要支撑。当今世界，科学技术作为第一生产力的作用日益突出，科技进步和创新已成为加快转变经济发展方式的重要支撑，其作用体现在经济发展方式转变的各个方面和整个过程。推进科技进步和创新，就必须深入实施科教兴国战略和人才强国战略，充分发挥科技第一生产力和人才第一资源作用，提高教育现代化水平，增强自主创新能力，壮大创新人才队伍，推动发展向主要依靠科技进步、劳动者素质提高、管理创新转变，加快建设创新型国家。

坚持把保障和改善民生作为加快转变经济发展方式的根本出发点和落脚点。完善保障和改善民生的制度安排，把促进就业放在经济社会发展优先位置，加快发展各项社会事业，推进基本公共服务均等化，加快构建覆盖城乡居民的终身教育体系、就业服务体系、社会保障体系、医疗保障体系、住房保障体系，加大收入分配调节力度，使广大人民群众共享改革发展成果，坚定不移地走共同富裕道路，使发展成果惠及全体人民。

坚持把建设资源节约型、环境友好型社会作为加快转变经济发展方式的重要着力点。能源资源消耗多、环境损害成本大，是传统经济发展方式的主要弊端，把建设资源节约型、环境友好型社会作为重要着力点，抓住了加快转变经济发展方式的要害。“十一五”期间我们把节能减排作为硬约束，对转变经济发展方式起到了重要作用，“十二五”时期还要进一步加大这方面的工作力度。要深入贯彻节约资源和保护环境基本国策，节约能源，降低温室气体排放强度，发展循环经济，推广低碳技术，积极应对气候变化，促进经济社会发展与人口资源环境相协调，走可持续发展之路。

坚持把改革开放作为加快转变经济发展方式的强大动力。经济发展方式转变滞后是多方面因素造成的，但根本上在于体制机制不合理。没有体制上的重大突破，就难以实现经济发展方式的根本转变。因此，要坚定推进经济、政治、文化、社会等领域改革，加快构建有利于科学发展的体制机制。同时，当前我国对外开放进入了新阶段。“十二五”时期，必须准确把握我国在全球经济分工中的新定位，实行更加积极主动的开放战略，更好地把“引进来”与“走出去”结合起来，创新外贸发展方式、利用外资方式、对外投资和合作方式，拓展新的开放领域和空间，打造参与国际经济合作与竞争新优势。要坚定实施互利共赢的开放战略，与国际社会共同应对全球性挑战、共同分享发展机遇。

2. “十二五”时期经济社会发展主要目标

“十二五”规划具有战略性、前瞻性、指导性等特点，并与应对国际金融危机冲击重大部署紧密衔接，与到2020年实现全面建设小康社会奋斗目标紧密衔接。综合考虑未来发展趋势和条件，今后五年经济社会发展的主要目标是：

经济平稳较快发展。“十二五”时期，我国仍处于可以大有作为的重要战略机遇期，经济发展具有许多有利条件，但经济运行中不稳定、不健康的因素仍然较多，制约发展的深层次矛盾依然存在。由于国际金融危机的影响，国际经济环境的不确定性也在增加。因此，必须正确把握经济发展趋势变化，提高宏观经济管理水平，努力保持宏观经济运行的稳定，为此，《建议》提出要使经济平稳较快发展，价格总水平基本稳定，就业持续增加，国际收支趋向基本平衡，经济增长质量和效益明显提高。

经济结构战略性调整取得重大进展。经济结构不合理是我国发展中长期存在的突出矛盾，在世界经济深度调整的大背景下，我国长期以来形成的内需与外需、投资与消费结构性失衡的问题进一步突出，经济发展与能源资源短缺、生态环境脆弱的矛盾进一步加剧，我国已进入必须对经济结构进行全方位的战略性调整，才能推动经济又好又快发展的阶段。《建议》针对突出矛盾和问题，明确提出提高居民消费率、服务业比重和城镇化水平的目标，同时，针对我国经济增长质量和效益不高、国际竞争力不强等问题，提出要提高经济增长的科技含量，大幅降低单位国内生产总值能源消耗和二氧化碳排放，减少主要污染物排放总量和改善生态环境质量。

城乡居民收入普遍较快增加。不断增加城乡居民收入，提高人民生活水平，既是发展经济的根本目的，也是扩大内需、推动经济发展的内在动力。改革开放以来，随着收入分配制度改革的不断深入，我国城乡居民收入有了较快增加，人民生活实现了由温饱不足到总体小康的历史性跨越，并继续向全面小康迈进。但同时，收入分配结构不合理，城乡居民收入增长相对缓慢，收入差距大等问题仍然十分突出。针对这些问题，《建议》提出了针对性很强的目标，这就是，努力实现居民收入增长和经济发展同步、劳动报酬增长和劳动生产率提高同步，低收入者收入明显增加，中等收入群体持续扩大，贫困人口显著减少，人民生活质量和水平不断提高。与以往五年规划相比，这个目标的要求是很高的。

社会建设明显加强。加强社会建设，是统筹经济社会发展，促进人的全面发展和社会全面进步的重大举措。建立和完善基本公共服务体系，使居住生活在不同区域、具有不同教育和职业背景的公民，都能享受到大体均等的服务水平，不仅是全面建设小康社会的要求，也是中国特色社会主义制度的题中应有之义，因此，《建议》提出了覆盖城乡居民的基本公共服务体系逐步完善的目标。国民素质是国家竞争力和文明程度的综合体现，也是经济社会持续发展的重要推动力。目前，我国国民平均受教育年限仅相当于初中毕业的水平，同时，社会道德水平不够高，诚信意识、责任意识不足，科学精神和人文关怀缺乏等问题依然存在，国民健康素质呈下降趋势，针对这些问题，《建议》提出了明确目标。发展社会主义民主政治是我们党始终不渝的奋斗目标，人民当家作主是社会主义民主政治的本质和核心，依法治国是社会主义民主政治的基本要求，《建议》提出，要使社会主义民主法制更加健全，人民权益得到切实保障。文化是民族凝聚力和创造力的重要源泉，要加快发展文化事业和文化产业。社会管理在促进社会和谐稳定方面具有重要作用，要使社会管理制度趋于完善，社会更加和谐稳定。

改革开放不断深化。改革开放是推动经济社会发展的强大动力。我国社会主义市场经济体制初步建立，市场在配置资源中发挥了基础性作用。但我们也要看到，改革不到位、体制不健全，仍然是经济社会发展中许多深层次矛盾和问题难以得到有效解决的根源。因此，《建议》明确提出了加快改革的目标，要使财税金融、要素价格、垄断行业等重要领域和关键环节的改革取得明显进展，政府职能加快转变，政府公信力和行政效率进一步提高。

经过全国人民共同努力奋斗，要使我国转变经济发展方式取得实质性进展，综合国力、国际竞争力、抵御风险能力显著提高，人民物质文化生活明显改善，全面建成小康社会的基础更加牢固。

（二）坚持扩大内需战略，保持经济平稳较快发展

坚持扩大内需特别是消费需求的战略，必须充分挖掘我国内需的巨大潜力，着力破解制约扩大内需的体制机制障碍，加快形成消费、投资、出口协调拉动经济增长新局面。

加强和改善宏观调控。巩固和扩大应对国际金融危机冲击成果是“十二五”时期的重要任务。要处理好保持经济平稳较快发展、调整经济结构和管理通胀预期的关系，保持宏观经济政策的连续性和稳定性，增强针对性和灵活性，提高宏观调控的科学性和预见性，防范各类潜在风险，避免经济大的起落。把短期调控政策和长期发展政策有机结合起来，加强各项政策协调配合，促进经济平稳较快发展。

建立扩大消费需求的长效机制。把扩大消费需求作为扩大内需的战略重点，进一步释放城乡居民消费潜力，逐步使我国国内市场总体规模位居世界前列。要积极稳妥推进城镇化，大力发展服务业和中小企业，增加就业创业机会。要完善收入分配制度，合理调整国民收入分配格局，着力提高城乡中低收入居民收入，增强居民消费能力。要增加政府支出用于改善民生和社会事业比重，扩大社会保障制度覆盖面，逐步完善基本公共服务体系，形成良好的居民消费预期。要加强市场流通体系建设，发展新型消费业态，拓展新兴服务消费，完善鼓励消费的政策，改善消费环境，保护消费者权益，积极促进消费结构升级。要合理引导消费行为，发展节能环保型消费品，倡导与我国国情相适应的文明、节约、绿色、低碳消费模式。

调整优化投资结构。发挥投资对扩大内需的重要作用，保持投资合理增长，优化投资结构，完善投资体制机制，提高投资质量和效益，有

效拉动经济增长。“十二五”期间要确保国家扩大内需的重点在建和续建项目顺利完成并发挥效益。发挥产业政策作用，引导投资进一步向民生和社会事业、农业农村、科技创新、生态环保、资源节约等领域倾斜。坚持区别对待、分类指导，引导投资更多投向中西部地区。严格执行投资项目用地、节能、环保、安全等准入标准，有效遏制盲目扩张和重复建设。促进投资消费良性互动，把扩大投资和增加就业、改善民生有机结合起来，创造最终需求。明确界定政府投资范围，加强和规范地方政府融资平台管理，防范投资风险。规范国有企业投资行为，注重提高经济效益和社会效益。鼓励扩大民间投资，放宽市场准入，支持民间资本进入基础产业、基础设施、市政公用事业、社会事业、金融服务等领域。

（三）推进农业现代化，加快社会主义新农村建设

在工业化、城镇化深入发展中同步推进农业现代化，是“十二五”时期的一项重大任务，必须坚持把解决好农业、农村、农民问题作为全党工作重中之重，统筹城乡发展，坚持工业反哺农业、城市支持农村和多予少取放活方针，加大强农惠农力度，夯实农业农村发展基础，提高农业现代化水平和农民生活水平，建设农民幸福生活的美好家园。

加快发展现代农业。坚持走中国特色农业现代化道路，把保障国家粮食安全作为首要目标，加快转变农业发展方式，提高农业综合生产能力、抗风险能力、市场竞争能力。实施全国新增千亿斤粮食生产能力规划，加大粮食主产区投入和利益补偿。严格保护耕地，加快农村土地整理复垦，大规模建设旱涝保收高标准农田。推进农业科技创新，健全公益性农业技术推广体系，发展现代种业，加快农业机械化。完善现代农业产业体系，发展高产、优质、高效、生态、安全农业，促进园艺产品、畜产品、水产品规模种养，加快发展设施农业和农产品加工业、流通业，促进农业生产经营专业化、标准化、规模化、集约化。推进现代农业示范区建设。发展节水农业。推广清洁环保生产方式，治理农业源污染。

加强农村基础设施建设和公共服务。按照推进城乡经济社会发展一体化的要求，搞好社会主义新农村建设规划，加快改善农村生产生活条

件。农村基础设施建设要以水利为重点，大幅增加投入，完善建设和管护机制，推进小型病险水库除险加固，加快大中型灌区配套改造，搞好抗旱水源工程建设，完善农村小、微型水利设施，全面加强农田水利建设。继续推进农村电网改造，加强农村饮水安全工程、公路、沼气建设，继续改造农村危房，实施农村清洁工程，开展农村环境综合整治。提高农村义务教育质量和均衡发展水平，推进农村中等职业教育免费进程。加强农村三级医疗卫生服务网络建设。完善农村社会保障体系，逐步提高保障标准。深入推进开发式扶贫，逐步提高扶贫标准，加大扶贫投入，加快解决集中连片特殊困难地区的贫困问题，有序开展移民扶贫，实现农村低保制度与扶贫开发政策有效衔接。

拓宽农民增收渠道。提高农民职业技能和创收能力，多渠道增加农民收入。鼓励农民优化种养结构、提高效益，完善农产品市场体系和价格形成机制，健全农业补贴等支持保护制度，增加农民生产经营收入。引导农产品加工业在产区布局，发展农村非农产业，壮大县域经济，促进农民转业就业，增加工资性收入。

完善农村发展体制机制。坚持和完善农村基本经营制度，现有农村土地承包关系保持稳定并长久不变，在依法自愿有偿和加强服务基础上完善土地承包经营权流转市场，发展多种形式的适度规模经营，支持农民专业合作社和农业产业化龙头企业发展，加快健全农业社会化服务体系，提高农业经营组织化程度。完善城乡平等的要素交换关系，促进土地增值收益和农村存款主要用于农业农村。按照节约用地、保障农民权益的要求推进征地制度改革，积极稳妥推进农村土地整治，完善农村集体经营性建设用地流转和宅基地管理机制。深化农村信用社改革，鼓励有条件的地区以县为单位建立社区银行，发展农村小型金融组织和小额信贷，健全农业保险制度，改善农村金融服务。深化农村综合改革，推进集体林权和国有林区林权制度改革，完善草原承包经营制度。认真总结统筹城乡综合配套改革试点经验，积极探索解决农业、农村、农民问题新途径。

（四）发展现代产业体系，提高产业核心竞争力

坚持走中国特色新型工业化道路，必须适应市场需求变化，根据科

技进步新趋势，发挥我国产业在全球经济中的比较优势，发展结构优化、技术先进、清洁安全、附加值高、吸纳就业能力强的现代产业体系。

改造提升制造业。制造业发展重点是优化结构，改善品种质量，增强产业配套能力，淘汰落后产能。发展先进装备制造业，调整优化原材料工业，改造提升消费品工业，促进制造业由大变强。完善依托国家重点工程发展重大技术装备政策，提高基础工艺、基础材料、基础元器件研发和系统集成水平。支持企业技术改造，增强新产品开发能力和品牌创建能力。合理引导企业兼并重组，提高产业集中度，发展拥有国际知名品牌和核心竞争力的大中型企业，提升小企业专业化分工协作水平，促进企业组织结构优化。

培育发展战略性新兴产业。科学判断未来市场需求变化和技术发展趋势，加强政策支持和规划引导，强化核心关键技术研发，突破重点领域，积极有序发展新一代信息技术、节能环保、新能源、生物、高端装备制造、新材料、新能源汽车等产业，加快形成先导性、支柱性产业，切实提高产业核心竞争力和经济效益。发挥国家重大科技专项的引领支撑作用，实施产业创新发展工程，加强财税金融政策支持，推动高技术产业做强做大。

加快发展服务业。把推动服务业大发展作为产业结构优化升级的战略重点，建立公平、规范、透明的市场准入标准，探索适合新型服务业态发展的市场管理办法，调整税费和土地、水、电等要素价格政策，营造有利于服务业发展的政策和体制环境。大力发展生产性服务业和生活性服务业，积极发展旅游业。拓展服务业新领域，发展新业态，培育新热点，推进规模化、品牌化、网络化经营。推动特大城市形成以服务经济为主的产业结构。

加强现代能源产业和综合运输体系建设。推动能源生产和利用方式变革，构建安全、稳定、经济、清洁的现代能源产业体系。加快新能源开发，推进传统能源清洁高效利用，在保护生态的前提下积极发展水电，在确保安全的基础上高效发展核电，加强电网建设，发展智能电网，完善油气管网，扩大油气战略储备。按照适度超前原则，统筹各种运输方式发展，构建便捷、安全、高效的综合运输体系。推进国家运输通道建设，基本建成国家快速铁路网和高速公路网，发展高速铁路，加强省际通道和国、省干线公路建设，积极发展水运，完善港口和机场布局，改革空域管理体制。

全面提高信息化水平。推动信息化和工业化深度融合，加快经济社会各领域信息化。发展和提升软件产业。积极发展电子商务。加强重要信息系统建设，强化地理、人口、金融、税收、统计等基础信息资源开发利用。实现电信网、广播电视网、互联网“三网融合”，构建宽带、融合、安全的下一代国家信息基础设施。推进物联网研发应用。以信息共享、互联互通为重点，大力推进国家电子政务网络建设，整合提升政府公共服务和管理能力。确保基础信息网络和重要信息系统安全。

发展海洋经济。坚持陆海统筹，制定和实施海洋发展战略，提高海洋开发、控制、综合管理能力。科学规划海洋经济发展，发展海洋油气、运输、渔业等产业，合理开发利用海洋资源，加强渔港建设，保护海岛、海岸带和海洋生态环境。保障海上通道安全，维护我国海洋权益。

（五）促进区域协调发展，积极稳妥推进城镇化

实施区域发展总体战略和主体功能区战略，构筑区域经济优势互补、主体功能定位清晰、国土空间高效利用、人与自然和谐相处的区域发展格局，逐步实现不同区域基本公共服务均等化。坚持走中国特色城镇化道路，科学制定城镇化发展规划，促进城镇化健康发展。

实施区域发展总体战略。坚持把深入实施西部大开发战略放在区域发展总体战略优先位置，给予特殊政策支持，发挥资源优势和生态安全屏障作用，加强基础设施建设和生态环境保护，大力发展科技教育，支持特色优势产业发展。加大支持西藏、新疆和其他民族地区发展力度，扶持人口较少民族发展。全面振兴东北地区等老工业基地，发挥产业和科技基础较强的优势，完善现代产业体系，促进资源枯竭地区转型发展。大力促进中部地区崛起，发挥承东启西的区位优势，改善投资环境，壮大优势产业，发展现代产业体系，强化交通运输枢纽地位。积极支持东部地区率先发展，发挥对全国经济发展的支撑作用，在更高层次参与国际经济合作和竞争，在转变经济发展方式、调整经济结构和自主

创新中走在全国前列。加强和完善跨区域合作机制，消除市场壁垒，促进要素流动，引导产业有序转移。实行地区互助政策，开展多种形式对口支援。加大对革命老区、民族地区、边疆地区、贫困地区扶持力度。更好发挥经济特区、上海浦东新区、天津滨海新区在改革开放中“先行先试”的重要作用。加快沿边地区开发开放，加强国际通道、边境城市和口岸建设，深入实施兴边富民行动。

实施主体功能区战略。按照全国经济合理布局的要求，规范开发秩序，控制开发强度，形成高效、协调、可持续的国土空间开发格局。对人口密集、开发强度偏高、资源环境负荷过重的部分城市化地区要优化开发。对资源环境承载能力较强、集聚人口和经济条件较好的城市化地区要重点开发。对影响全局生态安全的重点生态功能区要限制大规模、高强度的工业化城镇化开发。对依法设立的各级各类自然文化资源保护区和其他需要特殊保护的区域要禁止开发。基本形成适应主体功能区要求的法律法规、政策和规划体系，完善绩效考核办法和利益补偿机制，引导各地区严格按照主体功能定位推进发展。

完善城市化布局和形态。按照统筹规划、合理布局、完善功能、以大带小的原则，遵循城市发展客观规律，以大城市为依托，以中小城市为重点，逐步形成辐射作用大的城市群，促进大中小城市和小城镇协调发展。科学规划城市群内各城市功能定位和产业布局，缓解特大城市中心城区压力，强化中小城市产业功能，增强小城镇公共服务和居住功能，推进大中小城市交通、通信、供电、供排水等基础设施一体化建设和网络化发展。

加强城镇化管理。要把符合落户条件的农业转移人口逐步转为城镇居民作为推进城镇化的重要任务。大城市要加强和改进人口管理，中小城市和小城镇要根据实际放宽外来人口落户条件。注重在制度上解决好农民工权益保护问题。合理确定城市开发边界，提高建成区人口密度，防止特大城市面积过度扩张。城市规划和建设要注重以人为本、节地节能、生态环保、安全实用、突出特色、保护文化和自然遗产，强化规划约束力，加强城市公用设施建设，预防和治理“城市病”。

完善符合国情的住房体制机制和政策体系，合理引导住房需求。强化各级政府职责，加大保障性安居工程建设力度，加快棚户区改造，发展公共租赁住房，增加中低收入居民住房供给。加强市场监管，规范房地产市场秩序，抑制投机需求，促进房地产业平稳健康发展。

（六）加快建设资源节约型、环境友好型社会，提高生态文明水平

实现发展方式的转变，形成资源节约型、环境友好型社会关系到人民群众的切身利益和中华民族的生存和发展。“必须把建设资源节约型、环境友好型社会放在工业化、现代化发展战略的突出位置”。[①] 面对日趋强化的资源环境约束，必须增强危机意识，树立绿色、低碳发展理念，以节能减排为重点，健全激励和约束机制，加快构建资源节约、环境友好的生产方式和消费模式，增强可持续发展能力。

积极应对全球气候变化。把大幅降低能源消耗强度和二氧化碳排放强度作为约束性指标，有效控制温室气体排放。合理控制能源消费总量，抑制高耗能产业过快增长，提高能源利用效率。强化节能目标责任考核，完善节能法规和标准，健全节能市场化机制和对企业的激励与约束，实施重点节能工程，推广先进节能技术和产品，加快推行合同能源管理，抓好工业、建筑、交通运输等重点领域节能。调整能源消费结构，增加非化石能源比重。提高森林覆盖率，增加蓄积量，增强固碳能力。加强适应气候变化特别是应对极端气候事件能力建设。建立完善温室气体排放和节能减排统计监测制度，加强气候变化科学研究，加快低碳技术研发和应用，逐步建立碳排放交易市场。坚持共同但有区别的责任原则，积极开展应对全球气候变化的国际合作。

大力发展循环经济。“发展循环经济是实现可持续发展的不可或缺的重要桥梁”。[②] 在未来发展过程中，必须以提高资源产出效率为目标，加强规划指导、财税金融等政策支持，完善法律法规，实行生产者责任延伸制度，推进生产、流通、消费各环节循环经济发展。加快资源循环利用产业发展，加强矿产资源综合利用，鼓励产业废物循环利用，完善再生资源回收体系和垃圾分类回收制度，推进资源再生利用产业化。开

---

① 胡锦涛：《高举中国特色社会主义伟大旗帜，为夺取全面建设小康社会新胜利而奋斗》，第 18 页。

② 徐云主编：《循环经济——国际趋势与中国实践》，人民出版社 2005 年版，第 120 页。

发应用源头减量、循环利用、再制造、零排放和产业链接技术，推广循环经济典型模式。

加强资源节约和管理。落实节约优先战略，全面实行资源利用总量控制、供需双向调节、差别化管理。加强能源和矿产资源地质勘察、保护、合理开发，形成能源和矿产资源战略接续区，建立重要矿产资源储备体系。完善土地管理制度，强化规划和年度计划管控，严格用途管制，健全节约土地标准，加强用地节地责任和考核。高度重视水安全，建设节水型社会，健全水资源配置体系，强化水资源管理和有偿使用，鼓励海水淡化，严格控制地下水开采。

加大环境保护力度。以解决饮用水不安全和空气、土壤污染等损害群众健康的突出环境问题为重点，加强综合治理，明显改善环境质量。落实减排目标责任制，强化污染物减排和治理，增加主要污染物总量控制种类，加快城镇污水、垃圾处理设施建设，加大重点流域水污染防治力度，有效控制城市大气、噪声污染，加强重金属、危险废物、土壤污染治理，强化核与辐射监管能力。严格污染物排放标准和环境影响评价，强化执法监督，健全重大环境事件和污染事故责任追究制度。完善环境保护科技和经济政策，建立健全污染者付费制度，建立多元环保投融资机制，大力发展环保产业。

加强生态保护和防灾减灾体系建设。坚持保护优先和自然恢复为主，从源头上扭转生态环境恶化趋势。实施重大生态修复工程，巩固天然林保护、退耕还林还草、退牧还草等成果，推进荒漠化、石漠化综合治理，保护好草原和湿地。加快建立生态补偿机制，加强重点生态功能区保护和管理，增强涵养水源、保持水土、防风固沙能力，保护生物多样性。加强水利基础设施建设，推进大江大河支流、湖泊和中小河流治理，增强城乡防洪能力。加快建立地质灾害易发区调查评价体系、监测预警体系、防治体系、应急体系。加大重点区域地质灾害治理力度，加强救援队伍建设，提高物资保障水平。推行自然灾害风险评估，科学安排危险区域生产和生活设施的合理避让。

（七）深入实施科教兴国战略和人才强国战略，加快建设创新型国家

“中国的事情能不能办好，社会主义和改革开放能不能坚持，经济

能不能快一点发展起来，国家能不能长治久安，从一定意义上说，关键在人”①，“人才资源是第一资源”。② 因此，推动教育发展和人才培养是中国发展起来的关键。而推动我国经济发展更多地依靠科技创新驱动，因此，就必须全面落实国家中长期科技、教育、人才规划纲要，大力提高科技创新能力，加快教育改革发展，发挥人才资源优势，为加快转变经济发展方式、实现全面建设小康社会奋斗目标奠定坚实科技和人力资源基础。

增强科技创新能力。坚持自主创新、重点跨越、支撑发展、引领未来的方针，增强共性、核心技术突破能力，促进科技成果向现实生产力转化。加快推进国家重大科技专项，深入实施知识创新和技术创新工程。把科技进步与产业结构优化升级、改善民生紧密结合起来，增强原始创新、集成创新和引进消化吸收再创新能力，在现代农业、装备制造、生态环保、能源资源、信息网络、新型材料、安全健康等领域取得新突破，在核心电子器件、大规模集成电路、系统软件、转基因新品种、新药创制等领域攻克一批核心关键技术。加强基础前沿研究，在生命科学、空间海洋、地球科学、纳米科技等领域抢占未来科技竞争制高点。

完善科技创新体制机制。深化科技体制改革，加强科学研究与高等教育有机结合，建设国家创新体系，强化基础性、前沿性技术和共性技术研究平台建设，加强军民科技资源集成融合，推进各具特色的区域创新体系建设，鼓励发展科技中介服务，深化科研经费管理制度改革，完善科技成果评价奖励制度。重点引导和支持创新要素向企业集聚，加快建立以企业为主体、市场为导向、产学研相结合的技术创新体系。增强科研院所和高校创新动力，鼓励大型企业加大研发投入，激发中小企业创新活力，发挥企业家和科技领军人才在科技创新中的重要作用。鼓励发明创造。强化支持企业创新和科研成果产业化的财税金融政策，加大政府对基础研究的投入，推进重大科技基础设施建设和开放共享，促进科技和金融结合，培育和发展创业风险投资。实施知识产权战略，完善

① 《邓小平文选》第3卷，人民出版社1993年版，第380页。

② 《江泽民文选》第3卷，人民出版社2006年版，第319页。

知识产权法律制度，加强知识产权创造、运用、保护、管理。

加快教育改革发展。全面贯彻党的教育方针，保障公民依法享有受教育的权利，办好人民满意的教育。按照优先发展、育人为本、改革创新、促进公平、提高质量的要求，深化教育教学改革，推动教育事业科学发展。全面推进素质教育，遵循教育规律和学生身心发展规律，坚持德育为先、能力为重，促进学生德智体美全面发展。积极发展学前教育，巩固提高义务教育质量和水平，加快普及高中阶段教育，大力发展职业教育，全面提高高等教育质量，加快发展继续教育，支持民族教育、特殊教育发展，建设全民学习、终身学习的学习型社会。创新人才培养体制、教育管理体制、办学体制，改革教学内容、教学方法、质量评价、考试招生制度。促进教育公平，合理配置公共教育资源，重点向农村、边远贫困、民族地区倾斜，加快缩小教育差距。健全国家资助制度，扶助家庭经济困难学生完成学业。加强师德师风建设，提高教师业务水平，鼓励优秀人才终身从教。增加教育投入，鼓励引导社会力量兴办教育，以加强薄弱环节和关键领域为重点，实施重大教育改革和发展项目。

建设人才强国。坚持党管人才原则，坚持服务发展、人才优先、以用为本、创新机制、高端引领、整体开发的指导方针，加强现代化建设需要的各类人才队伍建设，充分发挥国内人才作用，积极引进和用好海外高层次人才。建立健全政府宏观管理、市场有效配置、单位自主用人、人才自主择业的体制机制，形成多元化投入格局，明显提高人力资本投资比重。营造尊重人才的社会环境、平等公开和竞争择优的制度环境，促进优秀人才脱颖而出。改进人才管理方式，落实国家重大人才政策，抓好重大人才工程，推动人才事业全面发展。

（八）加快改革攻坚步伐，完善社会主义市场经济体制

改革是加快转变经济发展方式的强大动力，必须以更大决心和勇气全面推进各领域改革。更加重视改革顶层设计和总体规划，明确改革优先顺序和重点任务，进一步调动各方面改革积极性，尊重群众首创精神，大力推进经济体制改革，积极稳妥推进政治体制改革，加快推进文化体制、社会体制改革，不断完善社会主义市场经济体制，使上层建筑更加适应经济基础发展变化，为科学发展提供有力保障。

坚持和完善基本经济制度。坚持公有制为主体、多种所有制经济共同发展的基本经济制度，营造各种所有制经济依法平等使用生产要素、公平参与市场竞争、同等受到法律保护的体制环境。推进国有经济战略性调整，健全国有资本有进有退、合理流动机制。加快国有大型企业改革。深化垄断行业改革。完善各类国有资产管理体制。健全国有资本经营预算和收益分享制度。支持和引导非公有制经济发展，鼓励非公有制企业参与国有企业改革。

推进行政体制改革。进一步转变政府职能，深化行政审批制度改革，加快推进政企分开，减少政府对微观经济活动的干预，加快建设法治政府和服务型政府。继续优化政府结构、行政层级、职能责任，降低行政成本，坚定推进大部门制改革，在有条件的地方探索省直接管理县（市）的体制。健全科学决策、民主决策、依法决策机制，推进政务公开，增强公共政策制定透明度和公众参与度，加强行政问责制，改进行政复议和行政诉讼，完善政府绩效评估制度，提高政府公信力。

加快财税体制改革。积极构建有利于转变经济发展方式的财税体制。在合理界定事权基础上，按照财力与事权相匹配的要求，进一步理顺各级政府间财政分配关系。增加一般性转移支付规模和比例，加强县级政府提供基本公共服务财力保障。完善预算编制和执行管理制度，提高预算完整性和透明度。改革和完善税收制度。扩大增值税征收范围，相应调减营业税等税收，合理调整消费税范围和税率结构，完善有利于产业结构升级和服务业发展的税收政策。逐步建立健全综合和分类相结合的个人所得税制度。继续推进费改税，全面改革资源税，开征环境保护税，研究推进房地产税改革。逐步健全地方税体系，赋予省级政府适当税政管理权限。

深化金融体制改革。构建逆周期的金融宏观审慎管理制度框架。稳步推进利率市场化改革，完善以市场供求为基础的有管理的浮动汇率制度，改进外汇储备经营管理，逐步实现人民币资本项目可兑换。加强金融监管协调，建立健全系统性金融风险防范预警体系和处置机制。参与国际金融准则新一轮修订，提升我国金融业稳健标准。建立存款保险制度。深化政策性银行体制改革。健全国有金融资产管理体制。完善地方政府金融管理体制。

深化资源性产品价格和要素市场改革。理顺煤、电、油、气、水、矿产等资源类产品价格关系，完善重要商品、服务、要素价格形成机制。加快多层次资本市场体系建设，显著提高直接融资比重。积极发展债券市场，稳步发展场外交易市场和期货市场。健全土地、资本、劳动力、技术、信息等要素市场，加快社会信用体系建设，完善市场法规和监管体制，规范市场秩序。

加快社会事业体制改革。积极稳妥推进科技、教育、文化、卫生、体育等事业单位分类改革。培育扶持和依法管理社会组织，支持、引导其参与社会管理和服务。改革基本公共服务提供方式，引入竞争机制，扩大购买服务，实现提供主体和提供方式多元化。推进非基本公共服务市场化改革，增强多层次供给能力，满足群众多样化需求。

（九）实施互利共赢的开放战略，进一步提高对外开放水平

适应我国对外开放由出口和吸收外资为主转向进口和出口、吸收外资和对外投资并重的新形势，必须实行更加积极主动的开放战略，不断拓展新的开放领域和空间，扩大和深化同各方利益的汇合点，完善更加适应发展开放型经济要求的体制机制，有效防范风险，以开放促发展、促改革、促创新。

优化对外贸易结构。继续稳定和拓展外需，保持现有出口竞争优势，加快培育以技术、品牌、质量、服务为核心竞争力的新优势，延长加工贸易国内增值链，推进市场多元化，大力发展服务贸易，促进出口结构转型升级。发挥进口对宏观经济平衡和结构调整的重要作用，促进贸易收支基本平衡。

提高利用外资水平。利用外资要优化结构、丰富方式、拓宽渠道、提高质量，注重完善投资软环境，切实保护投资者合法权益。加大智力、人才和技术引进工作力度，鼓励外资企业在华设立研发中心，借鉴国际先进管理理念、制度、经验，促进体制创新和科技创新。扩大金融、物流等服务业对外开放，发展服务外包，稳步开放教育、医疗、体育等领域，引进优质资源，提高服务业国际化水平。

加快实施“走出去”战略。按照市场导向和企业自主决策原则，引导各类所有制企业有序到境外投资合作。发展海外工程承包，扩大农业国际合作，深化国际能源资源互利合作，积极开展有利于改善当地民生的项目合作。逐步发展我国大型跨国公司和跨国金融机构，提高国际化经营水平。扩大人民币在跨境贸易和投资中的作用。做好海外投资环境研究，强化投资项目的科学评估。提高综合统筹能力，完善跨部门协调机制，加强实施“走出去”战略的宏观指导和服务。维护我国海外权益，防范各类风险。

积极参与全球经济治理和区域合作。推动国际经济体系改革，促进国际经济秩序朝着更加公正合理的方向发展。推动建立均衡、普惠、共赢的多边贸易体制，反对各种形式的保护主义。引导和推动区域合作进程，加快实施自由贸易区战略，深化同新兴市场国家和发展中国家的务实合作，增加对发展中国家的经济援助。

“十二五”时期是全面建设小康社会的关键时期，是深化改革开放、加快转变经济发展方式的攻坚时期。根据党的十七大作出的战略部署和我国经济社会发展的客观要求，《建议》明确提出了制定“十二五”规划的指导思想，这就是：高举中国特色社会主义伟大旗帜，以邓小平理论和“三个代表”重要思想为指导，深入贯彻落实科学发展观，适应国内外形势新变化，顺应各族人民过上更好生活新期待，以科学发展为主题，以加快转变经济发展方式为主线，深化改革开放，保障和改善民生，巩固和扩大应对国际金融危机冲击成果，促进经济长期平稳较快发展和社会和谐稳定，为全面建成小康社会打下具有决定性意义的基础。

思考题：

1. 如何理解要实现国民经济又好又快发展？
2. 如何提高自主创新能力，建设创新型国家？
3. 我国实现扩大内需有何重大举措？
4. 加快社会主义新农村建设对于我国实现现代化有何意义？
5. 目前中国如何发展现代产业体系？

阅读文献：

1. 郭德宏：《中华人民共和国国民经济和社会发展“一五”计划至“十一五”规划要览》，中央党史出版社 2006 年版。

2. 杨雪峰：《循环经济学》，首都经济贸易大学出版社 2009 年版。

3. 陈佳贵、李扬：《2010 年中国经济形势分析与预测》，社会科学文献出版社 2009 年版。

第二讲

当前世界经济形势与发展趋势

第二次世界大战结束以来，科技革命日新月异，世界范围内的生产、贸易、金融和国际投资迅速发展，经济结构调整和经济体制改革方兴未艾。与此同时，世界经济格局不断趋向多极化，各国间的经济领域的相互依存不断加深，经济全球化在曲折中发展，国际经济竞争日趋激烈。从 20 世纪 90 年代开始，人口、粮食、能源、生态环境、经济危机等一些全球性经济问题仍然十分突出，发达国家与发展中国家的经济发展不平衡，南北差距进一步扩大。促进世界经济的发展，需要各国继续努力。

一　世界经济的基本构成和运行机制

（一）世界经济的形成与历史分期

世界经济是各国和地区经济在国际分工、商品交换、世界市场的基础上有机结合而形成的相互联系的统一体，也是世界范围内的生产力、生产关系以及与其相适应的国际交换关系的总和。世界经济是一个历史范畴，是社会生产力发展到一定历史阶段的产物，又是一个不断发展、变化的动态过程。世界经济形成于 19 世纪末 20 世纪初资本主义向全世界迅速扩张的时期，即垄断资本主义时期。其形成的基本条件和标志主要是：国际分工、世界市场和世界货币的出现；垄断的产生和发展；殖民体系的建立。世界经济的形成大体上经历了以下三个时期：

萌芽时期：从15、16世纪的地理大发现到18世纪中叶产业革命前夕。新大陆发现和新航路开辟以后，西欧早期资本主义"先进"经济开始走出国界向外发展，国际分工和商品生产逐渐扩大，区域性的国际市场也逐渐形成。但手工业仍是生产的基础，生产社会化、国际分工、国际市场的发展水平还都很低下。

初步形成时期：从18世纪中叶到19世纪中叶"先进"国家产业革命的完成。英国等西欧"先进"国家和美国相继发生了以蒸汽机为标志的产业革命，机器大工业取代了工场手工业，国际分工深化，国际商品交换规模扩大，世界市场形成，世界货币也出现了。但各国之间的经济联系主要还是商品交换，"先进"的资本主义生产方式主要限于西欧和美国，全球规模的国际经济关系尚未形成。

最终形成时期：从19世纪中叶到20世纪初。以电力的发明和应用为标志的第二次科技革命的发生，大大推动了"先进"国家生产力的发展，国际分工进一步向广度和深度扩展，国际间的商品交换和世界市场的规模都空前扩大；资本主义已经从自由竞争阶段发展到垄断阶段，垄断资本主义国家的生产和资本进一步国际化，世界领土已经被垄断资本主义国家瓜分完毕，世界殖民体系已经建立，世界各国和地区都被卷入国际经济体系之中。

世界经济形成以后，曾经是统一的无所不包的资本主义经济体系。在这一体系之中包含着两类国家，一类是少数资本主义"先进"国家，一类是广大的殖民地、半殖民地国家和地区。1917年第一个社会主义国家苏维埃俄国诞生后，由于社会主义经济的出现，世界经济由资本主义一统天下的局面被打破，进入了社会主义和资本主义两种经济并存的发展阶段。

（二）世界经济的基本构成

世界经济是在国际分工和世界市场的基础上，通过世界范围内的商品流通、劳务交换、资本流动、技术转让、国际经济一体化等多种形式和渠道，把各国的生产、生活和其他经济方面有机地联系在一起的。因此，世界经济是一种错综复杂的经济联系，既包括国际经济关系，又包括构成这种经济整体的各国经济关系，既涉及生产领域，也涉及商品交换、资金流动、技术转让等领域。世界经济的构成一般包含三大要素：

1. 各国、各地区国民经济

各国、各地区国民经济是世界经济的组成要素、基层单位和基本细胞，是世界经济形成的前提和基础。但是，作为世界经济有机组成部分的各国、各地区国民经济，并不简单地等同于世界经济。世界经济是各国、各地区国民经济的有机组合。由于各国、各地区国民经济的结构、生产力发展水平、经济增长速度、经济政策等各不相同，各国、各地区在世界经济总体中所处的地位、作用与影响也不一样。

2. 国际经济纽带和国际经济关系

世界经济是通过各种国际经济纽带将各国、各地区经济联结成统一整体的。国际经济纽带主要包括国际分工、国际贸易、国际市场、国际金融、国际经济协调等。国际分工，即生产的国际专业化，是一国范围内社会劳动分工向国外的延伸与发展；国际贸易，即世界范围内的商品和劳动交换的过程；国际市场，即世界范围内跨越国界和劳动交换的场所；国际金融，即世界范围内各国家、各地区之间因经济联系而产生的货币周转运动；国际经济协调，即世界经济主体对世界经济运行所进行的调节和干预。在国际经济纽带的联结下，不同类别国家国民经济之间以及类别内部不同国家国民经济之间，形成了不同类型的国际经济关系。在当代世界经济中存在着三种类型的国民经济，因而也就有三种类别之间的国际经济关系，即：发达资本主义国家与发展中国家之间的经济关系、发达资本主义国家与社会主义国家之间的经济关系、发展中国家与社会主义国家之间的经济关系。另外，还有三种类别内部的国际经济关系，即发达资本主义国家之间的经济关系、发展中国家之间的经济关系、社会主义国家之间的经济关系。

3. 世界经济的发展规律

世界经济体系庞大、复杂，不断发展变化，但不是无序的，而是有其发展规律的。在世界经济的发展中，有长期起作用的共同规律，也有在不同时期与不同领域内起作用的特殊规律。由于世界经济是世界范围内的生产力、生产关系及与其相适应的交换关系的总和，因而支配世界经济运动的规律，也就是支配国际生产力、生产关系和交换关系的运动规律。由于当今世界经济格局不是单一的资本主义体系，也不是单一的社会主义体系，而是包括200多个国家与地区以及经济集团在内的世界经济体系，从世界经济格局变化的状况看，支配整个体系的经济规律也是错综复杂的，但基本上表现为世界经济一体化规律、世界科技不断向纵深发展规律、世界经济发展不平衡规律等。

（三）世界经济的运行机制

世界经济运行的主体是主权国家和非国家主体。世界上现有190多个主权国家，这些国家和由跨国公司、国际组织、国家集团等组成的非国家主体是世界经济运行的主体。它们通过国际分工、国际贸易、国际金融等纽带建立起来的各种经济关系，构成了当代世界经济体系的主要内容，推动着世界经济的运行。它们之间的经济实力消长构成了世界经济格局变化的基础，决定着世界经济发展的方向。

国际贸易是世界经济运行的纽带。二战后，国际贸易的广度、深度和规模，都达到了前所未有的水平，成为世界经济增长的强大推动力。在过去几十年中，世界各国进出口总额在本国国内生产总值（GDP）中所占比重普遍明显提高，与此相关的一个现象，是世界贸易的增长速度大大高于世界总产出的增长速度。“1950—1999年间，世界GDP的年均增速为3.8%，国际商品贸易物量年均增速达6.2%，世界商品出口额从676亿美元增长到56250亿美元。49年间世界GDP增长5.3倍，而国际商品贸易物量则增长18.3倍。”[①] 世界贸易增长速度提高的直接原因是国际分工的广度和深度大大加强，而后者又是技术进步、世界大多数国家实行外向型经济政策、跨国公司实行全球化经营战略、国际贸易制度的日趋完善和国际政治形势变化的结果。

国际金融是世界经济运行的核心。金融机构通过债券、股票和外汇等金融工具经营货币资金，实现货币资金的转移运动，维系着世界经济的运转。各国间的经济合作、市场开拓、贸易往来、技术开发等都依赖

① 余永定、李向阳主编：《经济全球化与世界经济发展趋势》，社会科学文献出版社2002年版，第6页。

于国际资本流通和国际金融服务的支持和保障。二战后的国际金融格局经历了从单极转向多极的深刻变化。布雷顿森林体系的确立，使美国占据了国际金融霸主地位。这一时期国际金融活动的整体水平很低。20世纪50年代末60年代初，国际金融格局向多极化方向发展。1976年，国际货币基金理事会在牙买加举行会议，达成了修改《国际货币基金协定》的“牙买加协定”，以后逐渐形成了一种新的国际货币体系，被称为“牙买加体系”或“后布雷顿体系”，这是国际金融多极化格局形成的标志，其特征是浮动汇率合法化。这在一定程度上加强了对国际收支的调节，各国政府因此拥有了解决国际收支不平衡的重要手段，即汇率变动的手段。但在另一方面，日元、马克、欧元等相继加入国际货币的行列，国际货币格局多元化，国际金融市场竞争激烈，也使得迄今为止，国际金融是世界经济中一体化程度最高的领域，全球一体化的国际金融市场已经形成。各国各地区的金融政策、金融业务也日益超越一国界限，成为国际性的政策行动。金融一体化大大促进了生产和资本国际化。但另一方面，金融市场的运作已脱离了物质生产和国际贸易活动而独立存在，国际金融的风险也时刻存在，如不及时有效地防范和化解，就会爆发极具破坏性的金融危机。

国际投资是世界经济运行的催化剂。国际投资使各国之间的经济联系日益密切，特别是发达国家间的相互投资越来越频繁，资本流动已经国际化。

二战后的一个时期里，美国、英国是世界上最大的投资国，随后日本、联邦德国登上全球投资大国的舞台。近年来，德国的对外投资已被法国超过。美国已取代英国成为世界上最大的投资对象国，国际投资投向更集中于发达国家。20世纪90年代国际直接投资者和投资对象国之间的明确分工让位于投资流动更为平衡的领域分布，区域内投资超过区域间投资的趋势更为明显。发达国家大都由20世纪60、70年代的“把工厂迁到国外去”、“打进去建立分公司的策略”转向大型收购、兼并外国企业和从国外筹资的策略。

世界经济作为一个有机整体，有其运行机制，如国际贸易领域中的商品流动机制、国际金融领域中的货币流动机制、国际投资领域的资本流动机制等、发挥着对世界经济的协调作用。在各国经济联系日益密切、合作不断增加的同时，彼此间矛盾和冲突的机会也将增多，任何一国的某个重大经济政策和国内经济危机也都有可能引发全球性的经济动荡。为了维护和增强合作，避免矛盾发展到激化的地步，避免由于一国经济危机或政策失误对别国乃至世界造成不利影响，加强世界经济的协调是十分必要的。因此有关国家或国际机构逐步建立并日趋完善了国际组织和国际会议以及大量的国际规则，形成了当今世界经济的协调机制，其中以国际经济组织的协调作用最为突出。二战后，在世界经济领域中起协调机制作用的国际经济组织主要是：关税及贸易总协定（后来为世界贸易组织）、国际货币基金组织和世界银行。

关税及贸易总协定（GATT）是一个关于关税和贸易准则的多边国际协定，1948 年 1 月 1 日正式生效。它对世界贸易领域的作用表现在：世界贸易体系在原则上受关税及贸易总协定规章制度制约，从而通过一系列多边谈判，使贸易自由化逐步推进。自协定缔结以来，缔约国举行了八轮多边贸易谈判，成果显著。其中 1986 年开始的乌拉圭回合的谈判，经过八年艰难曲折的历程，1994 年 4 月 15 日签署了《乌拉圭回合多边贸易谈判成果最后文件》，宣布 1995 年 1 月 1 日成立世界贸易组织。

世界贸易组织（WTO）目前拥有 150 个成员国。根据世界贸易组织章程的规定，其宗旨主要有以下几个方面：提高人类生活水平；保证充分就业，促进实际收入与有效需求的持续增长；扩大货物生产与货物贸易并扩大服务贸易；最合理地利用资源；确保发展中国家的国际贸易增长份额和经济发展，建立一体化的多边贸易体制。其主要职能是：促进乌拉圭回合各项法律文件以及今后可能达成的各项协议的实施、管理与运作；为各成员方就协议范围内的问题和世界贸易组织授权范围内的新议题进行进一步谈判提供场所；负责解决世界贸易组织成员间存在的分歧与争端；负责定期审议世界贸易组织成员的贸易政策。世界贸易组织的基本原则与关税及贸易总协定基本相同，旨在通过市场开放、非歧视性和公平贸易等原则，来达到推动实现世界贸易自由化的目标。但它与关税及贸易总协定又有所不同，它比关税及贸易总协定有更宽的管辖范围。除管理传统的和乌拉圭回合新确立的货物贸易外，还包括长期游离于关税及贸易总协定外的知识产权、投资措施和服务等领域。世界贸易组织是具有法人地位的国际组织，它在调解成员国争端方面具有更大的权威性和有效性。世界贸易组织制定的多边贸易规则已成为各缔约国普遍接受的共同规则。它的成立及运作，已经体现了其在推动世界贸易增长方面的显著作用，对全球贸易自由化的纵深发展具有重要意义。

国际货币基金组织（IMF）是为协调国际间货币政策、加强货币合作而建立的政府间国际金融机构，正式成立于1946年3月，1947年11月成为联合国的专门机构。目前它已有会员一百五十多个国家与地区，是二战后国际货币体系的核心。它的宗旨是：为会员国在国际货币问题上进行磋商与合作提供必要的机构，促进国际合作；促进国际贸易的均衡发展；促进各国汇率的稳定；为经营性交易建立一个多边支付和汇兑制度；为会员国融通资金，争取减轻各成员国国际收支的不平衡。国际货币基金组织对于加强国际货币合作、建立多边体系、稳定国际汇率、调整国际收支、促进经济发展等，起到了一定的积极作用。虽然它在提供贷款和援助时，在少数发达国家控制下提出了一些苛刻条件，甚至损害受援国的主权和利益，但对稳定国际经济局势，遏制国家和地区乃至世界性经济危机，促进经济发展等具有明显作用。

世界银行（WB）又称国际复兴开发银行（IBRD）。该组织为政府间的金融机构，1945年建立，总部设在华盛顿由会员国以认股方式组成，各会员国在世界银行中的投票权和地位完全由其认缴份额的多少决定。由于美国认购股份数量大，因此在决策上主要受美国控制。世界银行作为联合国下属的经营国际金融业务的机构，由国际复兴开发银行、国际金融公司、国际开发协会、多边投资担保机构和解决投资争端国际中心共同组成。其中，世界银行主要是向发展中国家提供利率低于市场利率的中长期贷款，国际开发协会只向低收入发展中国家提供长期免息贷款，国际金融公司负责向发展中国家的私人企业提供贷款或直接投资，解决投资争端国际中心为投资争端提供解决机制，多边投资担保机构则是为投资的非商业性风险提供担保。世界银行的宗旨是：对用于生产目的的投资提供便利，以协助会员国的复兴和开发；通过保证和参与的方式促进私人对外投资；鼓励开发生产资源；促进国际贸易平衡发展，维护国际收支平衡；与其他国际贷款相配合，提供贷款保证。世界银行的职能主要有：促进长期发展，追求投资项目对贷款国经济发展的长远影响；协调南北经济关系；稳定各国经济秩序。1980 年，我国在世界银行的代表权得到恢复。

上述三大经济组织，是战后世界经济秩序的主要体现者和维护者。另外，国际经济的协调机制还包括区域性国际经济组织内部的协调机构、西方七国首脑会议、两国或多国之间不定期贸易谈判和定期的协商制度等。

从理论上讲，世界经济的协调机制可使各国政策互相接近，使各国经济行为互相配合，起到防止危机、促进增长的作用。在战后世界经济的实践中，正是全方位、多层次的经济协调机制减缓了世界经济危机在国际间的传递，保持了总体稳定。但是，在发达资本主义占主导的世界经济中，协调机制也有很大局限性。以西方七国首脑会议为主体的大国协调，一直都居于协调机制的核心地位；国际货币基金组织、世界银行等是在大国意志支配下建立的；现存的国际经济规则绝大部分是发达国家制定的。因此，当今世界经济协调机制在其运作中必然较多地向发达国家的利益倾斜，少数发达国家甚至借机推行霸权主义，对发展中国家进行约束和限制。但是，在当今世界，唯有协调才是解决利益冲突的正确选择。随着经济全球化的深入，世界经济的协调机制必将得到进一步完善。

二　世界经济发展的基本趋势

（一）经济多极化

世界经济从 20 世纪 70 年代起，进入低速发展和激烈动荡的阶段。其主要原因是：第一，国际金融体系在 70 年代初受到了巨大冲击，布雷顿森林体系瓦解。60 年代末 70 年代初，美国经济相对衰退，尼克松政府被迫于 1971 年 12 月和 1973 年 3 月两次宣布美元贬值，同时停止美元与黄金的自由兑换，将固定汇率改为浮动汇率，以美元为中心的国际货币体系崩溃。第二，发展中国家石油斗争引发的能源危机，严重冲击了发达国家的经济。1973 年中东“十月战争”爆发，石油输出国组织夺回了石油价格的决定权，并用石油价格作为武器反对发达国家的经济霸权，致使发达国家因石油价格大幅度上涨而遭受重大损失。第三，发达资本主义国家的国内经济条件发生大变化。各种国家垄断资本主义的措施不能有效地刺激经济增长，反而带来了日益增大的消极作用，发达国家的经济普遍发生了危机。在这些因素的作用下，以及西欧国家、日本、苏联等迅速崛起，世界经济格局向多极化方向演变。

1. 世界三大经济中心形成

自20世纪50年代末起，美国经济增长速度开始慢于日本、西欧国家，导致70年代美、日、西欧经济实力的对比发生重大变化。1971年美国首次出现贸易逆差，此后，除个别年份外，贸易赤字居高不下。80年代后半期，美、日、西欧经济同步增长，成为世界经济增长的“三大引擎”。根据统计，“1985—1990年间，美、欧、日经济年平均增长速度分别为3.4%、3.0%、4.8%”。[①] 1985年美国从最大的债权国变成了最大的债务国。资本主义世界出现了美、日、欧三足鼎立的局面。

2. 苏联与发展中国家经济的兴起

战后，苏联国民经济很快得以恢复，20世纪60年代末，苏联成为世界第二经济大国，与此同时，社会主义与资本主义两大经济关系发生变化。60年代末，东西方关系的改善推动了两大经济体系的经济交流与合作。“1963年经互会成员国与西方工业国的贸易占19%，到20世纪80年代与西方工业国的贸易占27%—33%。1970—1977年苏联从西方国家获得的贷款达254亿美元。”[②] 苏联、东欧国家国民经济的发展，使其成为与西方资本主义相抗衡的力量。

3. 发展中国家经济总体上呈上升趋势

20世纪六七十年代，发展中国家经济增长速度高于世界平均增长速度。在拉丁美洲和亚洲出现了一批新兴工业化国家和地区，新兴工业化国家和地区的兴起对世界经济格局产生了重要影响，进一步加强了世界经济多极化的发展趋势。

---

① 宿景祥:《世界经济充满变数》,《人民日报》2003年3月20日，第13版。

② 高德步、王钰主编:《世界经济史》，中国人民大学出版社2001年版，第449—450页。

（二）经济全球化

经济全球化是指在科技革命迅猛发展和生产国际化的推动下各国家、各地区、各部门经济超出国家和区域界限，相互依赖、相互渗透，实行不同程度的合作和调节，在生产、流通、分配等各个领域向着结成一体的方向发展的趋势。经济全球化是以新科技革命为基础的生产力发展的必然结果。科技革命的特点是科技成果转化为直接生产力的速度越来越快，从而大大提高了劳动生产率，加深了各国经济的国际化，更新了国际分工的内容，促进了世界贸易的发展，扩大了世界市场的作用，各国家各地区经济之间的相互联系因而日益密切。经济全球化也是民族和国家不断走向世界、参与世界经济的过程，经济全球化越发展，就会有越来越多的民族和国家自觉或不自觉地被卷入这一进程。经济全球化的范围包括生产与销售国际化、市场国际化、资本国际化、金融国际化等。经济全球化的形式包括自由贸易区、关税同盟、经济同盟等。

20世纪90年代以来，经济全球化趋势加速发展，表现在诸多方面。例如，以信息技术为标志的新技术革命，加强了各国的经济联系；国际金融对经济发展的影响越来越大，金融工具不断创新，资金跨国交易的速度和规模前所未有；全球和地区贸易、投资自由化的进程加快，各国的市场愈益全面开放；西方发达国家的跨国公司不断向世界各地扩展。经济全球化趋势给世界的发展、繁荣与稳定带来了一定的机遇和有利条件。但由于世界经济是一个复杂的有机整体，既包含着不同社会制度性质的经济，也包含着不同发展程度和水平的经济，尤其是资本主义生产方式的内在矛盾和弊端在向全球传播，因此，目前的经济全球化过程是一个充满矛盾的过程，经济全球化趋势只能在曲折中发展。

1. 经济全球化具有明显的两面性，对世界和各国经济的发展产生双重影响

一方面，经济全球化加速了生产要素在全球范围内的自由流动和优化配置，从而促进了各国和整个世界生产力的增长，也推动了全球产业结构的新一轮调整；经济全球化形成了全球共同利益关系，为全球问题的解决创造了有利条件；经济全球化推动了科技革命的发展和科学技术的传播，为一些发展中国家利用先进技术和借鉴先进经验，加快经济建

设和发展，提供了难得的历史机遇。另一方面，经济全球化形成的“一荣俱荣，一损俱损”的现实，也给各国乃至整个世界的发展带来了制约作用，使经济危机发生的风险大大增加；经济全球化加剧了国际竞争，世界各国尤其是西方大国为争夺市场和经济主导权，相互间的摩擦变得更为激烈和经常化，导致世界经济不稳定因素增多；经济全球化目前处于发达国家主导之下，世界经济运行机制、“游戏规则”主要由它们制订，因而更有利于它们，国际经济旧秩序难以从根本上得到改变，广大发展中国家面临的挑战大于机遇。这是南北差距日益扩大的重要原因。

2. 世界力量组合、利益分配正在发生新的深刻变化

经济全球化的产生和发展是资本主义生产方式不断扩张的过程，这个过程充满矛盾和冲突。这种矛盾和冲突除了表现为由资本主义生产方式的扩张而将资本主义的基本矛盾及各种派生矛盾扩散到世界各地之外，还表现在：各国为维护自己的利益和经济安全而产生的民族化地区化要求与经济全球化趋势之间的冲突，经济全球化要求超越国家主权与国家主权的作用也在加强它们之间的矛盾，特别是世界力量组合和利益分配的变化对经济全球化发展形成强大的制约。从目前情况看，世界力量组合和利益分配更有利于发达国家。发达国家是经济全球化的主要推动力，广大的发展中国家更多的是被迫卷入其中。经济全球化给发达国家和发展中国家带来的利益是不同的，发达国家和发展中国家对经济全球化的要求也存在巨大差异。

3. 不合理的国际经济政治旧秩序仍在危害世界的发展

经济全球化虽然不是全球经济资本主义化，但发达国家的作用十分明显，当代世界经济在很大程度上是由发达资本主义国家主导的，战后建立的国际机构和国际规则都是由发达国家主导建立和制定的，致使全球经济基本上按照资本主义经济规律运行。发达国家的垄断资本不仅剥削本国劳动人民，也剥削全球其他国家的劳动人民。在全球化变革的进程中，西方国家不仅走在前头，而且利用经济、科技和综合国力的优势，干预发展中国家的经济事务；通过制定对发达国家有利的世界经济运行规则，维护和巩固国际经济政治旧秩序，严重危害了世界的发展。

4. 经济全球化存在着引发全球性经济危机的可能性

市场经济的全球化发展虽然具有在全球范围内优化资源配置和提高

效率的优点，但其自发性也会导致全球范围内经济发展的盲目性。市场经济的这种消极影响在一国范围内尚可依靠政府干预来纠正，而在全球范围内，由于缺少有效的调节机构和机制，其消极作用就可能引发经济波动，甚至危机。尤其是金融领域的国际协调难度最大也最为薄弱，金融市场无序化最为严重，因而最容易引发破坏性极大的金融动荡和危机。20 世纪 90 年代以来就发生了对地区经济乃至世界经济冲击很大的多次金融动荡和危机，如 1994—1995 年墨西哥金融危机、1997 年发生的亚洲金融风暴、1998 年的俄罗斯金融危机、1999 年初巴西的金融动荡、2001 年阿根廷金融动荡等。特别是 2006 年春季开始的美国次贷危机①，目前已发展成为百年难遇的全球性经济危机。其破坏性之大、造成的绝对损失量甚至超过了世界历史上任何一次经济危机。

（三）区域经济集团化

区域经济集团化是指地理上毗临的若干国家或地区的经济合作、经济联合和经济融合的一种趋势。区域经济集团化存在着从低到高五种形式：自由贸易区、关税同盟、共同市场、经济同盟、完全的政治经济一体化。区域经济集团化是经济活动国际化加深和国际竞争加剧的产物，是经济全球化的有机组成部分，是最终实现经济全球化的具体步骤和途径。区域经济集团化与经济全球化是并行不悖的，它的发展对世界经济产生着重大影响。目前全球大约有一百多个区域经济集团化组织，其成员囊括了世界上的绝大多数国家和地区。其中欧洲、北美、亚太区域经济集团是三个最大的区域经济组织。

欧洲经济区是最有成效、一体化程度最高的区域性集团，它由欧洲联盟和欧洲自由贸易联盟联合组成。自 1958 年 1 月《罗马条约》生效，欧共体成立以来，经过长期努力，西欧经济一体化取得了巨大成就。1993 年 1 月欧洲统一市场建立，经济区内部实现了商品、资本、劳务

---

① 次贷危机：又称次级房贷危机（次级抵押贷款是指一些贷款机构向信用程度较差和收入不高的借款人提供的贷款。在前几年美国住房市场高度繁荣时，次级抵押贷款市场迅速发展），它是指一场发生在美国，因次级抵押贷款机构破产、投资基金被迫关闭、股市剧烈震荡引起的风暴。它致使全球主要金融市场隐约出现流动性不足危机。美国“次贷危机”是从 2006 年春季开始逐步显现的。2007 年 8 月席卷美国、欧盟和日本等世界主要金融市场。

人员的自由流动。1993年11月《马斯特里赫特条约》生效，欧洲联盟成立。目前，联盟共有17个国家。1999年1月货币联盟计划如期启动。2002年1月1日起，除英国、瑞典、丹麦外的12个国家开始使用共同的货币——欧元。该经济区拥有20多个国家、370万平方公里土地、3.8亿人口、6万多亿美元国民生产总值和3万多亿美元对外贸易额。①

北美自由贸易区是世界上最大的自由贸易区，主要由美国、加拿大、墨西哥组成。1987年10月美国与加拿大签订了自由贸易协定，1994年起吸收墨西哥参加，形成了北美自由贸易区。它是世界上第一个由发达国家和发展中国家组成的经济集团，具有重大意义。根据协议，贸易区将用15年时间，分三个阶段取消关税及其他贸易壁垒，实现商品、劳务、资本等的自由流通。目前，该区域经济集团拥有2130万平方公里土地面积、3.6亿人口、6万多亿美元国民生产总值、30%的世界贸易额。②

亚太经济区起步较晚，1993年正式启用亚太经济合作组织的名称，每年召开一次非正式首脑会晤，1994年进入制度化合作阶段，现有成员21个国家和地区，除美国、日本、加拿大、澳大利亚、新西兰外，都是发展中国家。1994年茂物会议和1995年大阪会议已确定，各成员国和地区根据自己的情况和方式逐步实现贸易、投资自由化。它在促进亚太地区经济贸易合作方面发挥着重要作用。2001年10月，在上海召开了第九次会议，发表了《领导人宣言》，反映了成员国应对新的机遇与挑战的共识、加强合作的信心和决心。

三　当前世界经济发展的主要特点

（一）以科技为先导、以经济为中心的综合国力竞争不断加剧

综合国力是一个国家的整体力量，即国家的经济力量、政治力量、

---

① 张森林、赵海月主编：《当代世界经济与政治》，高等教育出版社2003年版，第21页。

② 同上。

军事力量、外交力量和科技文化力量等各种力量的整体反映，是衡量一个国家强大与否和国际地位高低的主要标志。其构成要素主要包括：国土面积及其地理位置、自然资源数量、人口的数量和质量、国民生产总值的数量、科学技术和文体教育、交通运输和邮电通信、国防或军事力量、社会制度和意识形态、国家的政治路线方针和政策、外交政策，等等，其中科技、经济是关键因素。目前，以科技为先导、以经济为中心的综合国力竞争不断加剧，主要表现为：

1. 世界各国纷纷调整自己的国家战略，把争夺科技和经济优势作为主要目标

以美、日、欧为主的国际科技竞争已全面展开且日趋激烈。自美国“信息高速公路计划”出台后，各国都纷纷投入了以高科技为先导、以增强本国综合国力为目标的新一轮较量。各国也都把经济实力视为国际地位的主要因素，把经济利益作为各国外交决策中优先考虑的因素。例如，美国把科技发展列为同国家安全因素同等重要的地位优先考虑，把维护经济安全即保持国家的经济发展、经济利益处于不受威胁的状态，确定为国家对外战略的重点。

2. 争夺科技人才成为国际高科技竞争的焦点

由于综合国力竞争的关键是经济实力的竞争，经济的发展必须以科技发展为先导，科技优势又取决于科技人才的优势，因而从一定意义上可以说综合国力竞争的实质是科技人才的竞争。这促使各国在世界范围内展开了争夺科技人才的大战，也都采取了多种有效措施以减少科技人才外流并争取科技人才回流。

（二）新科技革命影响加深，知识经济迅速崛起

二战后开始的人类社会第三次科技革命，到20世纪70年代又掀起了新一轮高潮，信息技术和信息产业充当了火车头的作用。80年代以后，以数字化和网络化为特征的信息技术飞速发展，使全球经济增长方式发生了根本性的变化，一方面科学技术对传统产业进行高度渗透和改造，另一方面以知识为基础的新兴产业迅速崛起，特别是信息产业和知识密集型的技术咨询服务业，在国民生产总值中所占的比重迅速提高，以至90年代出现了“知识经济”这一新概念。知识经济的主要特征是

产业结构进一步高级化，知识密集型产业在国内生产总值中的比重越来越大。在知识经济时代，资源配置以智力资源为第一要素，对智力资源的占有比工业经济中对自然资源的占有更为重要。知识经济与工业、农业经济不同，是促进人与自然协调、实现可持续发展的经济，是一种智力支撑型的经济和不断创新的经济。它强调知识、信息和人力资源特别是创造力的开发在经济发展中的作用。知识经济虽然尚处在初始阶段，但对世界经济和整个人类社会的影响正在日益增大。

（三）世界各国不断调整经济结构。

世界各国为了加快增强自己的综合国力，在竞争中占据有利地位，都在加紧调整经济结构，力争使本国经济结构更加优化。目前，经济结构调整最突出的表现就是产业结构的调整，即第一、第二、第三产业在国民经济中比重的调整，其中最明显的是第三产业的提升。而且，随着知识经济的崛起，产业结构发生了升级，产业的划分也在变化，原有的三类产业已经不能界定高新技术产业了，人们开始将高新技术产业称为“第四产业”。经济结构的调整和变化，除了表现为产业结构的升级以外，还包括出现了大量的跨国企业兼并与合作的现象。

（四）跨国公司的作用日益突出

跨国公司是指在两个或两个以上国家同时进行经营活动的公司企业，是世界经济中集投资、贸易、金融服务等功能于一身的特殊主体。二战以后，由于新科技革命的推动，跨国公司在世界范围内获得了巨大发展，目前已达数万家，成为当今世界经济活动中重要的组织与管理方式，也是世界经济的主要实施者，在世界经济的发展中起着举足轻重的作用。“跨国公司年生产总值已占西方发达国家总产值的40%，跨国公司内部（母公司和子公司，以及子公司之间）‘贸易’和各跨国公司之间的贸易约占全世界贸易总额的60%，控制着75%的技术转让、90%的生产技术、80%以上的对外直接投资和90%以上的民用科技研究与开发，以及科技发展转让”。[①] 跨国公司资本雄厚，科技开发水平先进，生产和销售

① 张森林、赵海月主编：《当代世界经济与政治》，高等教育出版社2003年版，第27页。

网络遍及世界各地，并且拥有良好的信誉。它推动了国际分工的深化，促进了产业结构的调整，弥补了资金的不足，加速了先进技术的传播，发挥了合理的资源配置者的功能。它将世界各国的经济联系在一起，有利于各国经济和世界经济的发展。当然，它也有消极作用。从实质上看，跨国公司是高度国际化的垄断资本组织，经营目标是最大限度地追逐国际高额垄断利润。在少数强国的控制之下，它强化了发达国家的资本优势和技术优势，强化了不合理的国际经济秩序，加深了南北矛盾。

四　当前世界经济发展面临的主要问题

（一）经济发展不平衡，贫富分化严重

经济发展不平衡是世界经济的基本规律，它包括经济增长速度的不平衡和经济实力水平的不平衡。增长速度的不平衡是指在某一时期内两个以上经济实体之间在经济增长速度上的动态差别；实力水平的不平衡是指在同一时间内两个以上经济实体之间在规模、水平、实力上的静态差别。

不平衡规律在第二次世界大战后突出表现在发达资本主义国家内部。从战后到 80 年代，资本主义内部发展的不平衡造成美、日、欧实力对比趋向均衡化，其总体趋势是：美国的经济实力不断相对减弱，西欧、日本的经济实力不断相对增强，三者之间差距逐渐缩小，形成了三足鼎立的世界经济局面。伴随着西方国家经济增长方式从单纯追求经济规模和数量向提高效益和质量转变，不平衡发展有了新的变化。美国科技基础雄厚，高科技占有优势，率先从工业经济走向信息经济。90 年代初，美国最先走出西方周期性经济危机，经济增长率同欧、日相比居于领先地位，产业结构优于欧、日，失业率低，重新回到国际竞争力世界排名第一的位置，总体实力转而加强。日本和欧盟国家则因内部困难较多，经济调整进展相对缓慢。这表明资本主义国家内部的经济不平衡问题更为复杂化。

南北贫富悬殊进一步拉大是不平衡规律的又一重要表现。战后以来，发达资本主义国家一直在世界经济中占据绝对优势地位。而且，在

可预见的时期内，这种优势地位也不会改变，集中体现在发达国家对发展中国家的剥削、不平等关系上。发达国家通过不等价交换，控制和剥削发展中国家，发展中国家则因经济的畸形发展和资金、技术的不足而在经济上依附于发达国家。结果是富者愈富、穷者愈穷。当前方兴未艾的经济全球化浪潮是在旧的国际经济秩序没有根本改变的情况下发展起来的，它加速了整个世界经济的发展和繁荣，但发达国家利用其在贸易、金融、投资等方面的优势，成为经济全球化的最大受益者，而拥有世界人口 80% 以上的广大发展中国家却难以平等地享受全球化的好处，反而可能成为全球化负面效应的受害者，拉大与发达国家的差距。据统计，1960 年，发达国家的人均收入是发展中国家的 30 倍，1990 年这一差距扩大到 60 倍。国与国之间贫富差距的扩大已经成为一个全球性的问题，它所引发的移民潮、难民潮和跨国犯罪等难题不仅阻碍经济发展，而且影响社会稳定。在人类物质财富不断积累的今天，消除贫困是摆在全人类面前的一项艰巨而迫切的任务。

不平衡规律还反映在发展中国家内部的分化上。发展中国家由于经济或政治的、历史或现实的原因，战后的经济发展速度是不平衡的，由此产生的经济发展水平出现了差距。20 世纪 80 年代，既是整个发展中国家“失去的十年”，也是南南差距明显扩大的 10 年。在非洲、拉美出现严重倒退的同时，东亚部分国家和地区则脱颖而出。那些政局稳定、具备比较优势或拥有重要的自然资源、经济政策符合实际的发展中国家和地区抓住机会，迅速崛起。而那些国内政治不稳定、经济措施混乱、自然灾害频仍的发展中国家，经济发展则非常缓慢甚至停滞不前，沦为最不发达国家，面临被进一步边缘化的危险。这种发展中国家内部的两极分化有进一步加剧的趋势，不仅不利于南南合作的开展，而且使南北关系更加复杂。

经济发展不平衡规律还意味着先进的国家发展迟缓，而后进国家可以利用“后发优势”赶上甚至超过先进国家，打破原有的力量对比状况。整体看来，现在和今后相当长一段时期内，发达资本主义国家在世界经济中都会占据绝对优势，发展中国家均不同程度地面临国内外诸多困难。但是，由于经济发展不平衡是绝对规律，后来居上是正常现象，今天还处于落后地位的某些发展中国家，不但有可能，而且必然会赶上现在的一些发达国家。冷战结束以后，在南北经济关系中已经发生了一些有利于发展中国家的变化。虽然多数非洲国家的经济状况还在进一步恶化，但东亚、拉美、西亚国家则保持了较快的增长势头，作为整体的发展中国家的形势看好，已成为世界经济的重要推动力量。发展中国家不仅在经济发展速度方面超过了发达国家，而且相互贸易和投资的增长速度更快，各种形式的区域合作形成热潮，减弱了对发达国家的依赖。与此同时，发达国家增加了对发展中国家的依赖。由于西方市场已相对饱和，美、日、欧都把目光转向了发展中国家，加强了在亚洲、拉美、非洲的竞争，流入发展中国家的资金迅速增长。这些趋势说明，发展中国家在世界经济中的地位正在发生积极变化，一些发展中国家完全可以利用机会取得较快发展。当然，历史造成了发展中国家和发达国家的经济基础极为悬殊，即使发展中国家的经济增长速度快于发达国家，它们之间的差距仍不能在短期内弥补。而且，发展中国家人口本来就占了世界绝大多数，人口增长又比发达国家快得多，即使经济增长速度快于发达国家，按人口平均，差距可能还是在拉大。因此，从长远发展来看，只有发展中国家的佼佼者才有可能赶上发达国家，改变当前世界经济中发达国家占绝对优势地位的状况，但这将是一个长期的过程。

贫富分化是不平衡规律造成的最严重后果。这种分化既表现在发达国家和发展中国家之间，也表现在发达国家和发展中国家内部，还表现在不同的种族、民族之间。20 世纪是人类社会物质财富极为丰富的世纪，然而繁荣却是建立在不断衍生出的贫困的基础之上，这对于世界经济的持续发展构成致命威胁。根据世界银行的估计，目前全球有 28 亿人每天的生活费用不足 2 美元，其中 13 亿人不足 1 美元，不能分享世界经济增长的成果。全球最不发达国家从 20 世纪 70 年代的 25 个增加到 2004 年的 51 个。迄今为止国际社会在反击贫困方面取得了一定成效，但尚未找到彻底消除贫困的行之有效的途径。

正是在不平衡规律的作用下，各国实力对比发生变化，其结果是大国力量的逐步均衡化，世界经济格局向多极化转变。另一方面，世界经济形势也由于不平衡规律的作用而更加错综复杂和动荡不安。美、日、欧为争夺世界市场掀起新贸易保护主义，西西矛盾激化。发展中国家出现分化，新兴国家在成功地缩小与先进国家的差距的同时，面临更加激烈的市场之争和规则之争。最不发达国家和地区的长期贫困化，阻碍了世界经济的整体繁荣。由此可见，发展不平衡规律是世界经济发展中所必须重视的问题。

（二）全球性经济问题

当前，世界各国面临的全球性经济问题主要是如何实现可持续发展问题。可持续发展是指既满足现代人的需求，又不损害后代人满足需求的能力。它要求社会经济的增长与人口、资源和环境保护协调发展，共同组成一个有机的整体，既要达到发展经济的目的，又要保护人类赖以生存的大气、淡水、海洋、土地和森林等自然资源和环境，使子孙后代能够永续发展和安居乐业。可持续发展作为一种发展观，是人类针对工业革命至今片面追求经济高速增长的经济增长模式带来的一系列社会问题而提出来的。在工业化过程中，人类创造了大量财富，同时也过度地消耗着地球上的自然资源，尤其是严重破坏着生态平衡和人类的生存环境，而世界人口的增长速度又日趋加快，导致人类社会经济发展同人口、资源、环境不相协调。这种状况目前仍然在恶化。

1. 人口增速过快问题

世界人口数量已经超过 68 亿。1804 年世界人口为 10 亿，1927 年为 20 亿，1960 年为 30 亿，1974 年为 40 亿，1987 年突破 50 亿，1999 年达到 60 亿。世界人口增长速度越来越快，目前还在以每年 8000 万的速度增长。按这个速度增长下去，预计到 21 世纪末，世界人口将达到 120 亿—140 亿。这对于世界经济和社会发展来说是一个十分巨大的压力，对于地球来说也是一个巨大的负担，将大大加剧资源危机，许多人将面临饥饿和失业的威胁；而且随着人口的迅速增多，人口老龄化问题也日益突出，预计到 2020 年，全世界 60 岁以上的人口将达到 10 亿以上，人类的生产、生活都将受到严重的影响。①

2. 环境恶化问题

1972 年，罗马俱乐部出版了著名的《增长的极限》一书，提出：

① 张森林、赵海月主编：《当代世界经济与政治》，高等教育出版社 2003 年版，第 30—31 页。

对自然环境的过度利用将导致人类社会发展的停滞。由此引发了全球性的环境保护运动。环境是人类赖以生存和发展的外部空间和物质基础，环境问题是人类文明进程的必然产物。随着工业革命和科技进步带来巨大财富，人类的生活方式发生了空前的变化，同时也造成了生态环境的严重破坏和环境问题的日益突出。大气污染、臭氧层损耗、全球气候变暖、水体污染、水资源匮乏、土地荒漠化、森林面积锐减、生物物种消失等一系列问题，早已超越国界发展为全球性的问题。这些问题涉及经济发展的各个方面，严重危及人类的生存和安全，直接影响整个世界经济的前景。各个国家普遍认识到保护环境对于发展经济的重要性，保护环境已经成为国际社会面临的重要问题。

经济是国家实力和社会财富的基础，追求经济的迅速增长是所有国家共同的目标。从英国工业革命至今，两百多年的工业化过程创造了大量财富，但是，片面追求经济高速增长也以惊人的速度消耗了并仍在大规模地消耗着地球上的自然资源，严重破坏了生态平衡和人类的生存环境。要彻底改变这种局面，就需要探索出一条发展经济和保护环境相协调的道路。

早在 1968 年，联合国就决定召开一次人类环境会议，寻求解决污染和其他威胁地球问题的方法，并随之进行了大量的准备工作。1972 年，第一次人类环境会议召开，通过的《人类环境宣言》第一次确认了指导人类社会与环境之间相互关系的新的行为、责任准则，呼吁各国政府、联合国机构和其他组织在采取具体措施解决各种环境问题方面进行合作，并把每年的 6 月 5 日定为“世界环境日”。同年第 27 届联大决定成立联合国环境规划署，以促进环境领域的国际合作，加强各国对环境问题的了解，审查世界环境状况并对有关工作作出评价。1987 年 4 月，联合国世界环境与发展委员会在《我们共同的未来》的研究报告中，第一次正式使用了“可持续发展”的概念，并将其定义为：既满足当代人的需求，又不损害子孙后代满足其自身需要的能力。

1992 年 6 月在巴西的里约热内卢召开了联合国环境与发展大会，期间举行了有一百多位各国领导人参加的最高级别的特别圆桌会议。这是联合国成立以来规模最大、级别最高、人数空前、影响深远的一次国际会议，是人类环境与发展史上的一次盛会。会议通过了《关于环境与发展的里约宣言》、《21世纪议程》、《气候变化框架公约》、《保护生物多样性公约》和《关于森林问题的原则声明》等五项重要国际文件，为解决全球性环境与发展问题揭开了新的一页。为了落实里约会议的文件，1993年2月，联合国成立了可持续发展委员会，负责推动国际社会和联合国系统在全球环境与发展方面的合作。1997年12月在日本京都召开了联合国的《气候变化框架公约》第三次缔约国大会，通过了《京都议定书》，首次确定了发达国家减少温室气体排放量的具体指标，区分了发达国家和发展中国家的不同义务。这是里约会议后的又一次重大突破，以控制温室气体为突破口，开始了世界各国共同治理环境污染问题的第一步。尽管占全球温室气体排放量25%以上的美国在2001年3月宣布退出《京都议定书》，使得这一协定差点胎死腹中，但由于欧盟国家、加拿大、日本、俄罗斯及广大发展中国家的支持，已经有127个国家签字的《京都议定书》在2005年2月正式生效，表明国际社会共同治理环境的强烈愿望和决心。

当前，可持续发展作为一种全新的发展观已成为国际潮流。它强调保持经济的适度增长，认为经济发展与环境保护相互联系、不可分割，将环境保护作为经济发展中的一个组成部分。经济越是要高速增长，就越要加强环境保护，以获得长期持续的发展能力。在此前提下，首先要求改变传统的生产方式。在资源使用方面，要提高自然资源价格，压缩对自然资源的需求，开发新技术和替代产品，节约自然资源。在产业结构的调整方面，那些过多使用稀缺原料或在生产方式中排放有害物质过多的产业将逐步被淘汰。在技术创新方面，要投入更多的人力和财力从事防治污染新技术的研究，在生产过程中做到“边建设，边治理”，改变以往“先建设，后治理”的方式。其次，人们必须改变对自然界的传统态度，自然环境不是人类随意盘剥和利用的对象，而是人类生命的源泉，人们与自然的融洽相处将从另一个侧面促进经济增长方式的转变。此外，人类只有一个地球，发达国家和发展中国家在这个问题上有共同利益，这就需要各国采取协调合作的行动，从根本上改善南北关系，实现人类作为整体的共同繁荣。

然而，当前从全球范围来看，环境状况仍在恶化，人类在环境领域仍然面临巨大的挑战。发达国家和发展中国家围绕经济发展和环境保护存在严重分歧，发达国家无视发展中国家经济落后、人民生活水平低下的事实，片面强调环境保护优先。而发展中国家则要捍卫自己的发展权，主张环保应该建立在客观、公正的基础之上。出于经济上的利己考虑，发达国家还不愿意承担起解决全球性环境问题的主要责任，不愿意在资金和技术上增加对发展中国家治理环境的支持，反而以环境保护为名行贸易保护主义之实，甚至向发展中国家转移污染产业或排放污染物。发展中国家还没有找到一个既能实现经济快速增长，又能保护自然资源和生态环境的切实可行的发展模式。各方利益和立场的对立使得要真正实现经济发展与环境保护的协调还有很长的路要走。

3. 能源短缺问题

能源消费是世界经济发展中不可或缺的重要因素。从历史上看，人类的能源消费经历了木柴时期、煤炭时期和石油时期，能源消费种类越来越趋向多样化。到20世纪80年代之前，能源消费的增长速度和经济的增长速度一直几乎是同步的。但是，随着全球经济发展、人口增长和城市化的速度加快，作为世界主要能源的煤、石油、天然气等不可再生能源面临短缺的威胁。20世纪，全世界消耗掉的能源超过了人类有史以来能源消耗的总和，不仅加剧了人们对全球能源危机的担忧，而且给全球环境带来了严重影响。因此，如何尽量减少能源消费，提高能源的使用效率，既保持经济的适度增长，又不过分破坏环境，从而实现有充足的能源供应作保障的可持续发展，就成为世界各国必须解决的共同难题。

面对不可再生能源短缺的威胁，世界各国开始转向大力提倡和发展太阳能、风能等可再生的新型能源，但是，大规模推广利用这些新型能源在技术上还有困难，成本相对比较高。而核能的安全性在1986年切尔诺贝利事故后一直遭到质疑，其主要集中在亚洲，北美和欧洲的核能发展都出现了停滞。在相当长的时间里，全球消费的主要能源仍将是不可再生能源。此外，能源分布和消费的不平衡状况进一步加剧了问题的严重性。发达国家是能源的主要消耗者，且掌握了先进的节能和新能源技术，发展中国家一面大量输出能源，一面仍在经济发展进程中走高消耗的道路，所面临的能源短缺形势更为严峻。

当前，石油是世界能源消费结构中占据比重最大的。在全球一次性消费能源中，石油所占的比例约为四成。一国要想获得经济发展，不能没有充足、稳定、价格合理的石油供应。石油已经成为重要的战略资源，对石油的拥有量和使用量，是一个国家综合国力的重要标志。世界石油市场的供需状况，不仅直接影响一个国家的经济稳定，而且往往成为影响地区乃至全球政治、经济的重要因素。从19世纪50年代，世界上第一口油井在美国钻探成功，人类就开始了大规模的商业性开采石油。第二次世界大战后，随着各国经济重建和工业化进程的加快，石油对经济发展的支撑作用日益突出。因其可燃性好、热值高、污染少、运输方便、用途广泛等优点，到60年代中期，石油终于取代煤炭成为世界主要能源。从1973年第一次石油危机到现在，世界石油市场几经波澜。每一次油价剧变，都对世界经济产生了冲击，其中尤以70年代的两次石油危机冲击最为严重。2011年上半年，国际市场原油价格不断上涨，纽约商品交易所原油期货价格一度突破每桶100美元的大关。

高油价对世界经济产生了极大的冲击。各石油进口国普遍感受到高油价给经济发展带来的压力。美国是世界头号石油进口国和消费国，对油价波动最为敏感。原油进口费用的增加将加大美国的贸易逆差和影响美国经济的增长。欧元区和日本的石油对外依赖程度远远高于美国，油价上涨带来的冲击要比美国更大。中国和印度等发展中国家的产业结构以制造业为主，生产能耗水平相对较高，长期高油价不仅加大了经济运行成本，而且增加了进口石油的外汇负担，对经济的影响远比发达国家更为明显。除了影响一个国家的宏观经济运行外，油价上涨还会程度不同地影响到各个行业。以石油为原料或燃料的航空业、汽车运输业、石油化工业、燃油发电业以及加工贸易等行业最先受到影响，一些不直接用油的行业也会随之产生物价连锁反应，最终将导致整体经济运行成本提高，产品价格普遍上涨，通货膨胀压力加大。按照世界银行行长沃尔芬森的估计，国际市场原油价格每桶上涨10美元并维持一年的话，世界经济年增长率就会降低0.5个百分点，发展中国家经济增长率则会降低10.75个百分点。

20世纪90年代以来，世界石油的消费格局发生重大变化。发达国家由于节能技术的发展、替代能源的增加和重工业比重的减少，石油需求增长缓慢，应付油价波动的能力大大增强，而发展中国家则因经济迅速发展，石油需求增长强劲。其中，亚洲的石油消费需求增长最快，1992年超过欧洲成为世界第二大石油消费区，同北美、欧洲形成三足鼎立之势，中国和韩国更是位列世界前六大石油消费国之中。如果油价过高，处于成长阶段的发展中国家经济就很难有充足的能源作保障。世界各主要国家为了在新一轮的石油资源争夺战中抢得先机，纷纷制定、调整各自的石油战略，一方面满足对能源的需求，另一方面也增强对国际关系的影响力。由于石油是非再生资源，其绝对量的日益减少是不可能避免的，从长期看，在新能源和替代能源技术取得重大突破之前，随着世界经济的发展，世界石油市场的需求将大于供给，石油价格将呈上涨趋势。根据1997年10月召开的第15届世界石油大会的资料，目前地球上石油总储量为1370亿吨，按每年开采30亿吨的水平计，地球上的石油可供人类开采40—50年。不可否认的是，随着科技的进步，可开采的石油蕴藏还会陆续被发现。但是，着眼于未来较长期的经济发展和能源安全，各国对石油资源的争夺必将日趋激烈，由此引发的油价波动势必对世界经济的走向产生影响。

中国目前是世界上第二大能源消费国。由于经济的高速发展，中国的石油消费也保持了较高的增长势头，1993年迈入了石油净进口国的行列。随着中国经济更加深入地卷入经济全球化进程，中国的石油市场逐渐成为世界石油市场的组成部分，世界石油市场的供需状况、油价涨跌都会对中国经济产生直接影响，进而对中国的社会、政治稳定产生影响。2010年中国原油进口达到2.39亿吨，花费近1351亿美元外汇。因此，保证充足的石油储备，提高抗石油冲击的能力，是中国对外关系中的重要战略任务之一。

4. 粮食危机问题

粮食危机也是各国关注的重要问题。作为满足人类基本需要的物质资源，粮食的自给自足仍是一个没有解决的问题。一些发展中国家由于工业化的推进，农业受到削弱，粮食生产不足又缺乏进口粮食的必要资金，经常出现程度不同的粮食危机，甚至出现社会动荡，非洲南部、南亚和东南亚是受饥荒威胁最严重的地区。而对于那些出口粮食的国家来说，世界粮食市场价格的涨跌直接关系到农业生产的利益。在全球范围内，粮食产量增长速度开始放慢，但需求却持续增长，粮食供需经常出现较大缺口。据联合国粮农组织资料，2003年全球粮食产量大约为18.18亿吨，消费缺口在9300万吨左右，这是历史上第一次连续四年出现粮食歉收，比第一次出现粮食危机时的2000年多歉收7700万吨左右。数亿人生活在饥荒的阴影之下，构成了对全球和平与稳定的严重威胁，是世界各国共同面临的严峻挑战。2006年至2008年，粮食短缺问题变成了一个全球性的现实问题，粮食价格的螺旋式上升也超出了多数人的承受能力。世界粮食计划署警告说，粮食储备的急剧减少可能无法应付这一紧急状况。

由于大米、小麦和植物油价格的急剧上涨，最不发达国家的粮食进口成本也在不断增加，继2006年粮食进口成本增加30%后，2008年比2007年又攀升了37%。联合国报告指出，到2008年年底，“最不发达国家的年粮食进口成本比2000年增加了3倍多，这并不是因为粮食进口量的增加，而是粮食价格上涨的结果”。这些迅猛攀升的发展态势使饥饿人数增加了7500万，使发展中国家处于极端贫困的状态。

全球巨大的粮食需求使人惊恐不安，像中国和阿根廷这样的国家通过对出口水稻和小麦强制性征税或实施配额的方法来避免本国的粮食短缺。柬埔寨、埃及、印度、印度尼西亚和越南则干脆禁止水稻出口。在全球粮食危机的紧要关头，南南合作也趋于瓦解。

造成粮食短缺的原因是多方面的。从粮食生产方面来看，农业生产的增长速度在过去20年中趋于缓慢，美国、欧洲等重要粮产区粮食产量处于停滞和下降状态，俄罗斯等独联体国家由于粮食播种面积减少，产量逐年下降。在一些发展中国家，工业化发展引起了大量农用地转为非农用地，再加上对自然资源的破坏和对森林的乱砍滥伐，导致土质退化情况严重。此外，长时间无机肥料使用过多，也加重了土质退化的程度。因此，尽管各国农民广泛采用了各种现代化的农业耕种方法，农作物产量的增长率却在下降。从粮食需求形势来看，相当部分的发展中国家人口增长迅速，面临严重的粮食短缺问题。发展中国家人口占世界人口的80%，且全球新增人口主要都在发展中国家，粮食产量的增长远远赶不上人口的增长。非洲是人口增长最快的地区，20世纪60年代非洲人均粮食年产量达230公斤，到90年代降到不足200公斤。越来越多的发展中国家不得不依赖于世界粮食市场来满足其需求。然而，粮食市场供需不平衡的局面使得粮食价格的上涨是长期趋势。低收入的发展中国家就会因无力承受粮价上涨的压力而出现饥荒。“民以食为天”是放之四海而皆准的真理，即使是在高科技的时代，粮食仍是国家经济发展和社会政治稳定的根本保证，粮食问题对世界和平及国家安全的重要性也是不言而喻的。粮食短缺绝不仅仅是某些发展中国家面临的问题，而且是整个世界面临的共同问题。如果不能有效地控制、解决粮食短缺问题，势必加剧国际社会的贫富分化和动荡，甚至引发更大规模的冲突。正是基于上述理由，美国学者莱斯特·布朗认为粮食短缺将取代军事侵略成为威胁国际社会安全的主要因素。对于发展中国家来说，粮食问题关系到国家的主权独立和人民生存的平等权利。在一个日趋供不应求的世界粮食市场，粮食成为一种可以用来讨价还价的武器，西方国家凭借其供给方地位谋取政治上或经济上好处的做法，将使发展中国家处于更加不利的地位。

早在 1996 年 11 月，世界各国领导人就聚会罗马举行了世界粮食首脑会议，讨论了以“人人有饭吃”为口号的粮食安全问题，以此为标志，粮食问题成为全世界关注的焦点。2002 年 6 月联合国粮农组织在罗马总部又召开了世界粮食首脑会议五年回顾会议，对世界粮食安全形势进行评估，探寻确保全球粮食安全、消除饥饿与营养不良的新途径。当前，世界各国政府和主要国际经济组织都在不同程度上把粮食问题放在相当重要的地位，探索促进农业生产、保障粮食安全的措施。一方面，主张增加对农业的科研投入，推动技术进步，开展一场新的农业革命，挖掘农业生产的潜力，这是解决粮食问题的希望所在。另一方面，呼吁减轻发展中国家的债务，鼓励发展中国家采取科技兴农的政策，提高农业的现代化水平，切实有效地消除饥荒，这是世界各国的共同愿望，也是实现世界经济持续发展的最基本保障。

5. 金融危机问题

金融危机又称金融风暴，是指一个国家或几个国家与地区的全部或大部分金融指标，例如短期利率、货币资产、证券、房地产、土地（价格）、商业破产数和金融机构倒闭数的急剧、短暂和超周期恶化。金融危机可以分为货币危机、债务危机、银行危机等类型。近年来金融危机呈现某种形式混合的趋势。

金融危机的特征是人们基于经济未来将更加悲观的预期，整个区域内货币币值出现较大幅度的贬值，经济总量与经济规模出现较大幅度的缩减，经济增长受到打击，往往伴随着企业大量倒闭，失业率提高，社会普遍的经济萧条，有时候甚至伴随着社会动荡或国家政治层面的动荡。

人类历史上已经爆发了多次经济危机。主要有：1637 年的郁金香狂热、[①] 1720 年南海泡沫、[②] 1837 年经济大恐慌、[③] 1907 年银行危机、[④] 1929 年股市大崩溃、[⑤] 1973 年经济滞涨、[⑥] 1987 年黑色星期一、[⑦] 1994 年墨西哥金融危机、[⑧] 1997 年东南亚金融危机、[⑨] 2007 年美国次贷危机。[⑩] 以 2007 年美国次贷危机为例，国际货币基金组织预测，危机造成全球“第二次世界大战以来最严重的衰退”。2009 年全球经济将收缩 1.3%。发达经济体的国内生产总值将下降 3.6%，日本经济将下降

---

① 1637 年的早些时候，当郁金香还在地里生长时，价格就已上涨了几百倍甚至几千倍。一棵郁金香可能是 20 个熟练工人一个月的收入总和。这被称为世界上最早的泡沫经济事件。

② 17 世纪，英国经济兴盛，使得私人资本集聚，社会储蓄膨胀，投资机会却相应不足。当时，拥有股票还是一种特权。1720 年，南海公司接受投资者分期付款购买新股，股票供不应求，价格狂飙到 1000 英镑以上。后来《反金融诈骗和投机法》通过，南海公司股价一落千丈，南海泡沫破灭。

③ 1837 年，美国的经济恐慌引起了银行业的收缩，由于缺乏足够的贵金属，银行无力兑付发行的货币，不得不一再推迟。这场恐慌带来的经济萧条一直持续到 1843 年。

④ 1907 年 10 月，美国银行危机爆发，纽约一半左右的银行贷款都被高利息回报的信托投资公司作为抵押投在股市和债券上，整个金融市场陷入极度投机状态。

⑤ 1922—1929 年，美国空前的繁荣和巨额报酬让不少美国人卷入华尔街狂热的投机活动中，股票市场急剧升温，最终导致股灾，引发全球经济大萧条。

⑥ 1973 年，由石油危机造成的供给冲击导致美国出现经济停滞与高通货膨胀，失业以及不景气同时存在的经济现象。

⑦ 1987 年，不断恶化的经济预期和中东局势的不断紧张，造就了华尔街的大崩溃。标准普尔指数下跌了 20%，这是华尔街有史以来形势最为严峻的时刻。

⑧ 1994—1995 年，墨西哥发生了一场比索汇率狂跌、股票价格暴泻的金融危机。受其影响，不仅拉美股市暴跌，也让欧洲股市指数、远东指数及世界股市指数出现不同程度的下跌。

⑨ 1997 年 7 月 2 日，泰国宣布实行浮动汇率制，当天，泰铢兑换美元的汇率下降了 17%，引发了一场遍及东南亚的金融风暴。这使得许多东南亚国家和地区的汇市、股市轮番暴跌，金融系统乃至整个社会经济受到严重创伤。

⑩ “次贷危机”源起美国“零首付”的买房政策，2007 年 8 月开始席卷美国、欧盟和日本等世界主要金融市场。美国次贷风暴掀起的浪潮一波高过一波，美国金融体系摇摇欲坠，世界经济面临巨大压力，至今仍是国际关注热点。

6.2%，欧元经济区将下降4.2%。本来人们以为，亚洲经济会与美国经济危机“脱钩”，但实际情况是，亚洲经济衰退程度大大超过美国。

金融危机的产生有着深刻、复杂的原因，那就是国际货币体系和国际金融秩序存在漏洞或缺陷。全球金融大危机的根源，实际上在于国际中心货币的全球储备与货币投放和头寸的国家管控之间存在矛盾，在全球化进程中主要受以下因素影响不断升级以至最后集中爆发。

一是1971年美国宣告放弃美元与黄金挂钩（1944年布雷顿森林协议规定1盎司黄金固定兑换35美元）后，传统的金本位制货币体系宣告终结，转而成为纯粹的信用货币投放体系，货币投放总量则主要由主权国家自己控制。尽管美国也宣称将货币政策目标确定为控制通货膨胀指数，但却往往只关注美国自己的通货膨胀，而忽视全球的通货膨胀。这就为美元其后大量投放，造成全球流动性过剩和严重通货膨胀奠定了最重要的货币体系基础。

二是美元作为国际中心货币大量为全球所拥有，但真正的美元头寸却主要保留在美国，由此产生的超额垄断利润，成为诱惑美国不断加大美元的信用投放，扩大对外负债的内在动力。

三是在纯粹自由市场经济体系下，通货膨胀和货币资产（虚拟经济）泡沫，应该通过危机爆发从而使得大量不良资产核销、利润核减、企业和金融机构倒闭等加以消除，从而使严重偏离价值的价格得以回归，使过度逐利而严重削弱的社会理性得以恢复。但是，随着全球民主化进程的加快，在出现金融危机时，民选政府往往因为考虑选民情绪和政局稳定，在泡沫尚未完全消除之前，就会采取措施救市和刺激经济发展，其中最主要的就是扩大财政和货币投放，并对资不抵债的企业和金融机构进行保护，结果使已经产生的泡沫无法完全消除，自由市场机制实际上遭受严重削弱。这种情况不断积累，最终必然要在政府或国力无法控制时彻底爆发，形成巨大的冲击。这又为全球化金融危机的最终爆发奠定了重要的政治体制基础。

四是苏联解体后，国际政治两大阵营抗衡的格局发生剧变，美国成为世界单一超级霸主，大大提升了美国的国际影响力。联合国及其他国际组织，如世界贸易组织、国际货币基金组织、世界银行等，对国际事务的影响力逐步减弱，国际事务和国际组织则越来越受到美国的影响。

这使得美元的大量投放进一步失去国际组织和金融秩序必要的约束，为美元的大量投放进一步打开了方便之门。

五是美元过度信用投放，必然造成全球流动性严重过剩，刺激全球经济过热过虚地增长，刺激虚拟经济过度繁荣，偏离实体经济越来越远，泡沫和危机由此产生并不断聚集，最终必将爆发。

因此，要从根本上治理金融危机，必须建立新的国际货币体系和相应的国际金融秩序，其中重点就是设立一个全球流通，但又不能受制于单一国家或地区的“世界货币”，并建立负责世界货币发行、管理的世界中央银行，以及世界货币清算体系或组织。这可以借鉴欧元和国际货币基金组织“特别提款权”的经验，鼓励各国货币资产持有者转换成世界货币，并按照各国持有世界货币的份额配置世界中央银行的投票权。从而解决现在国际中心货币全球流通和储备与货币投放由主权国家调控的矛盾，避免单一国家或区域组织为追求自身利益而过度投放货币，使世界货币的垄断利润为全球共有。

当然，建立新的国际货币体系和相应的国际金融秩序是非常复杂和艰巨的任务，面临很多挑战，可能需要很长的时间。考虑到当前全球金融大危机的爆发，是国际货币体系和金融秩序深层次问题长期积累集中爆发的结果，百年一遇的大危机一旦发生，世界经济金融的调整必然需要一个很长的时间，从 2008 年开始，至少在五年左右时间内，世界经济金融的震动、低迷都是在所难免的。在新的国际货币体系和金融秩序发挥作用之前，如果世界经济金融很快复苏并加快发展，则完全可能发生新的更为严重的金融危机。

思考题：

1. 战后世界经济迅猛发展的主要原因是什么？

2. 为什么说经济全球化在曲折中发展？

3. 当前世界经济面临的主要问题是什么？

4. 我国的现代化建设将面临怎样的世界经济环境？我们应该如何抓住机遇、迎接挑战？

5. 金融危机产生的原因是什么？如何治理？

阅读文献：

1. 冯特君主编：《当代世界政治经济与国际关系》，中国人民大学出版社 2005 年版。

2. 贡德·弗兰克：《白银资本：重视经济全球化中的东方》，刘北成译，中央编译出版社 2008 年版。

3. 琼·E. 斯佩罗等：《国际经济关系》（第六版），田广才等译，中国人民大学出版社 2009 年版。

4. 王洛林、张宇燕主编：《2011 年世界经济形势分析与预测》，社会科学文献出版社 2010 年版。

5. 贾格迪什·巴格沃蒂：《贸易保护主义》，王世华等译，中国人民大学出版社 2010 年版。

政 治 篇

第三讲

深入贯彻落实科学发展观，构建社会主义和谐社会

科学发展观是以胡锦涛同志为总书记的党中央深刻总结我国发展实践，准确把握世界发展趋势，坚持解放思想、实事求是、与时俱进，大力推进党的理论创新取得的重要成果，是中国特色社会主义理论体系的重要组成部分。科学发展观符合我国基本国情，符合当代中国发展要求，符合广大人民根本利益，符合当今世界发展大势，越来越得到全党全国各族人民的衷心拥护，越来越成为全社会的基本共识和自觉行动。党的十六大把“社会更加和谐”作为全面建设小康社会的奋斗目标之一，第一次写进党的代表大会文献中，党的十六届四中全会进一步提出构建社会主义和谐社会是加强党的执政能力建设的重要内容，党的十六届五中全会把推进社会主义和谐社会建设，作为“十一五”规划的建议再次写入党的文献里，这在全面建设小康社会的历史进程中，其意义深远而重大。构建社会主义和谐社会是实现全面建设小康社会目标、应对国际环境各种挑战和风险、巩固党的执政基础、实现党执政历史任务、促进社会公平正义的必然要求。科学发展观与和谐社会是相辅相成、缺一不可的，互为前提又互为保障。

科学发展观和构建社会主义和谐社会的提出背景与过程是什么？如何全面把握科学发展观和构建社会主义和谐社会的科学内涵与精神实质？如何贯彻、落实科学发展观，构建社会主义和谐社会，将思想与实际行动紧密结合起来？搞清楚这些基本问题，对于正确理解、深入贯彻

科学发展观、构建社会主义和谐社会，推进小康社会建设，发展中国特色社会主义事业，具有深远意义。

一 深入贯彻落实科学发展观

党的十六大以来，以胡锦涛同志为总书记的党中央，在准确把握世界发展趋势、认真总结我国发展经验、深入分析我国发展阶段特征的基础上，提出了科学发展观重要思想。十七大报告将科学发展观放在突出位置，并对其进行了明确定位，即科学发展观是对党的三代领导集体关于发展的重要思想的继承和发展，是马克思主义关于发展的世界观和方法论的集中体现，是同马克思列宁主义、毛泽东思想、邓小平理论和“三个代表”重要思想既一脉相传又与时俱进的科学理论，是我国经济社会发展的重要指导方针，是发展中国特色社会主义必须坚持和贯彻的重大战略思想。

（一）科学发展观的形成过程

党的十六大以来，以胡锦涛同志为总书记的党中央，高举中国特色社会主义伟大旗帜，以邓小平理论和“三个代表”重要思想为指导，立足社会主义初级阶段基本国情，总结中国发展实践，借鉴国外发展经验，适应中国发展要求，提出了科学发展观这一重大战略思想。

2003 年 4 月，胡锦涛在广东考察工作时提出，要坚持全面的发展观，努力促进社会主义物质文明、政治文明和精神文明协调发展。7 月，胡锦涛在全国防治非典工作会议上强调，要更好地坚持协调发展、全面发展、可持续发展的发展观。8 月 28 日至 9 月 1 日，胡锦涛在江西考察工作时明确使用“科学发展观”概念，提出要牢固树立协调发展、全面发展、可持续发展的科学发展观。

同年 10 月，党的十六届三中全会通过《中共中央关于完善社会主义市场经济体制若干问题的决定》，强调要“坚持以人为本，树立全面、协调、可持续的发展观，促进经济社会和人的全面发展”。胡锦涛在会上指出，树立和落实科学发展观，这是二十多年改革开放实践的经验总结，是战胜非典疫情给我们的重要启示，也是推进全面建设小康社会的迫切要求。同年底，在中央召开的经济工作会议上，胡锦涛再次指出：牢固确立和认真落实科学发展观，对于提高党领导经济工作的水平和驾驭全局的能力，实现全面建设小康社会的宏伟目标至关重要。这既是我国经济工作必须长期坚持的重要指导思想，也是解决当前经济社会发展中诸多矛盾必须遵循的基本原则。

2004 年 3 月 10 日，胡锦涛在中央人口资源环境工作座谈会上，全面阐述了科学发展观的理论基础、深刻内涵、基本要求和指导意义，指出："坚持以人为本，就是要以实现人的全面发展为目标，从人民群众的根本利益出发谋发展、促发展，不断满足人民群众日益增长的物质文化需要，切实保障人民群众的经济、政治和文化权益，让发展的成果惠及全体人民。全面发展，就是要以经济建设为中心，全面推进经济、政治、文化建设，实现经济发展和社会全面进步。协调发展，就是要统筹城乡发展、统筹区域发展、统筹经济社会发展、统筹人与自然和谐发展、统筹国内发展和对外开放，推进生产力和生产关系、经济基础和上层建筑相协调，推进经济、政治、文化建设的各个环节、各个方面相协调。可持续发展，就是要促进人与自然的和谐，实现经济发展和人口、资源、环境相协调，坚持走生产发展、生活富裕、生态良好的文明发展道路，保证一代接一代地永续发展。"

同年 9 月，党的十六届四中全会通过的《中共中央关于加强党的执政能力建设的决定》，把树立和落实科学发展观作为提高党的执政能力的重要内容。2005 年 10 月，党的十六届五中全会通过的《中共中央关于制定国民经济和社会发展第十一个五年规划的建议》强调，要坚定不移地以科学发展观统领经济社会发展全局，坚持以人为本，转变发展观念、创新发展模式、提高发展质量，把经济社会发展切实转入全面协调可持续发展的轨道。2006 年 12 月，胡锦涛在中央经济工作会议上指出，科学发展观是我们推进经济建设、政治建设、文化建设、社会建设必须长期坚持的根本指导方针。

2007 年 10 月 15 日，党的十七大对科学发展观的科学内涵、精神实质、根本要求进行了全面系统深入的阐述，强调指出："科学发展观，第一要义是发展，核心是以人为本，基本要求是全面协调可持续，根本方法是统筹兼顾。”[①] 要求全党同志要全面把握科学发展观的科学内涵和精神实质，增强贯彻落实科学发展观的自觉性，把科学发展观贯彻落实到经济社会发展的各个方面。

党的十七大把科学发展观写入了党章。科学发展观，是对党的三代中央领导集体关于发展的重要思想的继承和发展，是马克思主义关于发展的世界观和方法论的集中体现，是同马克思列宁主义、毛泽东思想、邓小平理论和“三个代表”重要思想既一脉相承又与时俱进的科学理论，是我国经济社会发展的重要指导方针，是发展中国特色社会主义必须坚持和贯彻的重大战略思想。

（二）科学发展观的科学内涵

科学发展观的第一要义是发展，核心是以人为本，基本要求是全面协调可持续发展。这三方面相互联系、有机统一，其实质是实现经济社会又快又好发展。

坚持以人为本，就是要以实现人的全面发展为目标，从人民群众的根本利益出发谋发展、促发展，不断满足人民群众日益增长的物质文化需要，切实保障人民群众的经济、政治、文化权益，让发展成果惠及全体人民。

全面发展，就是要以经济建设为中心，全面推进经济建设、政治建设、文化建设和社会建设，实现经济发展和社会全面进步。

协调发展，就是要统筹城乡发展、统筹区域发展、统筹经济社会发展、统筹人与自然和谐发展、统筹国内发展和对外开放，推进生产力和生产关系、经济基础和上层建筑相协调，推进经济建设、政治建设、文化建设、社会建设的各个环节、各个方面相协调。

可持续发展，就是要促进人与自然的和谐，实现经济发展和人口、资源、环境相协调，坚持走生产发展、生活富裕、生态良好的文明发展道路，保证一代接一代地永续发展。

科学发展观深刻反映了我们党对发展问题的新认识，反映了当今世界经济政治文化发展的新情况，反映了我国经济社会发展进入关键时期

---

① 《十七大报告辅导读本》，人民出版社2007年版，第14页。

的新要求。党的十六届五中全会提出了未来五年我国经济社会发展的总体目标和战略部署，十届全国人大四次会议批准了《国民经济和社会发展第十一个五年规划纲要》。抓住机遇，推动经济社会又快又好发展，实现“十一五”规划的宏伟目标，进而为全面建设小康社会奠定坚实基础，关键是要牢固树立和全面落实科学发展观、切实把科学发展观贯穿于经济社会发展的全过程、落实到经济社会发展的各个环节，切实把经济社会发展转入以人为本、全面协调可持续发展的轨道。

科学发展观提出以来，在全党全国人民中形成了广泛共识，在国际上引起了广泛关注。广大干部群众衷心拥护科学发展观，深入学习科学发展观，认真实践科学发展观，形成了推动中国特色社会主义事业发展的强大动力。胡锦涛同志指出：“全党同志都要从贯彻‘三个代表’重要思想和十六大精神的战略高度，从确保实现全面建设小康社会宏伟目标的战略高度，深刻认识树立和落实科学发展观的重大意义，坚定不移地树立和落实科学发展观，更好地完成新世纪新阶段我们肩负的历史任务。”[①] 用科学发展观武装全党特别是各级领导干部的头脑，统一思想，增进共识，是一项长期的战略任务。我们必须坚持不懈地学习、研究和宣传科学发展观，深刻领会和全面把握科学发展观的重大意义、深刻内涵和基本要求，掌握贯穿科学发展观的马克思主义世界观和方法论，不断提高贯彻落实科学发展观的自觉性和坚定性，使科学发展观成为指导中国特色社会主义伟大事业不断前进的强大思想武器。

（三）科学发展观的落实原则

一是要把积极探索的进取精神和循序渐进的务实态度结合起来。既要有紧迫感，又要看到艰巨性和复杂性。科学发展观是一种先进的发展理念，是党和政府的宣言，是全民族的共同追求，是我们必须长期坚持的指导思想和努力方向。理想的实现是一个过程，每个时期是实现的程度，受到社会发展阶段和经济发展水平的制约，相关的制度和政策设计不能脱离社会主义初级阶段和全面建设小康社会时期的基本国情。例如人的全面发展，这是一个很高的理想，现在只能逐步做到努力满足人民

---

① 《科学发展观学习读本》，学习出版社 2006 年版，第 5 页。

在温饱之后的更多方面的需要。在各个地区之间，实现这种新的发展理念的进程也会表现出很大的不平衡性，不可能齐头并进。要充分考虑各个地区发展水平和自然、社会、历史文化传统的差异，不能追求单一的发展模式和单一的经济结构。每个地区应选择最适合本地实际情况的发展道路，形成有竞争力的特色经济，对本地区有利，也有利于形成全国协调发展的局面。

二是统筹推进改革、发展和社会稳定，实现改革、发展、稳定三者关系的协调。正确处理改革、发展、稳定的关系是我国改革开放和现代化建设的一条基本经验。根据不同时期的需要，我们提出过以改革总揽全局，提出过稳定压倒一切，提出过发展是硬道理等，作为处理当时主要矛盾的指导思想。现在我们面临着经济发展不协调，经济发展与社会发展不协调，各个领域改革的推进也不协调的矛盾，但现在解决问题的条件也比过去好得多。根据新的发展阶段的实际情况，可以说，实践新的发展观，需要强调各个领域发展和改革的协调推进，强调整个现代化进程的协调推进。当然，这样说并不是否定在特定时期需要突出强调某些方面。现代化是极其广泛而深刻的社会变革，唯有统筹兼顾，强调协调推进，防止或者减轻大的社会震荡，才能比较顺利地达到预期目标。

三是正确处理政府和市场的关系。“统筹”说的是指导思想和对工作的要求，绝不是要求政府干预企业的生产经营活动。完善社会主义市场经济体制，要求更大程度地发挥市场在资源配置中的基础性作用，增强企业活力和竞争力。政府职能转变的方向，一方面是纠正“错位”现象，把不该管的放给市场；一方面是“到位”，健全经济调节和市场监管，加强社会管理和公共服务，进一步把精力抓到全局性、战略性事务的谋划上来。

四要增强科学性和预见性。现在国内外环境比过去复杂得多，要解决的问题也比过去复杂得多，只有增强科学性和预见性，才能趋利避害。要加强对改革和发展过程中问题的前瞻性研究，包括深入实际调查以见微知著，要加强对我国历史经验和国际经验的研究借鉴，及时采取措施，防止局部性、苗头性的问题演变成为全局性的问题。建立和健全相关的指标体系和预警体系是一项基础性的研究工作。要吸收国外不同学科的先进研究方法和最新研究成果，把定性研究和定量分析结合起来。例如，为了克服单纯追求 GDP 的倾向，可以借鉴“绿色 GDP”之类的概念，建立能够综合体现经济发展以及人民生存状况、资源和生态环境的指标体系，并研究相应的计算方法。为了反映社会和谐的实现程度，可以设计一些综合指数，并划分为不同等级，借以大体表示社会安定、不太安定或者很不安定，以便为决策部门提供某种预警的参考依据。再如，为了判断城乡差距和地区差异的变化情况和发展趋势，可以运用基尼系数、人文发展指数和经济结构变动系数等指标，来大体反映地区相对差距的变化，以便为调整政策思路提供比较客观的判断。对于经济发展和国内外市场的变化，也需要建立相关的预警体系。这样的科学指标体系和预警体系，是决策科学化所必需的。

二　构建社会主义和谐社会

（一）社会主义和谐社会的提出历程

构建社会主义和谐社会，把提高构建社会主义和谐社会的能力作为加强党的执政能力建设的重要内容，应该说，是从我们党的十六大开始，并经由党的十六届三中全会、四中全会而提出的重大任务。

2002 年党的十六大报告在阐述我国全面建设小康社会的宏伟目标时，强调要建设包括“社会更加和谐”在内的更高水平的小康社会。报告强调：“根据十五大提出的到 2010 年、建党一百年和新中国成立一百年的发展目标，我们要在本世纪头二十年，集中力量，全面建设惠及十几亿人口的更高水平的小康社会，使经济更加发展、民主更加健全、科教更加进步、文化更加繁荣、社会更加和谐、人民生活更加殷实。这是实现现代化建设第三步战略目标必经的承上启下的发展阶段，也是完善社会主义市场经济体制和扩大对外开放的关键阶段。经过这个阶段的建设，再继续奋斗几十年，到本世纪中叶基本实现现代化，把我国建成富强民主文明的社会主义国家。”①

① 江泽民：《全面建设小康社会，开创中国特色社会主义事业新局面》，人民出版社 2002 年版，第 19 页。

报告还强调，要“努力形成全体人民各尽其能、各得其所而又和谐相处的局面”。[①] 并强调：“必须在坚持四项基本原则的前提下，继续积极稳妥地推进政治体制改革，扩大社会主义民主，健全社会主义法制，建设社会主义法治国家，巩固和发展民主团结、生动活泼、安定和谐的政治局面。”[②] 应该说，党的十六大的这些提法，是具有重大现实意义的。这是因为，把社会更加和谐作为我们党要为之奋斗的一个重要目标明确提出，这在我们中国共产党历次代表大会的报告中还是第一次。

2003 年 10 月 14 日中国共产党第十六届中央委员会第三次全体会议通过的《中共中央关于完善社会主义市场经济体制若干问题的决定》（以下简称《决定》）中，也突出强调了社会和谐问题。在谈到完善社会主义市场经济体制的目标时，《决定》强调，要“按照统筹城乡发展、统筹区域发展、统筹经济社会发展、统筹人与自然和谐发展、统筹国内发展和对外开放的要求，更大程度地发挥市场在资源配置中的基础性作用，增强企业活力和竞争力，健全国家宏观调控，完善政府社会管理和公共服务职能，为全面建设小康社会提供强有力的体制保障”[③]。在谈到深化我国经济体制改革的指导思想和原则时，《决定》明确提出，要“以邓小平理论和‘三个代表’重要思想为指导，贯彻党的基本路线、基本纲领、基本经验，全面落实十六大精神，解放思想、实事求是、与时俱进。坚持社会主义市场经济的改革方向，注重制度建设和体制创新。坚持尊重群众的首创精神，充分发挥中央和地方两个积极性。坚持正确处理改革发展稳定的关系，有重点、有步骤地推进改革。坚持统筹兼顾，协调好改革进程中的各种利益关系。坚持以人为本，树立全面、协调、可持续的发展观，促进经济社会和人的全面发展”。[④] 在文件最后部分谈到“加强和改善党的领导，为完善社会主义市场经济体制而奋斗”问题时，《决定》又强调：“要着眼于我国基本国情，坚

① 江泽民：《全面建设小康社会，开创中国特色社会主义事业新局面》，人民出版社 2002 年版，第 15 页。

② 同上书，第 31 页。

③ 《中共中央关于完善社会主义市场经济体制若干问题的决定》，人民出版社 2003 年版，第 12 页。

④ 同上。

持一切从实际出发，因地制宜，把改革的力度、发展的速度和社会可承受的程度统一起来，及时化解各种矛盾，确保社会稳定和工作有序进行。要统筹推进各项改革，努力实现宏观经济改革和微观经济改革相协调，经济领域改革和社会领域改革相协调，城市改革和农村改革相协调，经济体制改革和政治体制改革相协调。"①

2004年9月19日中国共产党第十六届中央委员会第四次全体会议作出的《中共中央关于加强党的执政能力建设的决定》（以下简称《决定》）中，将"提高构建社会主义和谐社会的能力"作为加强党的执政能力建设的主要任务之一。《决定》明确指出："当前和今后一个时期，加强党的执政能力建设的主要任务是：按照推动社会主义物质文明、政治文明、精神文明协调发展的要求，不断提高驾驭社会主义市场经济的能力、发展社会主义民主政治的能力、建设社会主义先进文化的能力、构建社会主义和谐社会的能力、应对国际局势和处理国际事务的能力。全党要紧紧围绕上述任务，立足现实、着眼长远，抓住重点、整体推进，不断研究新情况、解决新问题、创建新机制、增长新本领，全面加强和改进党的建设，使党的执政方略更加完善、执政体制更加健全、执政方式更加科学、执政基础更加巩固。"② 在谈到"坚持最广泛最充分地调动一切积极因素，不断提高构建社会主义和谐社会的能力"时，《决定》还强调，要"形成全体人民各尽其能、各得其所而又和谐相处的社会，是巩固党执政的社会基础、实现党执政的历史必然要求。要适应我国社会的深刻变化，把和谐社会建设摆在重要位置，注重激发社会活力，促进社会公平和正义，增强全社会的法律意识和诚信意识，维护社会安定团结"③。《决定》还明确了构建社会主义和谐社会的主要内容，这包括全面贯彻尊重劳动、尊重知识、尊重人才、尊重创造的方针，不断增强全社会的创造活力；妥善协调各方面的利益关系，正确处理人民内部矛盾；加强社会建设和管理，推进社会管理体制创新；健全

① 《中共中央关于完善社会主义市场经济体制若干问题的决定》，人民出版社2003年版，第34页。

② 《中共中央关于加强党的执政能力建设的决定》，人民出版社2004年版，第8—9页。

③ 同上书，第23—24页。

工作机制，维护社会稳定；坚持党的群众路线，加强和改进新形势下的群众工作等内容。

社会主义和谐社会的命题提出后，在我国广大干部、群众中，得到了热烈响应和广泛赞同。中央从2005年2月19日到25日，在中央党校举办了省部级主要领导干部提高构建社会主义和谐社会能力的专题研讨班。2月19日，胡锦涛总书记在该班开班式上所发表的重要讲话中，又对社会主义和谐社会的基本特征作了进一步阐述，这是我们党新一代领导集体对社会主义和谐社会理论思考的新突破，是我们党对中国特色社会主义事业认识的新发展。①

（二）社会主义和谐社会的基本特征

1. 民主法治

民主法治，就是指社会主义民主得到充分发扬，依法治国基本方略得到切实落实，各方面积极因素得到广泛调动。这是其他社会主义和谐社会基本特征得以形成和巩固的基础，也是我们建设社会主义和谐社会的前提。民主反映了人类政治文明发展的大趋势。在人类历史上，尽管有着不同的社会制度，对于民主的实际要求也不同。但无可否认的是，民主是人类社会政治发展的大方向，生产力越发展，社会越进步，人们对于民主的渴求也越迫切，要求也越高。所以，民主既是现代文明的标志，又是促进现代社会进步的重要活力。

社会主义和谐社会所要求的民主，是社会主义国家的基本特征，也是社会主义制度优越性所在。社会主义制度能否得到巩固和发展，在很大程度上取决社会主义国家民主政治的制度化、规范化和程序化。民主制度的建立和完善，人民群众对社会事务参与的不断扩大和加深，人权状况的改善和进步，是社会主义现代化建设的重要政治条件。它将有利于社会主义初级阶段的社会矛盾的解决，促进安定团结、生动活泼的政治局面的形成；有利于调动广大人民群众和基层组织的积极性，加快各项事业的发展；有利于实现广大人民群众对领导机关和领导干部的有效

① 贾华强、马志刚、方栓喜：《构建社会主义和谐社会》，中国发展出版社2005年版，第23页。

监督，减少并及时克服官僚主义；有利于党和政府决策的科学化，并使各项决策实施具有广泛的群众基础，使党和政府的各项方针、路线、政策得到广大人民群众的理解、拥护和支持。

2. 公平正义

自古以来，追求公平和正义就是人类的共同理想。马克思主义对于社会公平正义的认识和追求第一次建立在了唯物史观的基础上，也使公正有了实现的可能。马克思主义公平观以剩余价值理论和历史唯物主义为基石。一方面，深刻揭露了资本主义不公平的根源。另一方面，他们为实现社会的真正公平指出了可行的道路，那就是通过社会主义和共产主义社会的途径，消灭剥削、消除两极分化，最终实现共同富裕。

以马克思主义为指导的中国共产党，从建党之初就立志要消灭不合理的旧的剥削制度，维护和实现人民群众的长远利益和根本利益。所以我们在领导中国社会主义实践中不断深化对社会公平的认识，也不断促进社会的公平的建设。以毛泽东为核心的党的第一代中央领导集体，将社会公平与社会主义制度紧密相连，领导人民建立了社会主义制度，初步奠定了社会主义工业化的体系，为我国实现社会公平打下了坚实的制度基础。改革开放后，邓小平同志把社会主义的本质概括为“解放生产力，发展生产力，消灭剥削，消除两极分化，最终达到共同富裕”，引领人们从社会主义本质的角度思考社会公平的意义与要求。以江泽民为核心的党的第三代中央领导集体创立了“三个代表”重要思想，把代表最广大人民的根本利益作为一切工作的出发点和落脚点，为促进社会公平进一步指明了方向。

党的十六大以来，以胡锦涛同志为总书记的党中央进一步丰富和发展了马克思主义公平理论。胡锦涛总书记在“2・19 讲话”中，全面系统地论述了社会公平问题。首先，维护和实现社会公平和正义，涉及最广大人民的根本利益，是我们党坚持立党为公、执政为民的必然要求，也是我国社会主义制度的本质要求。其次，揭示了社会公平的实质和内涵。强调坚持把最广大人民的根本利益作为制定和贯彻党的方针政策的基本着眼点，在促进发展的同时，把维护社会公平放到更加突出的位置；综合运用多种手段，依法逐步建立以权利公平、机会公平、规则公平、分配公平为主要内容的社会公平保障体系，使全体人民共享改革发展的成果，使全体人民朝着共同富裕的方向稳步前进。再次，提出了在今后相当长的时间内，促进社会公平的原则和主要工作。比如，强调在全国人民根本利益一致的基础上，妥善协调正确处理各种具体的利益关系和内部矛盾，高度重视收入分配问题，合理调整国民收入分配格局，逐步解决地区之间和部分社会成员收入差距过大的问题；进一步完善社会保障体系，逐步扩大社会保障的覆盖面，切实保障困难群众的基本生活；又比如，从法律上、制度上、政策上努力营造公平的社会环境，逐步做到保证社会成员都能够接受教育，都能够进行劳动创造，都能够平等地参与市场竞争、参与社会生活，都能够依靠法律和制度来维护自己的正当权益，等等。这些重要思想，为进一步促进社会公平提供了指南。

3. 诚信友爱

中国是世界上著名的文明古国之一，有着悠久的历史和灿烂的文化。中华民族的祖先在漫长的历史进程中逐渐培育和形成了推崇诚信、讲求友爱的优良品德。

中国古代把诚信看成对一个人的基本要求。友爱也是中华民族的另一个优良美德，由于农耕社会的生产力水平很低，人们大都集群而居，靠彼此之间的相互照应来共同抵御自然界中的灾害。所以特别强调邻里、朋友之间的相互友爱。早在春秋时期，孔子就提出了“仁”即“爱人”的道德学说，奠定了中华民族几千年来友爱互助、精诚团结的伦理思想基础。孟子也说过，要“老吾老以及人之老，幼吾幼以及人之幼”。墨子提出的“兼相爱、交相利”。诸葛亮提出“集众思、广忠益”，等等，都是将友爱发展成为稳定的公德准绳和行为规范。

胡锦涛同志在“2·19讲话”中指出，“诚信友爱，就是全社会互帮互助，诚实守信，全体人民平等友爱，融洽相处”。因此，在我们建设社会主义和谐社会的过程中，诚信和友爱的原则就显得格外重要，因为这是我们的社会是否具有凝聚力的重要标志之一。我们的市场经济起步很晚，而转型的速度又很快，所以规则和制度建设的滞后是一个不争的事实。这一方面需要我们加快法制的建设，但另一方面，也对我们的诚信意识提出了更加严格的考验。

在现实生活中，我们痛感诚信友爱的缺失对于我们社会的危害。由于转轨时期的体制和机制建设的真空，我们的社会生活中一度缺少了诚信的踪影，当人们习惯于依靠钻政策空子、不守契约来发财致富的时候，我们的市场经济也很难顺利发展下去。社会生活的秩序很容易被打乱，人们没有安全感。所以，我们党提出了加强社会主义精神文明建设，着力改变物质文明建设和精神文明建设“一手硬，一手软”的不合理现状。这对于加强社会主义荣辱观教育，加强公民道德的建设，为社会主义市场经济改革和政治体制改革创造了更加优越的社会环境和心理环境是极其重要的。

诚信友爱，是消除社会矛盾的“减震器”，是加强社会凝聚力的“黏合剂”。有了诚信友爱，相互间即使有了隔阂也容易消除，即使有了矛盾也容易解开。在大家和睦相处的情况下，就能保持社会公共生活的安定有序，维护人民大众共同的整体利益，共同应对自然和社会的挑战。

4. 充满活力

社会主义和谐社会应当是一个充满活力的社会，也就是全社会的创造活力得到充分激发的社会。这是我们党对于社会主义和谐社会的新认识，也表明我们党对于社会主义建设规律的认识达到了新水平。

社会主义和谐社会活力的构成大体包括三个层面：一是社会主体的活力，这是社会活力最直接的体现，是与广大人民群众直接联系的，它主要表现为人的能动性、积极性、创造性的充分发挥；二是作为社会生产和生活直接构成要素和资源的活力，如自然资源的合理利用，环境条件的控制和改善，新的知识、思想、文化的形成与创造等；三是社会生产、生活运行方式和机制所具有的活力，这是深层次的活力，表面上一般看不到，但是却对上述两种活力具有很强的引导和制约作用。只有体制上有活力了，整个的社会系统才能够自我延续、自我调控、自我更新并发挥其功能。我们在讨论和谐社会的活力的时候，这三个层面是不可分割、互为前提的，构成了社会得以生存和不断变化发展的现实力量和动力源泉。

要建设充满活力的社会主义和谐社会，要从根本上入手，坚决破除一切妨碍发展的体制机制弊端和不合时宜的观念，建立能够激发广大人民的创业愿望和动力的机制，建立能够保证他们自由地享受到自己创业成果的机制。树立起有利于激活和增强我国社会活力的概念，只有这样，才能引导大家走上自我创造、自我实现、反馈社会的良性循环之路。

要建设充满活力的社会主义和谐社会，还要从文化上入手，引导全社会形成尊重创造、推崇创造、反对保守、勇于创新的良好风气。必须在全社会形成尊重劳动、尊重知识、尊重人才、尊重创造的浓厚氛围，努力营造鼓励人们想干事业、支持人们干成事业、帮助人们干好事业的社会环境。

建设充满活力的社会主义和谐社会，最后还要落到每个具体的人身上，因此，要大力培育公民的科学文化素质和思想道德素质。在新科技革命日新月异的今天，人才的重要性无以复加。而只有人才才能掌握知识、运用知识和创造新知识，只有人才才能推动社会进步。所以，综合国力的竞争很大程度上是知识分配和创造的竞争，归根到底是掌握和运用知识的人才的竞争。人才的素质直接关系到社会的创造力的高低，影响到一个国家的综合国力的强弱。构建社会主义和谐社会，必须进一步深化改革和扩大开放，坚决破除一切妨碍社会发展的体制、机制的弊端和落后的观念，激发广大人民群众的创新、创造、创业愿望和动力。调动广大人民群众参与社会事务，参与政治活动，参与国家管理的主动性和积极性。

5. 安定有序

安定有序，就是社会组织机制健全，社会管理完善，社会秩序良好，人民群众安居乐业，社会保持安定团结。

从和谐社会建设的整体布局来看，一个社会的安定有序主要包括宏观和微观两个方面的内容。从宏观结构上来看，安定有序即指政治、经济、文化和社会的意识形态等几个子系统之间的稳定、有序，从微观结构上来看，安定有序是指一个社会政治、经济、文化、社会、环境等内在结构的各个要素之间能否形成相互协调和交融的良好局面。社会整体的安定有序，主要是看各个子系统内部和它们之间能否运行正常。

安定有序对于我们现阶段建设社会主义和谐社会来说至关重要。因为这是处在现代化“起飞期”和社会经济体制“转型期”的客观要求。改革开放三十多年来，经过全党和全国各族人民的共同努力，我国国民经济持续快速发展，综合国力迅速提升，社会面貌发生了根本性变化。中国在社会主义现代化建设的过程中取得了举世瞩目的成绩。2003 年，我国国内生产总值约为 11.7 万亿元人民币，按当时汇率计算，人均国内生产总值已经突破 1000 美元，而 2010 年，我国人均国内生产总值已经突破 2900 美元，开始向人均 3000 美元的新目标奋进。[①] 从世界现代化发展的一般规律来看，从人均 1000 美元到 3000 美元是现代化发展的一个关键时期。一方面，这是经济发展的起飞期，一切的经济成长的奇迹都有可能在这一时期诞生。另一方面，这也是一个矛盾凸显期，因为社会转型的速度太快，时间太短，所以很容易对于整个社会的体制、机制、思想上产生巨大的冲击。社会变革的阻力会不断增大，如经济社会发展不协调，收入分配不公和贫富悬殊严重，环境问题、能源问题、地区差别和城乡差别等问题不断显露甚至加剧。我们党提出构建社会主义和谐社会，基本的出发点就是为了有效地解决这些问题。

总而言之，社会主义和谐社会一定是安定和有序的社会。实现这一目标的关键就在于我们要切实把握和处理好改革、发展、稳定与和谐的关系，切实把改善人民群众的生活水平作为四者的重要结合点，把发展的速度、改革的力度同人民群众的承受程度结合起来，让改革发展的成果真正惠及全体人民。同时，我们还要善于处理人民内部的利益矛盾，积极建立和完善各种矛盾的调节和处理机制，加强社会管理，建立党委领导、政府负责、社会协同、公众参与的社会管理新格局。只有这样，人民群众才能安居乐业，社会的危机才能被消灭在萌芽状态，和谐社会的安定有序的特征才能充分地体现。

6. 人与自然和谐相处

和谐社会不仅要求人与人之间和谐相处，更要求人与自然之间也要和谐相处。人与自然和谐相处，就是要寻求生产发展、生活富裕、生态良好的最佳结合点。这对我们这样一个人均资源占有量较少和生态环境比较脆弱的国家来说十分重要。

生产发展，生活富裕，生态良好，这三者内涵不同而又紧密依存。

① 根据中华人民共和国中央人民政府网：中华人民共和国 2003 年、2010 年国民经济和社会发展统计公报整理。

生产发展是实现生活富裕的条件，离开了生产的发展，生活富裕缺乏物质条件，人民富裕就无从谈起；生活富裕是生产发展的目的，脱离这个目的，光发展、不富裕，发展就失去了意义，这样的发展也不会得到人民群众的衷心拥护，因而也难以为继；而保持良好的生态环境，则是实现生产发展和生活富裕所必须坚持的前提和不可缺少的保证。贯彻和落实科学发展观要求我们仅仅加快发展还不够，因为发展只是途径和手段，而发展根本的目的是为了满足人民群众日益增长的物质文化生活需要，是为了提高人民群众的生活水平，最终是为了促进人民群众的全面发展。

总之，这六条社会主义和谐社会的基本特征既包括社会关系的和谐，也包括人与自然关系的和谐，充分体现了民主与法治的统一、公平与效率的统一、活力和秩序的统一、科学和人文的统一、人与自然的统一。社会本身就是一个复杂多变的有机体。应该客观地说，我们对于和谐社会的建设规律的掌握还知之不多，知之不深，有待于我们对丰富多彩的社会主义和谐社会建设的实践不断加以总结并加以提炼和升华，提出这六条特征就是我们认识飞跃的有力佐证。社会主义和谐社会的这些基本特征是相互联系、相互作用的，这六条基本特征的提出，为我们未来的和谐社会建设指明了奋斗的方向。我们相信，在改革开放中领导中国人民创造了经济发展的奇迹的中国共产党，也一定会带领着我们创造出构建社会主义和谐社会的奇迹。[①]

（三）构建社会主义和谐社会的基本原则

中共十六届六中全会提出了当前和今后相当长的时期内构建社会主义和谐社会的六条基本原则（即六个“必须”）：必须坚持以人为本；必须坚持科学发展；必须坚持改革开放；必须坚持民主法治；必须坚持正确处理改革发展稳定的关系；必须坚持在党的领导下全社会共同建设。正确把握这些基本原则关系到建设中国特色社会主义的长期历史任务和全面建设小康社会的重大现实问题，我们要加以正确把握。

① 严书翰：《构建社会主义和谐社会专题研究》，中共中央党校出版社 2008 年版，第 77 页。

必须坚持以人为本。始终把最广大人民的根本利益作为党和国家一切工作的出发点和落脚点。这既是科学发展观的核心，又是构建社会主义和谐社会的出发点和落脚点。我们党把以人为本作为构建社会主义和谐社会的第一条基本原则，这是解放思想实事求是与时俱进的生动体现。因为我们党对以人为本做出了马克思主义的阐述，从而坚持和发展了历史唯物主义的基本观点。我们党所强调的以人为本中的“人”，决不是指抽象的人，而是特指广大人民群众。当然包括人民群众的根本利益，人的生命、人权和人的尊严。这里的“人”不是客体，而是主体。也就是说，不能把人民群众仅仅看做是被同情、被关爱或被救济的对象，而应该看做是构建社会主义和谐社会与树立和落实科学发展观的主体，即依靠力量。这里的“人”是发展的主体，但不是自然界的主宰。因而要保持人与自然界和谐相处。以人为本中的“本”，不是指事物的本原或本体，而是指构建社会主义和谐社会的出发点和落脚点。因此，我们要始终实现好、维护好、发展好最广大人民的根本利益，不断满足人民群众日益增长的物质文化需求，做到发展为了人民、发展依靠人民、发展成果由人民共享，促进人的全面发展。从中我们也可以看出，科学发展观与构建社会主义和谐社会具有内在的逻辑联系。因此，决不能把两者割裂开来，甚至对立起来。

必须坚持科学发展。构建社会主义和谐社会决不是不讲发展只讲和谐，而且恰恰是要以发展作为基础和前提条件的。因为解决中国一切问题的关键是发展。发展是硬道理，发展是执政兴国的第一要务，发展关系中华民族的兴衰存亡，只有发展社会才会充满活力。因此，我们对发展决不能有任何动摇。中共十六届六中全会再次强调，社会要和谐首先要发展。必须坚持用发展的办法解决前进中的问题，大力发展社会生产力，不断为社会和谐创造雄厚的物质基础。当然，我们今天讲发展是指科学发展，即又好又快的发展。好，就是要使国民经济和社会各项事业实现健康协调和可持续发展。快，就是指要保持国民经济和各项社会事业的发展要有一定的速度。太高或太低的速度都会影响科学发展。为此，现阶段要更加注重发展社会事业。科学发展就是要千方百计降低发展的成本或代价。在实施科学发展观的今天，如果还有人认为发展可以实现零成本或零代价，那是脱离实际的理想主义。如果还有人认为发展可以不顾任何成本或代价，那是违背科学发展的盲动主义。因此，在全面建设小康社会的过程中，要实现又快又好地发展，就必须转变发展观念，转变经济发展方式，提高发展质量，推进节约发展、清洁发展、安全发展，实现经济社会全面协调可持续发展。

必须坚持改革开放。构建社会主义和谐社会建设决不是不讲或不敢继续推进改革开放。改革开放是三十年来我们国家进行现代化建设的最主要内容和最鲜明的特点。继续推进改革和全方位对外开放，是保持和发展目前我国社会活力的基础。我们要充分肯定1978年以来我国改革开放的正确方向和取得的巨大成绩。冷静分析改革开放中出现的问题和矛盾及其产生的原因。既不能对改革开放中出现的不和谐因素视而不见，甚至只报喜不报忧，又不能因为改革触及了一些深层次的体制弊端，就不敢推进改革，甚至主张走回头路。改革开放中出现的矛盾和问题，只有通过进一步推进改革开放才能解决。正如《决定》指出的，适应社会发展要求，推进经济体制、政治体制、文化体制、社会体制改革和创新，进一步扩大对外开放，提高改革决策的科学性，改革措施的协调性，建立健全充满活力、富有效率、更加开放的体制机制。这几个方面的改革既相互联系又有各自的特点。经济体制改革是基础。这既是指我们已经初步建立起了社会主义市场经济体制的框架，又是指完善它还有很多艰巨的工作要做，还有很长的路要走。所谓坚持社会主义市场经济的改革方向，就是指经济体制改革必须坚持社会主义的基本方向和市场经济的基本取向，两者缺一不可。政治体制改革是保证。三十年改革开放的基本经验证明：经济体制、文化体制和社会体制等方面的改革必须要依靠政治体制改革来保证。这里讲的保证，就是指保证这些领域改革的正确方向和已经取得的成果。当前，我国政治体制改革的重点之一仍然是党的自身制度和体制改革。文化体制改革是支撑。在构建社会主义和谐社会过程中推进改革需要和谐文化的引领和文化体制改革的配合。因为构建社会主义和谐社会需要巩固社会和谐的思想基础。而和谐文化包含着社会主义核心价值体系，它能帮助人们树立社会主义荣辱观，在全社会形成知荣辱，讲正气，促和谐的风尚，营造积极健康的思想舆论氛围，这就是支撑的作用。近几年进行的文化体制改革试点是成功的。要在总结和推广这些成功经验的基础上，使文化体制改革在各方面体制的改革中起着推动和配合作用。社会体制改革是重点。以科学发展观为指导，总结三十年来发展的经验教训，我们在充分肯定我国经济社会发展取得的巨大成就的同时，也要看到存在的明显不足，这就是“经济建设这条腿长，社会建设这条腿短”。这里讲的“短”，既包括社会事业建设在速度、力度等方面赶不上经济建设，又包括社会体制的改革与其他方面的体制改革相比是滞后的。虽然现实中的社会体制也伴随着经济体制改革在发生变化，但我们正式把社会体制改革提上全党的议程是中共十六届四中全会，所以社会体制改革是今后改革的重点。中共十六届六中全会对此作了明确的部署。

必须坚持民主法治。发展社会主义民主政治，建设社会主义政治文明是党的十六大制定的全面建设小康社会的重要目标。只有发展社会主义民主政治、保证人民依法行使民主权利，才能使人民群众和各方面的积极性、主动性、创造性更好地发挥出来，才能促进党和人民群众以及执政党和参政党、中央和地方、各阶层之间、各民族之间的关系和谐，这也是构建社会主义和谐社会的重要保证。正如《决定》指出的，加强社会主义民主政治建设，发展社会主义民主，实施依法治国基本方略，建设社会主义法治国家，树立社会主义法治理念，增强全社会法律意识，推进国家经济、政治、文化、社会生活法制化、规范化，逐步形成社会公平保障体系，促进社会公平正义。我们党反复强调了民主法治在构建社会主义和谐社会中的重要作用，是因为坚持了这条基本原则才能把坚持党的领导、人民当家作主和依法治国有机地统一起来，才能积极稳妥地推进政治体制改革。民主法治既是社会主义和谐社会的重要特征，又是构建社会主义和谐社会一个总要求。这是因为民主法治要么渗透于社会主义和谐社会的其他特征之中，要么其他的基本特征必须依赖民主法治才能存在。从这个意义上说，民主法治是构建社会主义和谐社会的政治条件和制度保障。

必须坚持正确处理改革、发展和稳定的关系。也就是说，要把改革的力度、发展的速度和社会可以承受的程度统一起来。改革、发展和稳定既是全面建设小康社会中的重要现实问题，又是构建社会主义和谐社会过程中我们必须正确处理的重大关系。中共十六届六中全会进一步把改革发展稳定与社会和谐辩证地统一起来，这是我们党对社会主义现代化建设规律认识的深化。我们对改革发展稳定的深刻认识，是在总结改革开放以来，尤其是在总结国内外发展过程的经验教训中形成的。古今中外没有任何一个国家是在混乱当中把经济建设搞上去的。唯有稳定才是前提；稳定不等于停顿不前。必须用辩证的、发展的观点看稳定。稳定是为改革和发展服务的。改革是发展的动力，没有改革我们就不可能走出这条建设中国特色社会主义的道路，我们的事业不可能顺利前进。因此，改革、发展和稳定是我国现代化建设棋盘上三个举足轻重的棋子。正确把握了这三者的辩证关系，就能维护社会安定团结，就能确保人民安居乐业、社会安定有序、国家长治久安。

必须坚持在党的领导下全社会共同建设。加强和改善党的领导是构建社会主义和谐社会的根本保证。因为，在我们这样一个多民族的发展中的大国，要把全体人民的意志和力量凝聚起来，要把我们国家中的人与物的因素充分调动起来，推进社会主义和谐社会建设，就必须毫不动摇地加强和改善党的领导。因此，构建社会主义和谐社会，关键在党。要坚持科学执政，民主执政，依法执政。充分发挥党的领导核心作用，坚持立党为公，执政为民，维护人民群众的主体地位，团结一切可以团结的力量，调动一切积极因素，形成促进和谐人人有责，和谐社会人人共享的生动局面。为此，要加强党的执政能力建设和先进性建设，提高各级领导班子和领导干部领导社会主义和谐建设的本领。各级党委要把和谐社会建设放在全局工作的突出位置，把握方向，制定政策，整合力量，营造环境，切实担负起领导责任。①

三　贯彻落实科学发展观与构建社会主义和谐社会的关系

深入贯彻落实科学发展观，要求我们积极构建社会主义和谐社会。社会和谐是中国特色社会主义的本质属性。科学发展和社会和谐是内在

① 严书翰：《正确把握构建社会主义和谐社会的基本原则》，中国网，2006年11月28日。

统一的。没有科学发展就没有社会和谐，没有社会和谐也难以实现科学发展。构建社会主义和谐社会是贯穿中国特色社会主义事业全过程的长期历史任务，是在发展的基础上正确处理各种社会矛盾的历史过程和社会结果。要通过发展增加社会物质财富、不断改善人民生活，又要通过发展保障社会公平正义、不断促进社会和谐。实现社会公平正义是中国共产党人的一贯主张，是发展中国特色社会主义的重大任务。要按照民主法治、公平正义、诚信友爱、充满活力、安定有序、人与自然和谐相处的总要求和共同建设、共同享有的原则，着力解决人民最关心、最直接、最现实的利益问题，努力形成全体人民各尽其能、各得其所而又和谐相处的局面，为发展提供良好社会环境。

（一）科学发展观与社会主义和谐社会理论的渊源

科学发展观与构建社会主义和谐社会的理论，是以胡锦涛为总书记的中央领导集体对马克思、毛泽东、邓小平和江泽民关于发展社会主义建设规律思想成果的继承和丰富，从新世纪的实际出发，适应现代化建设需要，努力把握发展的客观规律，汲取人类关于发展的有益成果，着眼于丰富发展内涵、创新发展观念、开拓发展思路、破解发展难题提出来的。是我们党发展理念和执政理念的一个飞跃。它促使我国经济社会发展进入一个更加科学、更加理智、更加具有全局性、长远性和创造性的崭新阶段。

（二）科学发展观与构建和谐社会有机统一、相互作用

从理论的角度说，构建社会主义和谐社会与树立和落实科学发展观之间并不是矛盾的，而是有机统一的。这是因为，科学发展观是从发展理念、发展思路等方面，促进社会发展与社会治理，是从发展的角度求和谐；构建社会主义和谐社会则是从社会关系、社会状态方面，反映和检验落实科学发展观的成效，是从和谐的角度促进发展。从这个意义上说，构建社会主义和谐社会是在科学发展观指导下新的社会主义建设目标，是对全面建设小康社会宏观目标的进一步深化。也正因为这样，作为党中央提出的重大战略思想和指导方针，科学发展观是统领我国经济社会发展全局的，也是统领我国社会主义和谐社会建设的。因此，科学发展观是构建社会主义和谐社会的指导思想，构建社会主义和谐社会是贯彻科学发展观的实践要求。

发展既是科学发展观的重要内容，也是构建社会主义和谐社会的物质基础。在构建社会主义和谐社会过程中，必须始终坚持把发展放在首位，只有经济发展了，构建社会主义和谐社会才能有充分的物质保障。同时，以人为本是科学发展观的价值取向，也是构建和谐社会的价值取向。以人为本是科学发展观的本质规定，也是构建和谐社会的内在要求。全面、协调、可持续发展是科学发展观的主线，也是和谐社会的核心内涵。科学发展观要求我们在重视经济发展的同时有必要也有条件把全面、协调、可持续的发展提到更重要的位置上。

和谐社会的构建为落实科学发展观提供环境和条件。经济发展与社会发展是辩证统一的关系。经济发展是社会发展的前提、基础和保证，社会发展为经济发展提供动力支持和条件。如果经济发展了，经济结构调整了，而社会结构调整缓慢，社会管理体制改革滞后，就业、腐败、分配不公、社会治安等矛盾突出，就会使社会矛盾不断激化甚至恶化，轻则使经济社会发展停滞不前，重则引发社会动荡和倒退。

科学发展观为构建社会主义和谐社会提供实现的途径。社会主义和谐社会建设不是独立于现实社会形态的实践活动，它始终是与物质文明、政治文明、精神文明的共同发展进步相伴随的。物质文明始终是和谐社会建设必须的物质基础。社会主义和谐社会不是物质贫乏、共同贫穷的社会，而是一个物质文明发达、全社会共同富裕的社会。构建社会主义和谐社会是贯彻落实科学发展观的重要举措，落实科学发展观与构建社会主义和谐社会相互统一于全面建设小康社会之中，科学发展观为构建社会主义和谐社会提供实现的途径。

（三）协调落实科学发展观与构建社会主义和谐社会关系的原则

1. 树立和落实科学发展观，构建社会主义和谐社会，要求我们必须注重发展性

从经济学的角度看，我们是在全球资源严重约束下进行现代化建设的。在当今世界，全球性的人口、资源、环境的矛盾十分尖锐，使我国在经济发展中面临着严峻挑战。从国内自身的角度看，以资源消耗率、

环境受损害程度、自主知识产权掌握程度以及国家安全问题等经济增长质量的四个主要指标来衡量，我国经济增长还处于一种“三高一低”（高投入、高消费、高污染、低效率）的粗放式增长方式中，过分地依靠资源消耗与牺牲环境。由此可见，转变经济增长的方式，使我国由粗放式经济增长转变为集约式经济增长，是我们在贯彻落实科学发展观、构建社会主义和谐社会过程中，所必须十分重视的课题。我们必须紧紧抓住和用好本世纪头二十年的这一重要战略机遇期，聚精会神搞建设，一心一意谋发展，以不断增强我国综合国力，提高人民群众的生活水平。

2. 树立和落实科学发展观，构建社会主义和谐社会，要求我们必须注重统筹性

科学发展观所强调的“五个统筹”，就是指统筹城乡发展，统筹区域发展，统筹经济社会发展，统筹人与自然和谐发展，统筹国内发展与对外开放。这“五个统筹”可以说，既体现了科学发展的要求，也体现了社会和谐的要求。正因为如此，我们需要从构建社会主义和谐社会同落实科学发展观相一致的高度，把“五个统筹”体现到构建社会主义和谐社会的实践中去。例如，从统筹城乡发展的角度说，我国城乡近年来的经济发展差距是在逐年扩大的。另外，农民增收难，特别是农村各项社会事业，如基础教育、公共卫生服务、社会保障事业投入不足，严重滞后于城市发展，已经阻碍着我国小康社会目标的实现。这种情况，必然会严重地影响城乡发展的协调性，产生许多不公正现象，对构建社会主义和谐社会的目标构成威胁。我们现在都认识到，“三农”问题不仅仅是涉及农民的问题，而且是涉及经济转型、城乡关系、体制结构的综合性问题。在这种情况下，我们就更需要从深层次上，考虑解决城乡发展中的差距问题。因此，必须统筹城乡的发展，促进城乡二元经济结构的转变，通过综合配套改革，形成城乡协调发展的机制。这就是说，要以“三农”问题为突破口，既要注重农业本身的发展，更要注重从“农”外找出路，通过“三化”——工业化、城市化、市场化，来促进“三农”问题的根本解决，真正走出一条使广大农民得到实惠、增加收入的新路子，为构建社会主义和谐社会奠定坚实的基础。这是我们党和政府各项工作中的重中之重。

3. 树立和落实科学发展观，构建社会主义和谐社会，要求我们必须注重兼顾性

统筹必须兼顾，兼顾才能和谐。因而，我们只有不断提高统筹兼顾的能力，才能有力地推进构建社会主义和谐社会的进程。随着城市化进程的加快，我国新的城乡布局、产业布局、区域布局开始奠基了，这是关系到我国经济发展的百年大计。但本应形成的全国一盘棋的布局，目前却主要由地方政府根据任期内的各种考虑所决定，因而隐患问题多，如区域产业雷同、重复布局、恶性竞争、资源配置劣化等新问题，是十分突出的。各地区纷纷构建独立的产业体系，但有着内在联系的区际产业联系却是断裂的，形不成产业带、产业链和产业群，严重制约着国家整体竞争能力和实力的提高。在这种情况下，为了落实科学发展观，我们在统筹的基础上，就必须要做好兼顾工作。这也就是说，在构建社会主义和谐社会的实践中，我们必须注重兼顾国家、集体与个人的利益，兼顾发展能力强的群体与发展能力弱的群体的利益，兼顾改革中得益较多的群体与得益较少的群体的利益，兼顾先富群体与后富群体的利益，兼顾不同行业群体之间的利益，以使资源配置更趋合理化。

思考题：

1. 如何理解科学发展观与和谐社会的内涵？
2. 如何理解树立科学发展观与构建社会主义和谐社会之间的关系？
3. 如何理解协调落实科学发展观与构建社会主义和谐社会关系的原则？
4. 在科学发展观指导下，如何做一名新时代的大学生？

阅读文献：

1. 冷溶：《科学发展观与构建社会主义和谐社会》，社会科学文献出版社 2007 年版。

2. 严书翰：《构建社会主义和谐社会专题研究》，中共中央党校出版社 2008 年版。

3. 贾华强、马志刚、方栓喜：《构建社会主义和谐社会》，中国发展出版社 2005 年版。

4. 周振国、梁世和：《构建社会主义和谐社会的基本理论研究》，河北人民出版社 2006 年版。

5.《中共中央关于构建社会主义和谐社会若干重大问题的决定》，人民出版社2006年版。

6.《中共中央关于构建社会主义和谐社会若干重大问题的决定》（辅导读本），人民出版社2006年版。

7.《构建社会主义和谐社会若干重大问题解析》，中共党史出版社2006年版。

8.《科学发展观重要论述摘编（辅导读本）》，新华出版社2008年版。

9.《学习实践科学发展观100问》，研究出版社2008年版。

第四讲

中国的政治状况与政治发展

政治发展是政治关系的调整和变革，是政治领域发生的政治变迁。当代中国政治发展很大程度上是与中国社会主义现代化进程相联系的政治变革过程，是中国政治领域里发生的进步。发展社会主义民主政治是我们党始终不渝的奋斗目标。但当代中国的政治改革不能依靠他国的经验，而是要结合中国的实际，坚持走中国特色的社会主义政治发展道路。改革开放以来，我们积极稳妥推进政治体制改革，我国社会主义民主政治展现出更加旺盛的生命力。政治体制改革作为我国全面改革的重要组成部分，必须随着经济社会发展而不断深化，与人民政治参与积极性不断提高相适应。要坚持中国特色社会主义政治发展道路，坚持党的领导、人民当家作主、依法治国有机统一，坚持和完善人民代表大会制度、中国共产党领导的多党合作和政治协商制度、民族区域自治制度以及基层群众自治制度，不断推进社会主义政治制度自我完善和发展。

一　当代中国的基本政治制度

（一）选举制度与人民代表大会制度

1. 选举制度

选举，是指某一社会群体中的全体或部分成员，按照既定的方式和程序，根据自己的意志，选择若干人员担任某项公职的行为。这一定义包括五层含义。第一，所谓“社会群体”，包括国家、政党、社会团体、企事业单位和基层群众组织等，它们都可能通过其成员的选举行为产生自己的代表或领导，这表明选举的适用范围非常广泛，尤其在现代社会中。第二，所谓“全体或部分成员”，涉及在一个社会群体中哪些人有资格参加选举，亦即选举主体问题。第三，任何选举都必须预先设定某种方式（如投票、举手、鼓掌、起立等）和某种程序（如划分选区、提出候选人、投票、计票、宣布投票结果等），否则，选举便无法进行。第四，选举，就其词义上讲，即选择与推举。选举人有权根据自己的意志，选择有被选举权的人员中的任何人，这是任何选举的必要条件和关键所在。至于所谓“选举人意志”，是否所有选举人都有自己的意志，以及怎样形成选举人的意志，是值得进一步分析研究的问题。但是，选举若不能反映选举人的意志，就称不上真正的选举。第五，任何选举都是有目的的行为，即为了选择若干人员担任某项公职。所谓“某项公职”，可以是国家元首，可以是国家代议机关的组成人员，国家行政机关和司法机关的官员，也可以是公司的董事长、经理，工厂的厂长、工会主席，学校的校长、系主任或学生会主席、班长，等等。由此可见，选举的基本要素是主体（选举人）、客体（被选举人）、目的、方式、程序、结果；选举的根本特征是实现选举人的意志，从而实现公民的选举权这一现代民主社会中基本的政治权利。

当代中国的选举制度是从新民主主义革命时期革命根据地的选举制度发展而来的。在土地革命时期、抗日战争时期和解放战争时期，中国共产党领导中国人民创建了革命根据地和革命政权，实行了革命政权的选举制度，为新中国选举制度的形成提供了宝贵的历史经验。

1949 年 9 月，第一届中国人民政治协商会议制定的建国大纲——《共同纲领》中规定，新中国实行普选制度。这就构成了新中国成立初期带有过渡性质的选举制度。1952 年底，全国军事行动已经结束，土地改革彻底实现，人民群众已经组织起来，三年的国民经济恢复工作基本完成，开展普选产生各级人大的条件逐渐成熟。1953 年 2 月，中央人民政府委员会通过了当代中国第一部选举法，即《中华人民共和国全国人民代表大会和地方各级人民代表大会选举法》，根据当时的实际情况，《选举法》对中国实行普选的基本原则、程序和方法等作了具体规定，从而标志着中华人民共和国选举制度的正式形成。这一制度有一个明显的指导思想，即既强调发扬民主，又坚持从实际出发。

自1953年选举法实施后的最初十余年间，中国选举制度的贯彻还比较正常。总的来说，各级人大尚能按期改选。但在“文化大革命”时期，中国的选举制度受到了严重破坏，全国几乎没有进行过真正的选举，人大制度亦名存实亡。

十年内乱之后，中国的工作重点转移到社会主义现代化建设上来，并迅速恢复和发展了社会主义民主与法制。1979年7月，第五届全国人大第二次会议关于修改宪法若干规定的决议中，规定将直接选举的范围扩大到县级，并规定选举各级人大代表，一律实行无记名投票。与此同时，颁布了新的《选举法》，即当代中国的第二部《选举法》。并在此后的十几年间陆续进行了有针对性地修改。

经过几次修改和补充，使中国的选举制度在民主性、科学性、可操作性方面逐步有了发展，从而有利于坚持和完善人民代表大会制度，保障人民充分行使国家权力。随着选举经验的进一步积累以及经济、文化等各方面条件的进一步成熟，我国选举制度还会继续向前发展。

2. 人民代表大会制度

人民代表大会制度是指全国各族人民按照民主集中制的原则，依法定期选举产生自己的代表，组成各级人民代表大会作为行使国家权力的机关，并由人民代表大会组织其他国家机关，以实现对整个国家和社会的有效管理的一种政治制度。我国人大制度是一种代议民主共和制政体。它所依存的国体是以工人阶级为领导的，以工农联盟为基础的人民民主专政。其组织和活动原则完全符合社会主义国家政体形式的基本要求，即：人民是国家的主人，国家的一切权力属于人民。人民有权管理国家、管理各项经济文化事业，人民享有人身、言论、出版、集会、结社等自由权利。所以说，我国人大制度是社会主义的代议民主共和制政体。人民代表大会制度，作为中国的政权组织形式，遵循的主要原则有以下几条：一切权力属于人民；中国共产党的领导；民主集中制；民族平等与民族团结。

相对于其他社会主义国家的政体而言，我国人大制度由于特定的国情所致，具有以下特点。

第一，民主的基础更为广泛。我国人大制度下享有政治权利的“人民”是指全体社会主义劳动者、拥护社会主义的爱国者、拥护祖国统一的爱国者，包括港、澳、台同胞，海外侨胞中的爱国者。可见，就民主的基础而言，人大制度较之其他社会主义国家的代议民主共和制政体更加广泛。

第二，全国人大的常设机关——全国人大常委会拥有比其他社会主义国家的同类机关更大的权力。这是由于我国人多地大，全国人大代表的人数不宜太少，但太多了又不便经常集中开会；每次会议的会期也不能过长，以免人民代表经常脱离其所在工作岗位。从而，扩大全国人大常委会的职权，就成了必要之事。

第三，作为爱国统一战线组织的中国人民政治协商会议，使我国人大制度的实际运作呈现出一定的特色。政治协商会议是我国人民管理国家事务和社会事务的一种重要途径和方式。一般来说，人大开会时，同级政协也同时召开会议，对人大讨论的问题提出意见和建议，从而对人大的决定发挥重大的积极影响，并有权利对国家机关和工作人员进行批评监督，因而在我国国家生活中起着重要的政治协商和民主监督的作用。

第四，中国共产党领导的多党合作制度与人大制度紧密相连。众所周知，在国家政权的政治领导方面，我国同某些社会主义国家的一党领导制有所不同，我国是一党领导、多党参政、共同合作。坚持中国共产党的领导，是我国人大制度的一项基本原则。

综上所述，人民代表大会制度是有中国特色的社会主义代议民主共和制政体。它是人民民主专政的实现形式，反映着我国政治生活的全貌。它直接关系到中国政治生活中最根本的问题——政权的行使问题，因此，它和人民民主专政的国体一样，都是中华人民共和国的根本政治制度。

（二）国家行政制度与国家公务员制度

1. 国家行政制度

“国家行政”是指国家行政机关即政府依法对国家和社会事务进行

的组织管理活动。它是阶级统治与社会管理的结合，是国家职能两重性的具体体现，其特点表现在：国家行政主体的公共权威性；国家行政活动兼具社会性与政治性；国家行政体制的集权性；国家行政效力的强制性。国家行政制度，是指有关国家行政机关的组成、体制、权限、活动方式等方面的一系列规范。国家行政制度是国家政治制度的一项重要内容。

中华人民共和国的国家行政制度，是在马克思主义理论指导下，总结革命和建设过程中行政制度建设的实践经验基础上逐步形成和发展起来的。其发展历程大致可分为以下四个阶段：

初步发展阶段（1955—1966 年）。国家行政制度正式形成后，便在实施过程中不断得到发展与完善。1955 年国务院颁发《监察部组织简则》，确定了国家行政监督机关。接着，国务院又分别制定各所属机构的组织条例，颁发了行政工作人员任免与奖惩的办法和暂行规定。所有这些规定，充实了当时中国的国家行政制度，使国家行政活动沿着正规化道路推进。

严重破坏阶段（1966—1976 年）。1966 年发动的“文化大革命”给中国的国家行政制度造成了严重的破坏。在中央，“中央文革领导小组”一度凌驾于最高国家行政机关之上，使国务院各部门的工作基本上处于瘫痪状态。在地方，“革命委员会”取代了各级国家行政机关，国家行政职能难以得到有效的履行，发展中的国家行政制度受到严重践踏。这种状态一直持续到 1975 年四届人大召开才有所改变。

恢复与发展阶段（1977 年至今）“文化大革命”结束后，原来比较好的行政制度逐步得到恢复。1979 年《地方组织法》的修订，尤其是 1982 年新宪法和新的国务院组织法的颁布，对国家行政组织、行政职权、行政领导体制等重新作了规定。以此为基础，中国国家行政制度进入了全面的改革和发展阶段。

1987 年党的十三大规定了政治体制与行政体制改革的目标和步骤，提出行政体制改革的关键是转变政府职能。此后中国国家行政制度改革主要是沿着转变政府职能和建立国家公务员制度的方向前进。1992 年召开的党的十四大明确提出建立社会主义市场经济体制的目标，为国家行政制度改革提供了新的思路和新的基础。1997 年召开的党的十五大明确提出“建立办事高效、运转协调、行为规范的行政管理体系”的改革目标，接着召开的九届人大一次会议批准了新的国务院机构改革方案。

2. 国家公务员制度

所谓国家公务员制度，就是依法对政府中代表国家机关、行使国家行政权力、执行国家公务的人员进行科学管理的制度，包括通过制定法律规范，对公务员的“进口”管理、行使管理与“出口”管理的各项管理制度。我国公务员制度从酝酿至今，已经走过了十多年的历程，大致可分为三个阶段。准备阶段（1978—1987）；试点阶段（1987—1992）；全面推广阶段（1993年以来）。其间，先后公布实施了《国家公务员暂行条例》和《深化干部人事制度改革纲要》。以后，人事部相继制定了一系列加强公务员制度建设的新措施，如努力加强公务员的素质与能力培养，积极推进社会化服务，不断创新公务员的管理方式，认真完善人才资源开发等。

我国公务员制度是在原来干部人事制度的基础上，吸收了西方文官制度的优点，结合国家的现实情况建立起来的。因此，这种制度有着明显的自身特点。与原来的干部人事制度相比，现行的国家公务员制度具有以下五个特点：第一，体现了分类管理原则。第二，具有科学的激励竞争机制。第三，具有正常的新陈代谢机制。第四，具有勤政廉政的约束机制。第五，具有健全的法规体系。与西方的公务员制度相比，我国公务员制度也呈现出自己的特色。首先，我国的公务员制度与西方国家的公务员制度最明显的差别就是不搞“政治中立”。其次，我国公务员制度对公务员的范围划分相对严格。第三，我国国家公务员制度的考核、培训、纪律等制度比较严格。此外，还有一些具体方面也存在差异，这里就不一一列举。总体来看，我国的公务员制度无论从立法、还是管理体制、管理方式、方法等方面都是立足于中国的实际，显示出中国公务员的鲜明特色。

我国公务员制度改革，关键在于坚持和完善。所谓坚持和完善的主要内涵有两点：第一，坚持社会主义方向，坚持党的领导，坚持我国现有干部人事制度中的好的方面。第二，坚持解放思想、实事求是、与时俱进的思想路线，坚持勇于追求真理和探索真理的革命精神，对现有干部人事制度的不足和缺陷进行大胆的改革，并进行制度创新。这两个方面应该是辩证的统一体，是指导我们从事干部人事制度改革的基本原则和思路。

（三）中国共产党领导的多党合作制度与政治协商制度

1. 中国共产党领导的多党合作制度

中国共产党领导的多党合作制度，是当代中国的一项基本政治制度。“在中国共产党的领导下，实行多党派的合作，这是我国具体历史条件和现实条件所决定的，也是我国政治制度中的一个特点和优点。”①中国共产党和各民主党派的合作，是建筑在深厚的政治基础之上的。这种政治基础的具体内容随着时代和历史任务的变化而变化。其基本方针是“长期共存，互相监督”、“肝胆相照、荣辱与共”。这一方针是在多党合作的长期实践中逐渐总结出来，完善起来的。

中国共产党的“十六字”方针基本上包含了三层含义：首先，十六字方针表明了中国共产党希望同各民主党派长期合作的决心。其次，十六字方针体现了监督的双向性。再次，十六字方针体现了共产党同各民主党派之间坦诚相见，高度信任。在中国社会历史发展中形成的多党合作是有其独自特点的。它在当代中国政治制度中占有重要地位，是具有中国特色的社会主义政治的一个重要特征。中国根据自己的历史条件，坚持共产党领导的多党合作，具有鲜明的特点。

第一，一党领导、多党合作。中国的多党合作是在坚持共产党对整个国家实行政治领导这一前提下进行的。我国长期的革命和建设实践决定了中国共产党在全国各族人民和社会主义事业中的领导核心地位，决定了各民主党派必然会与共产党相互合作。

第二，一党执政、多党参政。中国共产党是执政党，各民主党派是参政党，这是中国政党制度的基本格局。执政党与参政党在国家政治生活中的地位、作用不同。执政党在把握国家发展方向，推动国家政治生活中起决定性作用，参政党辅助执政党一起参与、补充作用。在这种制度下，执政党与参政党之间不存在西方那种轮流执政。

---

① 《邓小平文选》第2卷，人民出版社1994年版，第205页。

第三，平等独立、协商监督。中国共产党领导的多党合作制度下，各党派的关系是平等独立、协商监督的关系。

第四，结构多元、目标一致。我国政党制度从结构来看具有多元性：共产党代表着全体人民群众的共同利益，而各民主党派则代表着一些特殊阶层、群体的特殊利益。尽管各民主党派反映的是一部分人的特殊利益和要求，但是他们都是社会主义的劳动者或爱国者，因此在根本利益上他们和绝大多数人是一致的。这就决定了各民主党派同中国共产党合作的总目标也是一致的，都是以共同致力于社会主义事业为宗旨。

2. 政治协商制度

政治协商制度（政协制度），是指在中国共产党领导下，各政党、各人民团体、各少数民族和社会各界的代表，以中国人民政治协商会议为组织形式，经常就国家的大政方针进行民主协商的一种制度。这是中国人民根据革命历史和现实国情在政治生活中的创造，是当代中国的一项基本政治制度。

政治协商制度具有以下特点：政治协商是以坚持中国共产党领导为前提条件的；政治协商的主体是有组织的、高层次的和具有广泛代表性的，包括各政党、各人民团体和社会各界的代表人物，是中国知识层次最高的一个政治群体；政治协商的内容具有政治性和全局性，包括党的路线、决策，国家的大政方针，有关民族和人民的前途和命运的重大问题，有关全国和各地区经济建设的重要问题等；政治协商的组织形式是作为爱国统一战线组织的中国人民政治协商会议；政治协商的结果虽不具有法律效力，也不形成国家意志，但对党和国家的工作具有重要的建议、咨询、参考作用，在不同程度上对党和国家的决策产生影响。

中国的政治协商制度是随着中国人民政治协商会议的创立而创立的。它是中国具体历史条件的产物，是中国共产党统一战线的伟大胜利，是中国人民进行长期革命斗争的必然结果。政治协商制度的发展历程，大致可以分为4个时期：

第一，1949年9月到1954年9月。中国人民政治协商会议虽然就其性质来说，不是国家机关，但由于新中国成立初期的特殊历史条件，作为国家最高政权机关的全国人民代表大会尚未建立，按照《共同纲领》规定，中国人民政治协商会议全体会议代行了全国人民代表大会的职权。

第二，1954 年 10 月到 1966 年 5 月。1954 年 9 月，第一届全国人民代表大会第一次会议在北京召开。从此，人民政协就不再代行国家权力机关的职权，而单纯作为中国共产党领导的统一战线组织而继续发挥作用。

第三，1966 年 6 月到 1976 年 10 月，这一时期人民政协的工作同党和国家的其他工作一样，受到了前所未有的挫折和损失。

第四，1977 年以后，这是政协制度发展的第四个时期，是人民政协组织上的恢复和制度上进一步发展的重要时期。

（四）民族区域自治制度与特别行政区制度

1. 民族区域自治制度

当今世界，民族问题是一个普遍且十分敏感的问题。民族关系处理的好坏是该国能否保持社会稳定、经济发展、国家统一的基本条件。我国是一个统一的、多民族的社会主义国家。由于汉族占人口的绝大多数，其他民族所占人口比例很小，故在习惯上，汉族以外的各民族一般被称为少数民族。少数民族人口数量虽然较少，但在国家安全上却发挥着举足轻重的作用。我国采取民族区域自治制度解决国内的民族问题。

所谓民族区域自治制度是指在国家的统一领导下，各少数民族聚居的地方实行区域自治，设立自治机关，行使自治权的一种制度。这种制度是中国共产党在马克思主义关于民族问题理论的指导下，根据我国多民族的历史与现状，为解决民族问题创造出来的。它符合中国民族关系的实际情况，是人民民主专政在我国少数民族聚居地区的一种实现形式，其核心是保障少数民族同胞当家作主。邓小平指出："解决民族问题，中国采取的不是民族共和国联邦的制度，而是民族区域自治制度。我们认为这个制度比较好，适合中国的情况。"[①] 民族区域自治制度是马克思主义的民族纲领在中国的具体实践，是四项基本原则在民族地区的体现，是中国民族根本利益的保障。

民族区域自治制度的基本内容：在各少数民族聚居的地方实行区域

① 《邓小平文选》第 3 卷，人民出版社 1993 年版，第 257 页。

自治；设立自治机关，行使自治权；各民族自治地方都是中华人民共和国不可分离的部分。《中华人民共和国宪法》和《中华人民共和国民族区域自治法》也都明确规定了我国民族区域自治制度的基本原则。即：尊重和保障少数民族当家作主的权利原则；坚持民族平等、团结和共同繁荣的原则；维护祖国统一的原则。

根据我国的宪法和民族区域自治法的有关规定，我国的民族区域自治有以下几个特点：一是，我国是多民族的国家，凡实行民族区域自治的地方都是中华人民共和国不可分割的一部分，国家和各民族自治地方的关系是中央和地方的关系；二是，我国是人民民主专政的社会主义国家，一切权力属于人民。这就决定了我国民族区域自治的性质是以工农为主体的少数民族人民自治，是人民民主专政在少数民族地区的具体体现；三是，由于一切国家机关都实行民主集中制，所以，作为国家的一级地方政权，即民族自治地区设立的自治机关也必须实行民主集中制；四是，我国宪法是全国各族人民必须遵守的根本法律，因此，一切民族自治地方都必须遵守宪法所规定的总原则，坚定地接受共产党的领导，走社会主义道路，贯彻执行国家的政策、法令，履行宪法所规定的各项义务；五是，各级民族自治地方都是以少数民族聚居的地区为基础而建立的，是区域自治与民族自治的有机结合，所以，各项政策都是在有利于自治地方的社会经济、文化发展和民族团结的原则下制定的。

民族区域自治是中国共产党运用马克思列宁主义民族理论解决我国民族问题的一项重要政策，民族区域自治制度的实施，不仅充分证明了马克思主义民族理论的科学性，也体现出自身的优越性。实践证明，民族区域自治制度是适合中国国情的基本政治制度。

2. 特别行政区制度

《中华人民共和国宪法》第三十一条规定："国家在必要时得设立特别行政区。在特别行政区内实行的制度按照具体情况由全国人民代表大会以法律规定。"香港特别行政区与澳门特别行政区已正式成立。台湾一旦回归祖国也将成立特别行政区。从政治制度的角度看，特别行政区的建立给中国的国家结构形式增添了新的特点。中国是实行单一制的国家。但在单一制的前提下又实行民族区域自治制度和特别行政区制度。

特别行政区是对单一制下地方政府传统权力范围的一种突破。它享有各省、直辖市、自治区所没有的高度的自治权，这种权力在许多方面甚至超过联邦制下成员邦的权力。特别行政区可实行与各省、直辖市、自治区不同的社会经济、政治、文化制度。在立法、行政、司法制度方面都有高度的独立性。中央政府的法律、法规除特别规定者外，一般不在特别行政区内实施。但是特别行政区是统一的中华人民共和国的组成部分，不能行使国家主权。整个国家的外交、国防等权力由中央统一行使。在国际上代表中国的只能是中华人民共和国中央人民政府。

特别行政区制度的理论依据，是为了和平解决香港、澳门和台湾问题而提出的"一个国家、两种制度"的科学构想。"一个国家、两种制度"，简称"一国两制"，就是一个国家，根据其宪法和法律的规定，在自己国家的一部分地区实行不同于其他地区的政治、经济和社会制度。但是，这些地区仍然是统一国家的组成部分，这些地方的政府仍然是一个国家的地方政府，不行使国家主权。

"一国两制"是中国共产党和政府为了实现祖国统一大业，根据世界的现实、尊重历史的条件下，结合中国现代化建设的客观实际提出来的科学构想，它是在中共十一届三中全会以后逐步形成的，大体经历了和平统一祖国战略思想的确立、和平统一祖国的具体方针政策的全面阐述、最后正式形成"一国两制"的理论这样三个发展阶段。

"一国两制"科学构想指导下形成的特别行政区制度，其特定含义是：在统一的中华人民共和国的主权范围内，在大陆坚持社会主义制度的前提下，在台湾、香港和澳门设立实行资本主义制度的、享有高度自治权的特别行政区。具体说来，特别行政区制度包含以下三层内容。第一，特别行政区是中华人民共和国的一个地方行政区域。第二，在大陆坚持社会主义制度的前提下，特别行政区实行资本主义制度。一个国家内的"两种制度"，一个是社会主义制度，一个是资本主义制度，但社会主义制度是主体。第三，特别行政区享有高度的自治权。"一国两制"下的特别行政区享有高度的自治权。特别行政区同其他省、自治区、直辖市有相同的一面，即都是中华人民共和国的地方行政区域。所不同的是，特别行政区拥有其他省、自治区、直辖市所没有的自治权。

二　当代中国政治的改革与发展

（一）政治改革的含义

政治发展一般呈现两种形态：一是常态推进，即循序渐进地发展；二是政治改革，即在不改变原有的根本社会政治制度的前提下，在一个时期内相对集中地采取一系列的措施，解决政治发展中面临的问题，即废除旧体制和具体法律、法规、程序中的不合理因素，并通过观念创新、理论创新和制度创新，建立更加民主、廉洁、公正、稳定、高效的政治体制和运行机制，使社会政治制度更加合理、完善的过程。政治改革既是政治发展的重要内容，又是推动政治发展的必要途径和强大动力。

邓小平及其他中央领导在论及我国政治体制改革时，曾使用“政治制度改革”的提法。1979 年，邓小平就曾提出要“改革和完善社会主义的经济制度和政治制度”。[①] 直到 1982 年，胡耀邦在党的十二大报告中，1983 年邓小平在党的十二届二中全会的讲话中，才正式使用“政治体制的改革”这个概念。此后，党和国家的文件、邓小平等中央领导人的讲话就不再提“政治制度改革”。

政治体制改革一般都经过理论准备、思想准备、开始试点、总结经验、逐渐推进、全面铺开这样几个过程。任何改革都需要理论准备。即为改革提供理论支持、提出改革方案和实施办法。在理论准备的过程中，围绕改革的内容、程序、方式方法展开讨论和争论是不可避免的。经过讨论和争论才能统一认识并在此基础上制定比较好的改革方案。任何改革都需要进行思想准备，即从思想上统一认识。执政党和领导层不仅要统一认识，而且要通过广泛宣传及其他动员手段，使社会各界、广大人民群众对改革的必要性、迫切性、好处、阻力、风险和可能暂时带来的利益损失有充分的认识和思想准备，以便得到他们的理解和支持。没有他们的理解和支持，改革就会脱离群众变成少数人的行动，不可避

① 《邓小平文选》第 2 卷，人民出版社 1994 年版，第 208 页。

免地遭到失败。接下来就要开始试点。试点是一个由点到面、不断探索、不断总结经验、不断完善改革方案的过程。经过试点才能检验改革理论正确与否、方案是否可行，才能发现问题，及时解决问题、调整方案。经过试点并及时总结经验，就可以根据各地的不同情况逐渐推进改革，直到全面铺开。

（二）中国政治改革的必要性

政治改革是政治发展进程中必然出现的政治举措和政治活动。其必然性在于：首先，任何一种政治制度都是通过政治改革来巩固和完善的。其次，任何政治制度都有一个从不完善到逐步完善的过程。最后，任何政治制度都要不断应对国内外新的压力和挑战，并进行自我完善。

党中央要把继续推进政治体制改革当做一项重要的战略任务向全党提出来的根本原因主要有以下几个方面：

第一，社会主义市场经济体制的建立和发展，要求继续推进政治体制改革。邓小平对两者的关系曾指出，“政治体制改革同经济体制改革应该相互依赖，相互配合”。[①]“现在经济体制改革每前进一步，都深深感到政治体制改革的必要性。”[②]社会主义市场经济体制的建立和发展，涉及我国经济基础和上层建筑的许多领域，需要有一系列相应的体制改革和政策调整，其中之一便是继续改善宏观调控、加快政府职能的转变。同时，要切实把政府经济管理职能转到主要为市场主体服务和创造良好发展环境上来。此外，还要改革流通体制，深化金融、财政、计划体制改革，完善宏观调控手段和法律手段。这都在不同程度上涉及政治体制，只有通过继续推进政治体制改革才能实现。

第二，国有企业改革和公有制实现形式的多样化，向政治体制改革提出了新的任务。国有企业改革的方向是建立现代企业制度，即按照“产权清晰、权责明确、政企分开、管理科学”的要求，对国有大中型企业实行规范的公司制改革，使企业成为适应市场的法人实体和竞争主体。同时，公有制实现形式可以而且应当多样化，一切适应社会化生产

① 《邓小平文选》第3卷，人民出版社1993年版，第164页。

② 同上书，第176页。

规律的经营方式和组织形式都可以大胆利用。

第三，政治体制本身有待于通过改革进一步发展和完善。我国的根本政治制度是好的，必须坚持，但仍有一些方面不能适应社会主义市场经济和社会发展的需要，有必要进一步完善。

第四，安定团结的政治局面需要政治体制改革加以巩固和发展。随着改革开放的深入和经济关系的调整，特别是社会主义市场经济体制的建立，经济和社会生活中出现不少新情况和新变化，其中一些涉及群众切身利益的问题比较突出。例如，收入差距过大，就业压力增大，社会治安状况不理想等。此外，还有群众十分关心的反腐败问题。要惩治腐败，就要坚持标本兼治。如果说反腐败斗争关系到党和国家生死存亡的话，那么直接决定反腐败斗争成败的政治体制改革，无疑也与党和国家的前途、命运紧紧联系在一起。

（三）中国政治发展的基本价值取向

任何政治实践活动都具有一定的价值取向，并且一定的价值取向会对政治实践活动产生重要影响。从当代中国政治发展的理论基础与现实诉求来看，政治公平、政治正义、政治民主是当代中国政治发展的基本价值取向。

1. 政治公平

公平是协调社会矛盾与冲突的基本准则，它意味着社会利益在全体社会成员之间进行平等而合理的分配。公平也是人们对利益分配关系的一种价值评价，体现了人们之间利益分配的合理关系，是一个社会凝聚力、向心力和感召力的重要源泉。公平是社会主义最重要的价值理念，是当代中国政治发展最基本和最重要的价值取向。

2. 政治正义

正义是社会良性运行的重要因素，是评价社会制度的道德标准，被视为社会制度的首要价值，对缓和社会矛盾起着重要作用。政治正义就是对政治制度和政治行为是否能保持政治秩序良性运作、是否能满足政治行为主体基本利益需求的追问。正义是社会主义重要的价值理念，也是当代中国政治发展最重要的价值取向。

3. 政治民主

民主是社会主义的本质规定，没有民主就没有社会主义。“人民民主是社会主义的生命。”① 民主与社会主义是不可分割的，是社会主义的题中应有之义。马克思、列宁、毛泽东等马克思主义者都对社会主义民主政治的重要作用有充分的认识，并把民主作为社会主义政治的重要价值取向和基本目标。

政治民主是当前中国政治发展中需要亟待加强的环节，也是当前人民的广泛要求和中国政治发展的必然趋势。中国的政治发展就是要在保持社会主义基本政治制度的前提下，通过改革政治体制中不适应政治发展的具体环节，不断建立健全各项具体的政治制度，使人民民主的优越性不断得到体现，使人民可以充分行使当家作主的权力。就中国政治发展而言，政治民主是维护和实现人民根本利益的最佳途径，是维持社会公平、社会正义和社会稳定，协调社会矛盾与冲突的有效机制，是调动人民积极性和创造性的重要手段。因此，政治民主应是中国政治发展的重要价值取向。

（四）中国政治发展的长远目标

要促进中国的政治发展，还必须明确中国政治发展的基本目标。当前中国社会的经济基础、社会政治条件和所面临的国际环境，各国政治现代化特别是发展中国家政治发展的经验教训，以及邓小平关于政治发展的重要理论和当前党的路线方针政策是确立中国政治发展长远目标的基本依据，也是理解和认识中国政治发展长远目标的基础条件。当代中国政治发展的长远目标主要包括实现政治民主、政治廉洁、政治稳定和政治效率四个方面。

1. 政治民主

政治民主不仅是中国政治发展的基本价值取向，也是中国政治发展的重要目标。党的十七大报告指出：“发展社会主义民主政治是我们党始终不渝的奋斗目标。”当代中国政治发展的政治民主目标主要包括三

① 胡锦涛：《高举中国特色社会主义伟大旗帜，为夺取全面建设小康社会新胜利而奋斗》，第28页。

个层面，即：政治观念进步、政治参与的广泛性和制度化、政治统治与政治管理的民主化和制度化。

2. 政治廉洁

政治廉洁意味着公共权力规范、公正和健康运作，公共权力服从和服务于公共利益和大众利益，它不是个人谋取私利的工具。自从国家产生以来，政治廉洁就一直为人们所关注。中国历史上任何一个王朝兴衰成败的过程都程度不同地反映了这个政权廉政建设的程度和演变的过程，任何一个王朝兴衰成败的过程都与其政治廉洁与否密切相关。

3. 政治稳定

政治稳定是指一个国家政治系统的连续性和有序性，它包括稳定的政权体系、合理的权力结构和有序的政治过程三个不同层次。第一个层次是政权体系的稳定。第二个层次是国家权力结构的合理性，它包括权力结构的合法性、有效性、统一性等方面。第三个层次是政治过程的有序状态。政治稳定的三个层次是相互关联又相互独立的。政治稳定意味着政治系统的良性运行和协调发展状态。

4. 政治效率

政治效率就是政治统治和政治管理所实现的促进经济发展、提高人民福利和维护政治统治等收益与政治系统在运行过程中所耗费的成本的比率。政治效率的高低决定着一个国家发展的快慢，当政治系统的运行成本高于其收益时，政治系统就会发生震荡和变革。

中国提高政治效率的基本要求和标准是：一是政治机构设置合理和政治体系中权力配置科学，符合高效节约的原则。决策机构能科学决策、民主决策，政治统治和政治管理能顺利进行，政策方针能有效执行，整个政治系统高效运行。二是有一个及时反馈民意、沟通信息及处理问题的机制，能迅速对外部挑战作出反应，能有效化解政治风险，尽可能避免政治危机，有效处理各种突发性事件和群体性事件，维持社会稳定。三是政治系统中存在纠错机制，可以避免出现决策失误和执行中的偏差。在当代中国政治发展的过程中，只有不断对政治系统进行改革和完善，才能不断提高政治效率，才能确保政治体系获得更加完善、高效、稳定的政治功能，才能妥善地处理由利益和观念差异而产生的社会冲突和社会矛盾，才能有效地、公正地分配和行使政治权力并使其具有权威性，才能促进社会进步和社会发展，并且能够积极、主动地实现自我发展和自我完善。

三　新形势下加强党的建设

(一) 全力构建学习型执政党

世界在变化，形势在发展，中国特色社会主义实践在深入，不断学习，善于学习，努力掌握和运用一切科学的新思想、新知识、新经验，是党始终走在时代前列引领中国发展进步的决定性因素。必须按照科学理论武装、具有世界眼光、善于把握规律、富有创新精神的要求，把建设马克思主义学习型政党作为重大而紧迫的战略任务抓紧抓好。

中国共产党历史上每一位领导人都十分重视学习，把学习和党的建设相联系，把学习看做党的自身建设的重要方面和途径。尽管在不同的时代，学习内容的侧重点各有不同，具有特定的时代性，但其共同点在于都十分强调对马克思主义理论的学习，都主张在改造客观世界的过程中改造主观世界，即重视在实践中学习，强调学习必须联系实际，学以致用，反对教条化、主观主义的学风。建设马克思主义学习型政党的战略部署，继承了这一优良传统，体现了我们党一脉相承而又与时俱进的马克思主义建党思想。

建设马克思主义学习型政党的重点在于学习型党员干部队伍建设。机关党员干部作为社会的一员、党的一员，是学习的先锋、学习的模范，在创建学习型社会和马克思主义学习型政党中起带头和推动作用。只有建设一支学习型干部队伍，才能促进学习型社会和马克思主义学习型政党最终建成。可见，建设马克思主义学习型政党的重点在于全面提高领导干部的素质。

根据党的十六大确定的建设“全民学习、终身学习”的学习型社会要求，中国共产党理应走在其他组织前面，把自身塑造成学习型的政党。只有创新各级党组织的学习内容、学习方法、学习理念、学习制度等，才能全面提高党的执政能力，全面适应执政新环境和新任务的需要。建设马克思主义学习型政党，需要在以下几个方面做出努力：突破学习的观念障碍，实现认识的重大转变；突破学习的组织障碍，建立开放的组织环境；突破学习的制度障碍，建立完善的组织机制；突破学习的管理障碍，实现有效的组织领导。

（二）深入推进党风廉政建设

当前的中国正处在社会的转型时期，这是腐败高发易发的阶段，据统计表明中国的反腐败斗争形势依然严峻。腐败现象的蔓延将直接威胁执政党的机体健康，威胁到执政地位的巩固，因此加强党风廉政建设和反腐败斗争仍是中国共产党高度重视的领域。在党风廉政建设中，中共中央高度重视党风建设在反腐败领域的作用，展示了深入推进党风廉政建设的新取向。

1. 高度重视党风建设，加强对领导干部的教育

中共中央高度重视党风建设在反腐败领域的作用。胡锦涛在第十七届中央纪委第三次全会上就加强党性修养、树立和弘扬良好作风发表了重要讲话，讲话深入分析了当前一些领导干部作风上存在的突出问题，深刻阐述了作风和党性的辩证关系；同时明确提出领导干部加强党性修养、树立和弘扬优良作风，必须坚持理论和实践统一、继承光荣传统和弘扬时代精神统一、改造客观世界和改造主观世界统一、加强个人修养和接受教育监督统一。

2. 提高党风廉政建设的制度化、法制化水平

我国反腐倡廉制度建设已经取得重要进展，一系列党纪、廉政方面的制度相继出台。例如：出台相关规定，高度重视反腐倡廉法规制度建设；完善党员领导干部报告个人有关事项制度，把住房、投资、配偶子女从业等情况列入报告内容；完善违法违纪行为惩处制度；“先审后任”增强反腐工作的监督机制建设；财产申报制度在地方开始试点等。

3. 加大查办违纪违法案件工作力度，工程建设群体事件等成为重点查处领域

具体如下：严肃查处违纪违法案件；扎实开展工程建设领域突出问题专项治理工作；深入开展党政机关和事业单位“小金库”专项治理；严肃查办群体性事件和重大责任事故背后的腐败案件。

4. 纪检监察机关自身建设进一步加强

为提高纪检监察干部素质，中央纪委监察部制定了《2009—2013年全国纪检监察干部教育培训工作规划》，提出五年内将纪检监察干部轮训一遍的目标。同时，为健全反腐倡廉网络举报和受理机制、网络信息收集和处置机制，中央纪委监察部统一开通全国纪检监察举报网站。举报网站受理群众对党员、党组织和行政监察对象违反党纪政纪行为的检举控告，以及对党风廉政建设和反腐败工作的意见建议。今后准备在省（区、市）纪检监察机关开通举报网站的基础上，逐步建立市、县级举报网站，最终形成覆盖全国的纪检监察网络举报体系。

（三）完善干部选拔任用制度

深化干部人事制度改革，建设一支善于推动科学发展和促进社会和谐的高素质干部队伍是执政党和国家面临的一项重要任务。我们党不断完善体现科学发展观和正确政绩观要求的干部考核评价体系，着力构建有利于科学发展的体制机制。

1. 健全促进科学发展观的领导班子和领导干部考核评价机制

2009年6月29日，中央政治局召开会议，研究建立促进科学发展观的干部考核评价体制，审议并通过了《关于建立促进科学发展观的党政领导班子和领导干部考核评价机制的意见》。会议强调了以下几个方面内容：完善考核内容；改进考核方式；扩大考核民主；强化考核结果运用等。

2. 深化领导干部选任制度改革的指导原则

中共中央政治局常委、中央书记处书记、中共中央党校校长习近平在2009年3月1日出席中共中央党校春季学期开学典礼时强调，为政之要，莫先于用人，用人导向是最重要的导向。在继续坚持党管干部、干部“四化”原则不变的同时，更加强调了以下用人的标准和导向。第一，强调德才兼备、以德为先的用人标准。第二，推动科学发展、促进社会和谐能力成为考核的导向，不再以“GDP”作为唯一的评价标准。第三，坚持“民主、公开、竞争、择优”的干部选任方针。第四，提高选人用人公信度，落实群众公认的原则。第五，加大从基层一线选拔干部的力度，建立来自基层一线的党政干部培养选拔链。第六，实行复式年龄结构和梯次配备，避免干部任用中的“一刀切”。

3. 启动新一轮年轻干部培养选拔

近年来，在中共中央的高度重视和大力推动下，培养选拔年轻干部工作力度不断加大，年轻干部培养方式、选拔方式不断创新，形成了较为完整的政策体系和制度规范。第一，首次制定党政领导班子后备干部队伍建设规划。第二，确立后备干部选拔、培养的指导原则。基层锻炼的导向是增加后备队伍的一线工作经验，鼓励年轻干部到基层工作，有计划安排年轻干部到艰苦地区、复杂环境、关键岗位砥砺品质、锤炼作风、增长才干。后备干部考察的重点是政治敏锐性和政治鉴别力，要有意识地在完成重大任务、应对重大事件、抗击重大自然灾害等关键时刻锻炼和考验年轻干部。

4. 党政领导干部问责进入制度化时期

2009 年 6 月 30 日，中办、国办印发《关于实行党政领导干部问责的暂行规定》，这是对党政领导干部问责进入制度化时期的标志性文件。规定有下列情形之一的，对党政领导干部实行问责：（1）决策严重失误，造成重大损失或者恶劣影响的；（2）因工作失职，致使本地区、本部门、本系统或者本单位发生特别重大事故、事件、案件，或者在较短时间内连续发生重大事故、事件、案件，造成重大损失或者恶劣影响的；（3）政府职能部门管理、监督不力，在其职责范围内发生特别重大事故、事件、案件，或者在较短时间内连续发生重大事故、事件、案件，造成重大损失或者恶劣影响的；（4）在行政活动中滥用职权，强令、授意实施违法行政行为，或者不作为，引发群体性事件或者其他重大事件的；（5）对群体性、突发性事件处置失当，导致事态恶化，造成恶劣影响的；（6）违反干部选拔任用工作有关规定，导致用人失察、失误，造成恶劣影响的；（7）其他给国家利益、人民生命财产、公共财产造成重大损失或者恶劣影响等失职行为的。问责方式则包括五种，即：责令公开道歉、停职检查、引咎辞职、责令辞职、免职。

（四）高度重视基层党建工作

基层组织是落实执政党路线方针政策和各项工作任务的战斗堡垒。“基层不稳，地动山摇”这句话形象地说明了执政党基层组织的重要性。中共十七届四中全会高度重视基层组织的作用，做出了“做好抓基层打基础工作，夯实党执政的组织基础”的决定，基层党组织的覆盖率在“两新”组织这一党建的新领域取得了突破性的进展；农村党组织干部队伍建设和村党支部建设取得了一定成绩，城乡统筹的党建格局也成为一个党建共识和努力。

1. 引领“两新”组织①

党建主动适应新形势的变化，积极探索“两新”组织中党建的内容、组织形式和管理机制等，是执政党必须面对的问题。中共中央高度重视这个问题，早在中共十六届六中全会的决定中就指出，要“推进新经济组织、新社会组织党建工作，扩大党的工作覆盖面，发挥基层党组织凝聚人心、推动发展、促进和谐的作用”。为此，中共中央提出了五年实现“双达标”任务②和“规模以上非公企业建立党组织”③的具体要求。经过长期的努力，2009 年期间，“两新”组织中的党建工作呈现出一些新的走向。

“两新”领域的党建工作取得了一定成绩的同时，仍存在一些薄弱环节，需要在今后的工作中予以突破，主要的难点和瓶颈有：首先，党建工作覆盖面还有待提高。其次，党建工作有效性还有待加强。最后，非公有制企业党建工作支撑体系还有待完善。

2. 激活农村基层组织建设

农村党建是党建的重要阵地，各地按照十七届四中全会“更加注重强化基层”的要求，立足实际，着力推进村级组织场所规范化建设、加强村党支部书记队伍建设、农村党员干部素质提升等，不断加强农村基层党组织建设。第一，建设新型的农村基层党组织覆盖体系，组织场所走向规范化。第二，高度重视村党组织书记，加大选配、教育、激励保障力度。第三，加强对农村党员的培训，号召他们带头创业。第四，农村党员干部现代远程教育取得了重大成绩。加强农村党员干部现代远程

---

① 随着中国市场经济的发展，以独立法人为主体的、实行现代公司治理结构的新经济组织和新社会组织，简称“两新”组织。

② 100 人以上的新经济组织要有党组织，50 人以上的新经济组织要有党员；50 人以上的新社会组织要有党组织，20 人以上的新社会组织要有党员。

③ 从业人员在 50—99 人，年营业额在 500 万以上的非公企业。

教育网络一体化建设，是基层党建的一项新内容。

3. 构建城乡统筹的基层党建新格局

针对城乡基层党建在事务管理上的彼此封闭隔离、党建资源配置上的不均衡、党员权益保障上的差异性、党员服务网络的彼此隔离等问题，党的十七大提出了“构建城乡党建互帮、互助机制”，中共十七届四中全会则提出了“构建统筹城乡党建新格局”的战略目标。统筹城乡基层党建关键在于破解制约城乡一体化的党建瓶颈，打破城乡党建相互独立的封闭圈，通过优化组织设置整合资源配置，推进城乡产业联动、组织联建、党员共管、资源共享。

第一，适应城乡统筹党建的需求，建立多种形式的党组织形式，加大对城乡党员的覆盖和管理。一是跨域联建型。二是产业链接型。三是流动管理型。

第二，统筹城乡党建，关键点是实现城乡资源的整合和共享，积极推动资金、项目、智力、信息等城镇各类优质资源向农村延伸。一是整合财力资源；二是整合人力资源；三是整合信息资源。

总之，任何政治实践活动都具有一定的价值取向，并且一定的价值取向会对政治实践活动产生重要影响。中国作为社会主义国家，政治发展的价值取向必然是追求社会主义的公平、正义、民主。因此，中国只有在改革实践中不断加强党的建设，不断完善党的领导方式与执政方式，不断加强法制建设民主监督机制的建设，才能逐步实现这一伟大目标。

思考题：

1. 如何理解我国人大制度是有中国特色的社会主义代议民主共和制政体？
2. 我国政治体制改革的必要性。
3. 我国的民族区域自治的特点。
4. 加强党的建设的重点与难点。

阅读文献：

1. 袁鲁：《问计2010——党员干部关注的十大民生问题》，人民出版社2010年版。

2. 中央纪委宣传教育室：《新时期反腐倡廉建设若干问题透视》，中国方正出版社 2008 年版。

3. 浦兴祖：《当代中国政治制度——政治与行政学系列教材》，复旦大学出版社 2005 年版。

4. 聂月岩：《当代中国政治制度》，首都师范大学出版社 2007 年版。

5. 上海社会科学院当代中国政治研究中心：《中国政治发展进程 2010 年》，时事出版社 2010 年版。

第五讲

当前世界政治形势与基本走向

第二次世界大战结束后，世界逐渐形成两极格局。随着第三世界崛起、中苏关系破裂、美欧日经济政治关系变化，两极政治格局受到严重冲击，并向多极化方向发展。20 世纪 80 年代末 90 年代初，东欧剧变、苏联解体，两极政治格局终结，世界格局向多极化方向发展，但其发展过程是曲折的。主要表现在：大国关系既相互借重又相互制衡；霸权主义、强权政治是世界格局多极化发展过程中的主要障碍；传统安全威胁和非传统安全威胁的因素相互交织，恐怖主义危害上升；民族、宗教矛盾和边界、领土争端导致的局部冲突时起时伏。维护世界和平仍然任重道远。

一　当前世界政治的基本状况

（一）当代世界政治的基本构成

世界政治是国际社会中国际政治行为主体的政治行为及其相互关系的总和，是国际政治行为主体相互联系、相互影响所形成的有机整体。这里的国际社会指的是一定历史时期内各种人类共同体或国家间相互交往关系的总和，是国际政治形成和发展的基础；国际政治行为主体是国际政治社会最主要的构成要素，包括国家行为主体（主权国家）和非国家行为主体（国际组织、跨国公司等）。国际政治行为主体之间的政治关系，主要涉及它们的对外政策及其发展演变，它们之间的合作与冲突，它们的力量对比及其发展变化，国家集团和国际组织的形成、分化和改组，世界秩序的形成、发展与变革等。

同世界经济一样，世界政治也是一个历史范畴。世界政治是国际社会生产力发展到一定历史阶段的产物，是对一定历史阶段的世界经济的集中反映和表现，同时又反作用于世界经济，对世界经济的发展产生重大影响。19 世纪末 20 世纪初，随着世界经济的形成，作为世界经济集中反映和表现的世界政治也开始出现。二战结束后，在世界反法西斯战争胜利的鼓舞下，世界范围的民族民主运动蓬勃发展，帝国主义全球殖民体系开始崩溃，广大殖民地、附属国纷纷取得民族独立，民族国家群体迅速崛起，从此开始了当代世界政治的进程。

国家行为主体是指主权国家，是世界政治中的最基本的行为主体。这是因为：

1. 国际政治关系主要是国家之间的关系，离开了国家之间的关系，国际政治关系就无从谈起。

2. 在世界政治体系中，国家居于核心地位。就政府间的国际组织而言，无论是专门性的、区域性的还是全球性的，主权国家都是最基本、最主要的构成要素。各个国家特别是某些有影响力的大国，决定该国际组织的性质、地位和作用。至于非政府间国际组织在国际关系中的作用，则是由它们对主权国家行为的影响能力来确定的。

3. 主权国家是世界政治中具有完全能力的主体。它能够独立自主地制定和实施对外政策、签署国际条约、宣布战争与媾和，而政府间国际组织的行为能力，则是由成员国赋予的，是派生的。[①]

非国家行为主体通常可以划分为国际组织和跨国公司两大类别。国际组织是指两个以上主权国家的政府、政党、民间团体或个人基于特定的目的，以一定的方式建立起来的跨国机构。按照其成员的性质，可以分为政府间国际组织（如联合国、欧盟、东盟、非洲统一组织等）和

① 张森林、赵海月主编：《当代世界经济与政治》，高等教育出版社 2003 年版，第 38 页。

非政府间国际组织（如社会党国际、世界穆斯林大会、国际奥委会、绿色和平组织等）；按照其成员所属的地域范围，可以分为世界性国际组织和区域性国际组织；按照其宗旨和职能，可以分为一般性国际组织和专门性国际组织。但是，严格意义上的国际组织仅指政府间国际组织，它们在国际政治关系中的地位和作用，以及在世界政治中的影响远高于非政府间国际组织。

政府间国际组织是由若干主权国家的政府为达到一定目的而组成的国际官方机构，其成员都是以国家的资格享受权利并承担义务的。政府间国际组织只占国际组织总量的一小部分，但由于它们能对成员国产生直接影响，在一定范围内具有建立和维持国际关系的能力，因此在国际关系中十分重要。一般情况下，政府间国际组织致力于国家间的合作，而不是凌驾于各国政府之上。非政府间国际组织是由不同国家的政党组织、宗教组织、社会团体和个人等组成的国际机构，具有非官方的即民间的组织性质。它们的作用主要是通过对各国政府施加影响来间接实现的。在数量上，它们占国际组织的绝大多数，包括国际政党组织（如社会党国际）、国际宗教组织（如世界穆斯林大会）、国际民间团体（如绿色和平组织）和国际政治运动（如世界和平运动）等。

联合国是目前世界上最大和最重要的政府间国际组织，是当今世界各国宣传其对外政策的国际讲坛和开展多边外交活动的重要场所。它成立于1945年10月，是反法西斯战争胜利的产物。《联合国宪章》赋予联合国以一定的强制权力，使它具备了一定的超越成员国的行动能力，是一支维护和平、促进合作与发展、管理全球公共事务的重要力量。

《联合国宪章》由序言和19章共111款条文组成，全面规定了联合国的组织机构、职权范围和活动程序，是联合国一切活动的准绳和指针。《联合国宪章》规定了联合国的四项宗旨和七项原则。四项宗旨是：（1）维护国际和平与安全；（2）发展各国间的友好关系；（3）促进国际间有关经济、社会及文化方面的合作；（4）协调各国行动。七项原则是：（1）会员国主权平等；（2）切实履行《联合国宪章》义务；（3）和平解决国际争端；（4）禁止以武力相威胁或使用武力；（5）集体协助；（6）确保使非会员国遵守《联合国宪章》原则；（7）不干涉内政。这些宗旨和原则是《联合国宪章》的精髓，反映了二战以后世界各国人民渴望建立一种新型国际关系的愿望和要求，符合世界和平与发展的历史潮流，成为普遍的国际关系行为规范。

联合国下设六个主要机构：联合国大会、安全理事会、经济及社会理事会、国际法院、托管理事会和秘书处。安全理事会是联合国负责维护国际和平与安全的主要机构，由五个常任理事国和10个非常任理事国组成，是联合国体系中唯一有权采取行动来维护国际和平与安全的机构，在联合国机构中享有特别重要的政治地位，它的决议对会员国有约束力。非常任理事国由联合国大会选举产生，任期两年。安理会行动以“五大国一致”为基础，非常任理事国拥有“集体否决权”。

联合国自成立以来，所肩负的历史使命和对国际事务所起的作用越来越重要，是任何其他国际组织和国家所无法替代的。联合国对于推动非殖民化进程，促进民族解放运动，对于推动战后国际社会朝着有序的、有组织的、可控制的方向发展，对于维护世界和平与安全，对于推动世界各国经济和社会发展，促进国际间的交流与合作，都发挥了十分重要的作用。

（二）当代世界政治运行机制

世界政治是一个充满矛盾的统一复合体，各种国际政治行为主体相互联系、相互作用使国际政治体现为国际竞争、国际合作和国际冲突等基本状态。国际竞争是国际政治行为主体为追求一定的目标、利益和价值而相互较量、竞赛的一种相互关系状态。二战后，特别是20世纪70年代以后，由于世界经济、政治走向多极化，国际竞争存在着日益激烈的趋势，它有助于打破少数大国对国际事务的垄断，有助于促进国际关系的民主化。国际合作是国际政治行为主体为追求一定的共同目标、共同利益和共同价值而相互配合与协调的一种相互关系状态。二战后，特别是20世纪80年代以后，和平与发展成为当代世界的两大主题，各国的全球意识日益增强，共同解决全球性问题日益成为必要，国际合作的内容和方式也日益增多，它已经成为国际社会生活的重要组成部分，有利于维护世界和平，促进共同发展。国际冲突是国际政治行为主体由于所追求的目标、利益和价值等方面的不同或对立而相互矛盾、对抗的一种相互关系状态。二战后，由于社会主义和资本主义两大体系的形成和对立，由于霸权主义和强权政治的盛行，由于国际生活的复杂化，由于国际政治行为主体的增多及其所追求的目标、利益、价值等的差异，国际冲突是广泛的和大量的国际现象，遍及经济、政治、军事、外交、文化等各个领域，有时表现得也很激烈，甚至发展到武装冲突的程度。

但是，充满矛盾的国际政治生活相对来说也是具有一定的运行机制的，是有一定规律可循的。这主要体现在：

1. 国家特殊利益和人类共同利益是世界政治发展的驱动力

世界政治是以国家为最基本单位的相互矛盾、相互依存的人类共同体。每个国家都有自己的特殊利益，全体国家又有某种人类共同利益。追求国家特殊利益是各国政府对外政策与行为的基本动因；追求人类共同利益是所有国家形成比较一致的国际政策和行为的基本动因。国际政治关系错综复杂，竞争、合作、冲突变幻莫测，但归根到底都是围绕着国家特殊利益和人类共同利益而展开的。

2. 国际组织、国际条约、国际协定、国际会议等是协调或调节世界政治的重要手段

随着国际政治生活的日益复杂，国际竞争、国际合作和国际冲突的日益增加，对国际政治生活的协调和调节作用日趋重要。这种协调和调节作用一般是通过建立国际组织、签订国际条约或协定、召开国际会议等方式实现的。二战后国际组织的数量、国际条约和协定的数量、国际会议召开次数的迅速增多，就体现了这种需要。它们也的确对国际政治生活起到了重要的协调和调节作用。

3. 国际法、国际惯例等是国际行为的基本准则

世界政治是多元化的，各国社会制度、意识形态、价值观念、国家利益、历史传统、民族宗教、语言文化等，都存在着很大的差别。由于各国的实力不同，各国在世界政治中的地位、作用和追求也都不同。为了保证国际政治生活的有序性和稳定性，防止由于矛盾和对立而产生冲突甚至战争，需要对各种国际行为进行必要的规范。国际法和国际惯例等就是规范国际行为的基本准则。虽然国际法和国际惯例对各国的约束性是有限的，但毕竟对各国的政策和行为起到了一定的引导和制约作用。

4. 世界政治的发展方向取决于由各种行为主体相互影响、相互作

用而形成的合力

在某一历史时期的世界政治运行过程中，少数超强的行为主体（某些国家或国际组织）有可能发挥比较大的或比较突出的作用，但世界政治既然是国际社会中各种国际政治行为主体的政治行为及其相互关系的总和，是各种国际政治行为主体相互联系、相互影响所形成的有机整体，世界政治的发展及其方向就不可能由某一行为主体的单一力量决定，而是由各种行为主体形成的合力共同决定的。世界政治形成以来并演变到今天，就是人类整体合力推进的结果。人类社会生产力的发展和科学技术的进步是世界政治发展的根本动力，而各种国际政治行为主体在政治、经济、军事、外交、文化等方面的相互影响、相互作用则是世界政治发展的直接动力。

（三）战后世界格局的演变

世界格局属于分析国际形势的发展趋势和特点的国家视角。格局是指事物内在的结构、状态和局面。世界格局，是指在国际舞台上，符合一定标准的国家或国家集团在一定历史时期内相互作用而形成的一种相对稳定的力量结构或态势。世界格局也称国际格局。广义上的世界格局包括世界政治格局、经济格局、军事格局等。狭义上的世界格局就是指世界政治格局。世界经济格局，是指一定时期内世界经济体系中各种经济力量相互作用而形成的结构和态势。世界政治格局，是指一定时期内世界政治体系中各种政治力量相互作用而形成的结构和态势。作为一种“力量”中心的“极”是世界格局构成的基础，国际秩序是格局形成的标志。国际秩序指在一定世界格局基础上形成的国际行为规则和相应的保障机制，通常包括国际规则、国际协议、国际惯例和国家组织等。

1. 战后世界经济格局经历了由美国主导的单极格局到世界经济多极化的演变

战后初期到20世纪60年代末美国称霸世界经济领域。从力量基础角度，二战不仅使得战败国几乎成了一片废墟，而且战胜国中英国、法国也是遍体鳞伤，唯独美国的实力在战争中大大膨胀起来，在科技和经济上处于绝对领先地位。从世界经济秩序角度，美国通过在国际金融领域推动建立了以美元为中心的国际货币体系，领导成立了国际货币基金组织和世界银行；在国际贸易领域推动缔结了以贸易自由化为基本原则的“关税与贸易总协定”；通过“欧洲复兴计划”、“道奇计划”、“第四点计划”援助并以此控制发达国家和发展中国家，并对社会主义国家实行技术和经济封锁遏制。从而，确立了美国主导的单极世界经济格局。

20世纪70年代后世界经济向多极化方向发展。从力量基础角度，由于资本主义经济发展不平衡规律的作用，20世纪70年代美国经济相对衰落，同时西欧和日本经济得到高速发展，资本主义世界三大经济中心确立；苏联由于战前社会主义工业化基础坚实，战后经济得到了较快恢复和发展；东亚、拉美崛起了一批新兴工业化国家和地区，成为推动世界经济朝着多极化发展的新兴力量。从世界经济秩序角度，以美元为中心的国际金融体系在20世纪70年代初受到了巨大冲击，西方各主要国家的货币同美元的比价，由固定汇率制变为浮动汇率制，标志以美元为中心的国际货币体系瓦解。美国独霸世界经济的局面改变，世界经济向多极化方向发展。

20世纪80年代末以来经济全球化与区域集团化并行发展。一方面，20世纪80年代末，特别是进入20世纪90年代，世界经济全球化进程大大加快了；另一方面，美、日、欧三大经济中心的激烈竞争直接推动了北美、亚太、西欧经济区域化的发展，形成三大区域集团组织。区域经济集团化是地理上毗邻的若干国家或地区的经济合作、经济联合和经济融合的一种趋势。区域经济集团化从高到低有五种形式：自由贸易区、关税同盟、共同市场、经济同盟、完全的政治经济一体化。区域经济集团化是经济活动全球化的有机组成部分，是最终实现经济全球化的具体步骤和途径。

2. 战后世界政治格局经历了从“两极对抗”到“多极化”的演变

战后初期两极格局的形成。从力量基础角度，美、苏在世界反法西斯战争中发挥了重要作用。从世界政治秩序角度来说，美、苏作为战胜国代表主导了战后事务的处理，通过雅尔塔体制明确了各自在欧洲和东亚的势力范围，形成了关于战后世界政治秩序的基本方案。由于美国和苏联两国的结盟在战后已经不复存在，两种国家和两种制度的矛盾上升，双方走向了冷战，帝国主义和社会主义两极对抗态势逐渐形成。

20世纪六七十年代两极格局分化，多极化趋势显现。表现为两大阵营出现分化，国际力量改组，第三世界崛起。

20世纪七八十年代两极格局极端化与多极化趋势继续发展。一方面，多极趋势的暗流继续在涌动，欧洲、日本、第三世界等，作为多极化的力量，经济继续增长，独立性越来越强，在国际上发挥的作用越来越大；另一方面，两极格局对峙极端发展，由两大阵营的对峙演变为美苏两个国家争夺世界霸权。

20世纪80年代末90年代初两极格局终结，世界进入格局转换时期。1989年东欧剧变，1990年两德统一，1991年华约解散，同年12月苏联解体，标志着维持了四十多年的两极格局终结。旧格局已经瓦解，新格局尚未形成，世界正处在新旧格局交替的过渡时期。新旧格局转换的原因是多方面的，其中最根本的是战后世界经济发展的不平衡改变了世界政治力量的平衡，打破了旧的力量的对比。新旧格局转换是一个长期而复杂的过程。

二　世界政治发展的基本趋势

世界政治格局是一定历史时期内国际社会政治行为主体特别是其中的主要政治力量相互联系、相互作用而形成的一种结构或状态。二战后，主要由于世界政治力量对比的发展变化，世界政治格局经历了由两极格局向多极化方向演变的过程。

（一）多极化是当前世界政治的基本趋势

20世纪90年代以来，多极化成为当今世界政治的基本趋势。但由于多极化与单极化之间的激烈较量，以及国际社会主要政治力量之间相互关系的错综复杂，多极化趋势在曲折中发展；霸权主义和强权政治仍然是威胁世界和平与发展的主要根源，并时有新的表现。

1. 世界政治多极化的内涵

世界政治多极化，是指对国际关系有重大影响的国家和国家集团等基本政治力量相互作用，而在一定时期所形成的国际关系结构。世界政治格局中的"极"的概念，主要是指全球或地区中具有广泛而强大的吸引力、影响力、作用力和协调功能的中心，即主要国际政治行为主体。世界格局从两极转向多极，不仅仅是数量的增加，重要的是格局的特点发生了质的变化。多极化中的"极"，同两极格局中的"极"在内涵上有很大差别。吸引力、影响力、作用力和协调功能取代控制力和支配力成为"极"的主要内涵。两极格局中的"极"，专指美、苏两个超级大国，是同控制力和支配力联系在一起的，它可以和霸权中心相提并论。美、苏谋求的是对地区和全球事务的控制力和支配力，并通过这种控制力和支配力为本国利益服务。多极化中的"极"则主要表现为吸引力、影响力、作用力和协调功能，显然不是说霸权中心从两个向多个发展，多极化趋势本身就是一个与霸权主义相对立的概念，是强调力量中心的相互制约，以构建公正的国际政治新秩序，共同促进世界的和平与发展。

多极化中的"极"的载体，既有民族国家，也有联合国、欧盟、东盟等有较大影响的国际组织。两极格局中的"极"的载体是美、苏两个主权国家。由于新科技革命深入发展及经济发展的不平衡规律，构成多极化中的"极"不会固定不变。既有美国这样能从经济、政治、军事乃至文化诸方面对全球事务产生全面影响的强大中心，也有像俄、中、日等能从经济、政治、科技、军事、文化的某些方面对国际事务发挥作用的中心，还有联合国和欧盟、东盟等有较大影响的国际组织。

2. *多极化是不以人的意志为转移的客观趋势*

这是因为：（1）世界政治力量对比的现状决定了世界多极化发展的必然趋势。世界政治格局是世界政治力量对比形成的基本态势或结构。决定世界政治格局的因素是多方面的，其中包括政治、经济、科技、文化与意识形态，以及这些因素的综合运动和各种力量的对比。从长远来看，世界多极化中的"极"的确立并得到认可，最终取决于以经济和科技为中心的综合国力的发展。冷战后，世界各国以经济和科技为中心的综合国力的竞争日益加剧，而且综合国力相对较强的大国或国家集团为数不少，在世界政治等领域中的地位较高、影响较大。这是世界多极化的力量基础。（2）经济全球化和区域经济一体化，促进了世界政治格局多极化趋势的发展。经济全球化与政治多极化是冷战结束后世界经济格局和政治格局发展的总趋势，经济全球化和地区经济一体化的加速发展，是决定和促进世界政治格局多极化趋势的经济基础。经济全球化实际上是资本和财政金融市场的全球化。跨国公司在全球经济活动中的地位与作用不断增强，成为经济全球化的主力。迅速发展的经济全球化趋势，使世界经济和超国家的经济力量融为一体，包括美国在内的发达国家都失去了绝对控制本国国民经济的能力。经济全球化也使各大国之间力量差距日益缩小，美国的“超级大国”地位面临严峻的压力与挑战。毫无疑问，经济全球化进程正朝着削弱而不是增强霸权主义的方向发展，客观上促进了世界格局的多极化趋势。区域经济一体化也在经济全球化的进程中加速发展。随着欧元的启动，欧洲经济一体化迅速发展；亚欧会议、亚太经合组织等区域性合作机制日益完善；东盟等次区域性组织也很活跃。区域经济一体化导致世界经济格局的多元化，从而推动世界政治格局的多极化。（3）世界经济发展不平衡导致各国国际地位和作用发生变化。实力与地位总是相称的，随着经济实力对比的不断变化，后来居上的一些国家和国家集团必然要在国际政治中扮演重要角色。目前，除极个别国家外，绝大多数国家都主张并努力推进世界政治格局的多极化。（4）世界各种力量出现新的分化组合，也促进了世界政治格局多极化的趋势。冷战后，美国作为唯一超级大国企图建立单极世界以实现“美国治下的和平”，但美国的霸权主义的恶性膨胀已在国际社会上引起强烈的不满。过去西欧、日本及其他一些资本主义国家之所以屈从于美国，在很大程度上是由于惧怕苏联扩张，希望得到美国的军事保护。随着东欧剧变、苏联解体，“华约”已经不复存在，它们在国家安全上对美国的依赖性就随之大大下降了。种种迹象表明，美国对它们的控制力、支配力不是增强而是逐步削弱。两极格局终结后，西欧各国加快了一体化进程。它们不但积极地推进统一货币体系和建立统一市场，而且在政治、军事上的合作及一体化趋势也在加强。东欧各国积极向西欧靠拢，积极加入欧盟，欧盟作为多极化格局中的一支独立力量发挥着越来越重要的作用。日本是当今世界仅次于美国的科技与经济强国，两极格局终结后，其最明显的变化是极力谋求政治大国地位。日本不断增加军费开支，增强军事力量，力求在亚太地区发挥更大的作用。在对待美国的态度上，日本一方面把维系日美关系、加强日美军事合作放在对外战略的头等重要地位，另一方面在经济、政治与外交方面又与美国明争暗斗。德国统一后，综合国力进一步提高，在地区与国际事务中的参与意识及作用日益增强。目前，日、德两国摆脱美国控制和支配的独立意识和离心倾向越来越强烈，争取成为联合国常任理事国是它们的下一个努力目标。俄罗斯虽然缺乏经济实力，但仍握有在核战略武器方面足以和美国抗衡的王牌。为了重振大国雄风，俄罗斯反对美国独霸世界，主张世界多极化。中国改革开放以来，综合国力不断增强，国际地位不断提高，在国际和地区事务中发挥了越来越重要的作用。中国是联合国五个常任理事国之一，一贯奉行独立自主的和平外交政策，是维护世界和平与稳定的重要力量。发展中国家整体实力也在不断增强，其发展也有助于建立公正合理的国际政治经济新秩序。目前"七十七国集团"的成员国已扩大到132个。以上这些国际力量的分化、组合和调整，促进了多极化趋势的发展。（5）世界多样性是决定世界格局多极化的重要基础。世界的多样性，即政治制度、经济模式、意识形态、文化传统、民族宗教等，在世界各地的客观差异性。世界是丰富多彩的，不可能有放之四海而皆准的统一模式。各国采取何种发展战略要依各自国情而定，世界上没有任何一个国家可以通过照搬其他国家的发展战略来实现自己经济和社会发展。这种世界的多样性和各国的差异性，必将影响世界政治格局的走向。

3. 多极化是在曲折中发展的

国际社会大国间的互相合作和矛盾关系错综复杂，这也决定了多极化发展的复杂性与曲折性。美、欧、日、俄、中五大力量的政治结构，人们习惯称为"一超四强"。美、欧、日三大力量之间在经济、政治、安全众多方面有共同的战略利益，但也存在明显的矛盾与分歧；美、俄、中三大力量对世界格局走向起着关键作用，俄罗斯的军事力量和中国的经济崛起被美国视为潜在的或现实的威胁；美、欧、俄三种力量对欧洲局势稳定起着重要作用；美、日、中三种力量对亚洲稳定起着重要作用。上述力量的分聚离合，构成了当今世界政治格局的轮廓。1997年4月23日，江泽民在访问俄罗斯期间所发表的《为建立公正合理的国际新秩序而共同努力》的讲话中指出："世界正在走向多极化，这是当今国际形势的一个突出特点。无论是在全球还是在地区范围，无论是在政治还是在经济领域，多极化趋势都在加速发展。极少数大国或大国集团垄断世界事务、支配其他国家命运的时代已一去不复返了。大国关系不断调整，多个力量中心正在形成。广大发展中国家总体实力增强，地位上升，成为国际舞台上不容轻视的一支重要力量。各类区域性组织日趋活跃，显示出强劲的生命力。世界多极化格局的形成尽管还是一个长期的过程，但这种趋势已成为不可阻挡的历史潮流，对促进世界的和平、稳定与发展具有十分重要的意义。”

（二）霸权主义与强权政治是多极化发展的主要障碍

霸权主义是指某些国家凭借经济、军事实力和其他手段，干涉、控制别国的主权和独立，将自己的影响和意识强加于他国，谋求对一个地区或世界进行统治的政策和行为。冷战结束后，霸权主义、强权政治依然存在且时有新的表现，也依然是威胁世界和平与稳定的主要根源，值得各国警惕，尤其是要警惕美国的新霸权主义。美国的新霸权主义就是以西方国家的军事安全联盟为基础，争夺与控制冷战后出现的战略“真空”地带，对所谓的潜在挑战者实行战略挤压，强化军事优势，并采取经济、政治、文化等各种手段来企图建立一个以美国为主宰的单极世界格局。当前，霸权主义、强权政治突出表现在以下几个方面：

1. 肆意干涉别国内政

冷战后，美国利用北约任意干涉别国内政，力图按照自己的意志重新建立世界格局。美国为首的北约在华约解体后不但没有解散，反而不断强化并大举“东扩”，试图将一个地区性的军事集团变为世界性的军事集团。以美国为首的北约在进行“东扩”的同时，为进一步控制巴尔干这个重要战略地区，以解决民族冲突和维护人权为幌子推行“南进”，大力扩展自己的势力范围。1993 年 3 月，美国为首的北约绕过联合国，对南斯拉夫联盟进行了长达 78 天的狂轰滥炸和空中打击，造成数千人死亡，数千亿美元的损失。1998 年，克林顿政府签署了一项支持伊拉克反对派推翻现政府的法案。2003 年，小布什政府以反击恐怖主义和销毁大规模杀伤性武器为由，绕开联合国军事打击伊拉克。这种公开干涉别国内政，颠覆别国政府的做法是违反国际法准则的突出事例。苏东剧变后，美国抛出“中国威胁论”，制定了针对我国的“接触”加“遏制”的战略，其根本目的就是企图瓦解中国，促使我国发生苏东那样的演变。冷战结束后，美国在亚洲的军事力量不仅没有减弱，反而通过美日双边协定得到加强。1997年9月23日，美日签署的新一轮《美日防务合作指针》大大扩展了日本防务的范围和方式，并且把我国的台湾也列入了相关军事干预区域。美国还要把日本、我国台湾纳入“战区导弹防御计划”。美国的这些政策和行为，导致地区和世界局势出现了新的紧张。

2. 利用经济全球化推行西方模式

冷战结束后，经济全球化发展趋势加快。经济全球化作为世界经济发展的客观趋势，世界各国都不能回避，日益被深入地卷入其中。然而，由于经济全球化目前处于发达国家的主导之下，随着经济全球化的加快发展，发达国家在世界经济中的影响力和干预力也在很大程度上得到了强化，这给它们提供了推行西方社会制度和发展模式的机会。以美国为首的西方发达国家，恰恰是利用了这样的机会，运用各种手段迫使发展中国家全盘接受西方模式。其做法和手法主要是：利用贷款和经济援助的筹码迫使受援国让步，即把是否实行西方的民主制度作为给予贷款和经济援助的附加条件；对受援国和潜在的受援国施加政治乃至军事压力，为西方市场体制的扩展创造条件；利用传媒的技术优势和文化霸权推销美化西方的社会制度和意识形态。广大发展中国家不仅经济利益遭受着冲击，而且国家的安全和独立也面对着严峻的挑战。

3. 宣扬“人权高于主权”论

所谓人权包括个人人权和集体人权，涉及生存权、发展权、和平权、种族平等权、民族自决权等。这些都是主权国家管辖的内政，也只有在主权国家范围内才能得到保障和解决。因此，现行国际人权公约确认，国家主权优先于人权；不能利用人权干涉别国内政；人权的国际保护只能由主权国家来实施。从战后世界政治发展及演变的历史来看，一个国家只有捍卫自己的主权，才能谈得上改善人权，一旦丧失了主权，其人权就毫无保障；侵犯了一个国家的主权，就从根本上践踏了那里的人权。然而，冷战结束后，西方特别是美国利用经济全球化发展趋势来鼓吹民族国家的消解和国家主权的衰退，宣扬“人权高于主权”论，为垄断资本主义对外扩张服务。一些美国学者和政要公然宣称，“在这个相互依赖的世界里，主权不再有严格的宪法性解释”，“美国和国际组织应该参与被人们通常认为是主权国家的内部事务”。这种宣扬殖民扩张主义、帝国主义的论调，已经成为新霸权主义的理论基石。“国际人权保护”、“人道主义干预”等，已经成为美国和西方发达国家干涉别国内政的伪装和借口。

4. 抱守“冷战思维”不放

所谓冷战思维，就是以美苏争霸世界为中心，以两大阵营、两大集团在政治、军事、经济、思想文化等方面全面对抗为基础的一种战略思维模式。冷战思维的核心是“遏制共产主义”，实现全球西方化，即在全球建立西方式的尤其是美国式的政治、经济制度。二战后，冷战思维随着两极格局的形成而产生和盛行，并曾经对世界经济政治格局产生重大的影响。冷战结束后，冷战思维不但没有寿终正寝，反而继续存在，甚至成为美国等西方国家制定外交政策、处理与其他有关国家关系的指导思想和理论依据。西方大国不顾和平与发展的时代主题，仍用冷战时代的眼光去观察世界、思考问题、判断是非、处理国际事务。只要冷战思维存在，东、西方的政治制度和意识形态的对抗就会存在。这种冷战思维突出地表现在西方国家特别是美国同我国的关系中。由于东欧剧变、苏联解体，我国成为世界上最大的社会主义国家，而且随着改革开放事业的进行，我国综合国力日益增强，国际地位和影响力也日益提高和扩大，自然成为西方头号的政治和意识形态对手。1992 年初，曾力主恢复中美关系并为之作出过努力的美国前总统尼克松公开把中国当做新的敌人。美国及西方的舆论传媒也极力宣传中国的发展对美国构成威胁。1997 年 2 月，德国《商报》曾宣称，正如第二次世界大战后的几十年对苏政策一直是美国总统最重要的外交课题一样，“对华关系以后也将有类似的地位”。美国小布什总统执政时期，称中国为“战略竞争对手”，还明确提出要以武力“协防”台湾，并在亚太地区，以美日关系为重点，利用日本牵制中国，加大对中国遏制的力度。①

① 张森林、赵海月主编：《当代世界经济与政治》，高等教育出版社 2003 年版，第 54 页。

5. 美国实行强硬的“单边主义”国际政策

2001 年的“9・11”事件以后，美国利用反对和军事打击国际恐怖主义进一步显示了实力，提高了国际影响力。但反击国际恐怖主义的战争也为美国提供了在世界上采取大规模军事行动的“理由”和“便利”，为美国建立单极世界带来了新的“机遇”，与此同时也进一步膨胀了其霸权主义的野心。小布什政府极力推行以自我为中心、我行我素的“单边主义”政策，在国际关系中霸气十足、态度强硬，轻视其他国家、国际组织的作用，蔑视国际法和国际关系基本准则。在军事上实行“先发制人”战略，主张要向敌人发动主动进攻，即预先采取军事行动，制止敌人可能采取的某种毁灭性行动，将危险消灭在萌芽之中。“伊拉克战争”就是这种“先发制人”战略的首次尝试。这一战略在本质上说，显然是一种侵略性的进攻战略，意味着认为谁对美国构成了威胁就可以军事行动打击谁，其后果将是十分有害的。

三　当前世界政治的主要特点

国际形势总体和平、缓和、稳定和局部战争、紧张、动荡并存，各种矛盾和争端导致的局部冲突时起时伏，竞争与合作共存成为大国关系的基本状况，经济因素对世界政治的影响日益增大，传统安全威胁与非传统安全威胁的因素相互交织，等等，成为当前世界政治的主要特点。

（一）和平与发展是时代主题，但天下并不太平

自冷战结束以来，国际局势发生了二战后最为深刻的变化，和平与发展两大时代主题更加鲜明，世界和平有了更大的保证。两极世界格局解体后，过去的那种全球范围的以美苏争霸世界为中心，以两大集团在政治、军事、经济、思想文化等方面全面对抗的局面已不复存在；冷战造成的世界资源的巨大浪费现象得以消除，阻碍各国经济正常发展的状况得以缓解；大规模军备竞赛特别是核竞赛已大大降温，裁减军备、减少军费已成为绝大多数国家的共识，国际裁军会议和控制核武器会议取得令人瞩目的进展。随着国际形势由紧张趋向缓和，发展本国经济、

推进新科技革命、维护世界和平、建立国际政治经济新秩序，成为大多数国家的对外战略选择。就世界总体形势而言，在可预见的时期内，新的世界大战是可以避免的。

世界经济一体化和地区合作不断加强。20 世纪 90 年代以来，经济全球化发展趋势日益明显，有力地推动资本、技术、知识等生产要素在全球范围内的优化配置，为全球经济和社会发展提供了前所未有的物质技术条件，给各国各地区提供了新的发展机遇。在这样的大国际环境中，世界贸易组织不断扩大，作用不断增强；欧洲一体化进程加快；北美、亚太经济合作升温；亚欧会议、亚太经合组织等区域性合作机制日益改善；东盟等次区域性组织也空前活跃。世界经济政治的发展因此比以前相对平稳。

90 年代后期开始，国际关系调整，特别是大国关系的调整出现了一个高潮，各国都在力求建立一种面向 21 世纪的新型相互关系。绝大多数国家都提倡国家之间互相尊重，平等互利，求同存异，发展合作。通过对话、合作来和平解决争端，已逐渐成为各国的共识和一般做法。这是对冷战时期那种不正常的国际关系的否定，极大地有利于维护世界和平、促进共同发展。

尽管和平与发展成为世界的潮流，但破坏和平、妨碍发展的因素依然存在，尤其是霸权主义、强权政治时有新的表现，仍是国际局势动荡不安的主要根源。推行霸权主义与反对霸权主义斗争、社会主义与资本主义两种制度斗争的存在、国际恐怖主义活动、巴以冲突、海湾战争、科索沃战争、阿富汗战争、伊拉克战争、朝鲜核危机等事件的发生，表明天下并不太平。

（二）各种矛盾和争端导致的局部冲突时起时伏

世界因民族、边界领土争端而导致的局部冲突一直不断。世界不少国家，特别是非洲都是由多民族、多部落组成的。在非洲 56 个国家和地区中，共有 2000 多个部族、30 多个国家之间存在边界领土争端。由于历史的纠葛和现实利益的冲突、政治上的分歧和文化传统的差异，特别是殖民主义的后遗症，使一些部族之间经常发生冲突，这些冲突又常常升级为内战。20 世纪 90 年代，卢旺达发生部族仇杀，就有 50 多万人死于非命。一些大国和前宗主国为各自的利益纷纷插手这些国家和地区，致使内战频仍，害国害民，破坏了地区的稳定，影响了世界的和平。其中安哥拉、埃塞俄比亚、索马里、布隆迪等国的内战尤为激烈。苏联和波黑的一些地区，民族冲突仍相当严重，矛盾与危机随时都可能重新激化。西方大国加紧在发展中国家和苏联东欧国家中强制性推行西方式民主和多党制，使不稳定的局势更加动荡。这些问题不仅会导致国内的动乱，而且还有可能引发邻国间的冲突与战争。总体和平、局部战争，总体缓和、局部紧张，总体稳定、局部动荡，是当前国际局势的基本态势。

因宗教问题而引发的国家、地区的矛盾和冲突，也是世界局势动荡不安的一个重要因素。如一些伊斯兰国家的宗教激进主义势力正力图通过合法的议会斗争掌握国家政权，使这些国家的政治发展受到严峻考验。伊斯兰宗教极端主义对地区冲突的介入、渗透和干扰，使地区冲突雪上加霜。宗教激进主义极端组织主张用“圣战”将以色列逐出阿拉伯半岛，反对“以土地换和平”的办法解决中东问题。每当中东和谈取得进展时，它们就会制造事端，给中东和平进程增加麻烦，干扰中东和平进程。在一些地区冲突中，只要有穆斯林存在，它们就会插手。比如在波黑冲突中，一些激进的宗教激进主义者大力支持波黑的穆斯林，给他们提供武器，并组织人员前往参战和搞恐怖主义活动。毫无疑问，这不仅无助于冲突的解决，反而对有关国家和地区的政治稳定、人民生命安全构成了直接威胁。

（三）竞争与合作共存成为大国关系的基本状况

在20世纪末，面对冷战结束后国际形势的新变化以及新世纪即将来临，各个大国纷纷调整相互间的关系，以便占据更为有利的位置。在竞争中加强合作，既竞争又合作，成为各个大国调整相互关系的基本状况，而建立各种名目的“伙伴关系”成为一个突出的特点。例如，美国和俄罗斯签署了《美俄伙伴关系和友好关系宪章》，提出建立以“共同价值观为基础”的伙伴关系；美国和中国决定“共同致力于建设面向21世纪的建设性战略伙伴关系”（小布什政府上台后改为“建设性的合作关系”）；中国和俄罗斯决定建立“平等、信任、面向21世纪的战略协作伙伴关系”；俄罗斯同德国建立了“特殊伙伴关系”；俄罗斯同日本决定构筑“建设性伙伴关系”；中国同欧盟宣布努力建设“面向21世纪的长期稳定的建设性伙伴关系”；中国同日本确立了“建立致力于和平和发展的友好合作伙伴关系”，等等。毫无疑问，这种新型关系有利于世界和平、稳定、繁荣和发展。

但是，也应该指出，虽然这种新型关系不再具有全面对抗的性质，体现了合作与协调的增强，但大国之间的矛盾、分歧、摩擦和冲突依然存在，信任问题依然存在，是一种既相互竞争又相互合作，既相互制衡又相互借重的关系。例如，在美国与俄罗斯之间，美国在国际上的一些战略策略举措如反恐战争等，需要俄罗斯的支持，需要借助俄罗斯的配合，但对俄罗斯又加以防范和遏制，以防止俄罗斯东山再起，重新成为美国的竞争对手；在美国与中国之间，也存在类似的问题，美国在经济、政治、军事和外交上都需要中国一定的“合作”和“帮助”，在反恐问题上甚至“合作”得还很不错，但美国视中国为潜在的竞争对手，一天也没有忘记遏制中国。美国大肆散布所谓的“中国威胁论”，就是遏制和防范中国的突出表现；美国也没有放弃“和平演变”中国的计划，“西化”、“分化”的图谋始终在进行中。

（四）经济因素对世界政治的影响日益增大

经济因素对世界政治的影响日益增大，是因为经济因素在当今世界中在很大程度上已经成为决定国际关系发展的首要因素。具体来说：(1) 以经济为主要内容的综合国力决定国家在国际事务中的地位和作用。经济实力和经济发展水平是综合国力的核心之一，综合国力的大小归根结底取决于经济实力和经济发展水平。各国经济实力的变化，将导致世界政治力量对比发生变化。美国之所以在国际事务中影响力巨大，甚至在全球推行霸权主义和强权政治，就在于它有强大的经济实力做后盾。反之，俄罗斯之所以在世界政治领域中无法像苏联那样和美国相抗衡，根本原因就在于其经济实力不如人。(2) 经济全球化加速发展使世界政治发展更趋复杂化。冷战结束后，经济的全球化、资本扩张的国际化和信息技术的普遍化，已经并正在给各国经济发展带来深刻的影响，其影响力逐渐向政治、文化、意识形态等领域扩展。经济全球化的发展使各国、各地区很难单独解决自己的发展问题和经济问题，加强国际间的联系与合作、加强对话与协调，已成为一种不以人们的意志为转移的发展趋势；它使各国之间的相互依存、相互依赖日益加强，国际性的经济危机风险日益加大，不仅会导致一些国家的政治不稳定，而且也会对世界政治产生重要影响；它将使各国争夺资源的斗争加剧，甚至会导致国家之间、地区之间的政治、军事冲突。（3）经济利益成为各国相互关系发展的主导因素。当今世界，经济与政治越来越密不可分，经济利益是各国政治关系发展的基础，经济成为各国外交的主要内容，外交政策和外交工作都为经济发展服务，经济外交已成为国际政治的手段和筹码。这一点连超级大国美国也不例外。1993 年克林顿政府上台之初，就把“经济安全”列为美国对外政策三大支柱之首，强调经济的发展和对市场的占领是新形势下美国国家安全的重要因素，强调外交要为发展经济、提高竞争力服务，这绝不是偶然的。（4）经济发展状况往往导致政府的继任或更迭，从而间接地影响世界政治。1992 年美国布什总统在赢得海湾战争胜利的前提下连选连任失败，究其原因主要是美国经济衰退所致；克林顿执政期间，尽管绯闻不断，但由于经济持续增长而顺利地连选连任；日本在 20 世纪 90 年代因振兴经济乏术，内阁如走马灯般频繁更换；2001 年阿根廷发生金融经济危机，国内骚乱不断，总统府五易其主。这些都说明经济因素直接影响国家的政治局势和对外战略，进而对世界政治产生影响，而世界大国国内政治的动荡对世界政治的影响尤其重大。

（五）传统安全威胁和非传统安全威胁因素相互交织

传统意义上的国家安全的最基本形式是以地缘安全为标志，确保领土完整、主权不受侵犯就是所谓的安全。冷战结束后，海湾战争、巴以冲突、伊拉克战争等的爆发，都足以证明，传统国家安全问题仍是主权国家首先考虑的安全问题，而霸权主义、强权政治仍是威胁传统国家安全的重要根源。然而，20 世纪 90 年代以来，在经济全球化、世界多极化、科技信息化日益发展，各国联系更加密切，互相依赖性不断加强的背景下，国家安全问题的内涵已经相当丰富，许多非传统安全威胁因素迅速上升，如经济危机、文化侵蚀、环境恶化、疾病流行、恐怖主义肆虐、有组织的国际犯罪等，都是非传统安全威胁因素，它们同传统安全威胁因素相互交织在一起，对各国的主权和安全、世界的和平与发展构成严重威胁。

非传统安全是传统安全基础上的国家安全概念，如果没有传统安全，非传统安全将难以存在。在一定条件下，非传统安全可能转变或演变为传统安全问题。同传统安全相比，非传统安全具有以下几个特点：(1) 非传统安全涵盖的内容非常广泛，包括除军事安全外其他所有涉及国家安全的领域，而且这些领域很难通过单纯的军事手段来确保或解决；(2) 非传统安全可以分为暴力与非暴力两大方面：一是非军事的暴力活动，如恐怖活动、有组织的犯罪等；二是非暴力的活动，如经济、文化、环境问题、疾病流行等；(3) 非传统安全的各个领域常常相互作用，某一方面的安全问题可能激发其他方面的安全问题，产生连锁反应；(4) 非传统安全问题对国家安全的影响常常表现出一种较长期、潜在的积累形式，有时会突然爆发，有时则是逐渐演变。

世界政治多极化、经济全球化的发展趋势，使非传统安全的地位越来越突出。在当今世界，加快经济发展成为大多数国家的首要目标，经济安全也就成为非传统安全的重中之重。1997 年发生的亚洲金融危机、1998 年发生的俄罗斯经济危机、2001 年发生的阿根廷经济危机，都给相关国家带来了经济衰退和政治动荡，其影响在一些国家至今还存在。恐怖主义在非传统安全危险因素中较为突出，它危及国家安全与国际社会的安全，不但造成直接的人员伤亡和财产的损失，同时也引起人们心理上的巨大恐慌，严重阻碍着正常的生活、生产和工作秩序。震惊世界的“9·11”事件，不但造成涉及几十个国家的 3000 多人死亡，而且使世界经济发展放慢一个百分点，损失高达 3000 亿美元。利用高科技、信息化手段刺探经济、军事情报；多种多样的文化、生活方式、价值观念的渗透；有组织的经济犯罪；严重的疾病流行等，都将对一国的国家安全产生不利的影响。

非传统安全问题，单靠一个国家的力量难以解决，必须依靠加强国际合作才能得到有效解决。在国际合作中，各国应该特别注意发挥联合国的主导作用。值得指出的是，世界各国在重视加强非传统安全方面的合作的同时，也要防止个别国家的极端利己主义、单边主义的倾向和行径。比如，在经济问题上，利用本国政治、经济上的优势，把世界银行、国际货币基金组织等国际组织作为干涉他国内政的工具，或利用经济全球化进程干预别国经济发展、巧取豪夺别国资源、扩大贫富差距；在环境问题上，把本国利益放在整个人类利益之上；在反恐问题上，采取双重标准等。这些做法既无益于全球性安全问题的解决，也会最终殃及自身的安全。

在当前以及可以预见的未来一个时期内，国家安全的基本形式仍是以地缘安全为标志，领土完整与主权不受侵犯仍然是一个国家最为优先的安全目标，但非传统安全威胁因素与传统安全威胁因素交织在一起，将相互作用、相互影响、相互渗透。对此，各国必须给予同等的重视。如果只注重传统安全威胁因素的存在与影响，忽视非传统安全威胁因素的存在与影响，国家安全可能得不到真正的实现和保护。

思考题：

1. 怎样理解当今世界格局多极化是世界政治发展的基本趋势？

2. 如何理解国际政治中的民族和宗教问题？

3. 怎样认识当今国际舞台上单极和多极的矛盾斗争？它的发展趋势和前景如何？

4. 如何理解霸权主义和强权政治是多极化发展过程中的主要障碍？

5. 如何理解经济因素对世界政治的影响日益增大？

阅读文献：

1. 王逸舟：《全球政治与中国外交》，世界知识出版社 2003 年版。

2. ［美］查尔斯·W. 凯格利：《世界政治：走向新秩序》，夏维勇等译，世界图书出版公司 2010 年版。

3. 俞正樑等：《21 世纪全球政治范式》，复旦大学出版社 2005 年版。

4. 李慎明、王逸舟主编：《国际形势黄皮书：全球政治与安全报告》，社会科学文献出版社 2010 年版。

文化教育篇

第六讲

中国特色社会主义文化的构建与发展

在国际国内形势深刻变化和我国经济社会发展进入新的历史阶段的背景下，以什么样的视角认识文化，以什么样的态度对待文化，以什么样的思路推动文化繁荣发展，是我国文化建设必须解决的重大课题。文化有广义和狭义之分："广义文化"是指人类在社会历史发展过程中所创造的物质财富和精神财富的总和；"狭义文化"是指与经济、政治并列的，关于人类社会生活的思想理论、伦理道德、风俗习惯、文学艺术、思维方式、教育和科学等精神方面的内容。文化建设是中国特色社会主义建设的重要目标和保证，是提升我国综合国力的内在要求。当今世界，文化同经济、政治相互交织，相互渗透，其地位和作用越来越显要。文化的力量不仅深深培铸在民族的生命力、创造力和凝聚力之中，而且越来越成为综合国力和国际竞争力的重要组成部分。国家的发展和强盛、民族的独立和复兴、人民的尊严和幸福，都离不开先进文化的支撑。1978 年 12 月，党的十一届三中全会胜利召开，标志着我国社会主义建设进入了一个崭新的历史时期，也标志着我国社会主义文化建设进入了发展的全新时期。党的十六大以来，我们党顺应综合国力竞争的新形势和人民群众的新期待，把文化建设作为现代化建设总体布局的重要组成部分，摆在更加突出的位置，强调发展社会主义先进文化是提高党的执政能力的重要方面，建设和谐文化是构建社会主义和谐社会的重要任务。党的十七大鲜明提出，中华民族伟大复兴必然伴随着中华文化繁荣兴盛，要更加自觉、更加主动地推动文化大发展大繁荣，并就提高国家文化软实力、兴起文化建设新高潮做出一系列重大战略部署，进一步加快文化改革发展的步伐，为中国特色社会主义事业的发展提供了强有力的思想保证、舆论支持、精神动力和文化条件，为发展中国特色社会主义文化指明了方向。

一　中国特色社会主义文化的内涵与意义

（一）中国特色社会主义文化的内涵理解

早在1979年10月，邓小平同志就提出了中国现代化建设的纲领性要求，指出“我们要在建设高度物质文明的同时，提高全民族的科学文化水平，发展高尚的丰富多彩的文化生活，建设高度的社会主义精神文明”。[①] 中共十二届六中全会决议进一步指出：中国社会主义现代化建设的总体布局是：以经济建设为中心，坚定不移地进行经济体制改革，坚定不移地进行政治体制改革，坚定不移地加强精神文明建设，并且使这三个方面互相配合，互相促进。

到了中共十四届六中全会，社会主义精神文明建设被提到从未有过的高度，强调指出它是社会主义社会的重要特征，是现代化建设的重要目标和重要保证。进而指出在把物质文明建设搞得更好的同时，切实把精神文明建设提到更加突出的地位。这是贯穿于新时期以来的中国共产党的一贯思想，是邓小平同志的一贯主张。“经济建设这一手我们搞得相当有成绩，形势喜人，这是我们国家的成功。但风气如果坏下去，经济搞成功又有什么意义？”[②] 物质文明的发展，绝不能以牺牲精神文明为代价，否则就不是真正的有中国特色社会主义。

党的十五大报告对中国特色社会主义文化作了十分明确而简洁的概括：“建设有中国特色社会主义的文化，就是以马克思主义为指导，以

---

① 《邓小平文选》，人民出版社1983年版，第180页。

② 《邓小平文选》第3卷，人民出版社1993年版，第154页。

培育有理想、有道德、有文化、有纪律的公民为目标，发展面向现代化、面向世界、面向未来的，民族的科学的大众的社会主义文化。”①这是面对科学技术迅猛发展、综合国力激烈竞争，面对世界范围各种思想文化相互激荡，面对中国国民素质和人才资源开发的现状，面对小康社会人民群众日益增长的文化需求，面对中国四十多年特别是近二十年来文化建设的经验教训而提出的科学概念。有中国特色社会主义的文化，是有中国特色社会主义的重要组成部分，是凝聚和激励全国各族人民的重要力量，是综合国力的重要标志。

在科学技术迅猛发展的当今世界，衡量一个国家的实力强弱不仅要看物质财富的多寡和社会发展速度的快慢，而且要看文化事业和精神文明建设的发展水平，要看人才资源和智力资源开发的程度。随着社会产业结构由劳动密集型向知识密集型的转化，决定一个国家综合国力竞争成败的关键因素是文化建设和人的素质的提高。从这个意义上，可以说文化建设是现代化事业的决定性因素。正如党的十七大报告指出的，社会主义现代化应该有繁荣的经济，也应该有繁荣的文化。中国现代化建设的进程，在很大程度上取决于国民素质的提高和人才资源的开发。中国的社会主义现代化，是经济、政治和文化三位一体的现代化。

中国特色社会主义文化具有鲜明的特点。第一，鲜明的时代性。文化作为一个历史范畴，虽然有其超越时代的共同性，但作为一定文化的总体而言，总是一定社会条件下的产物，不同社会具有不同性质的文化。中国正处于社会主义初级阶段，因而有中国特色社会主义的文化必然带有这个时代的基本特点，它必须同社会主义基本经济制度和政治制度结合在一起，围绕建设富强民主文明的社会主义现代化国家的根本任务，以经济建设为中心，坚持改革开放，坚持四项基本原则，为人民服务，为社会主义服务。第二，浓郁的民族性。一种源远流长的传统文化之所以能够不断延续和发展，自有其深刻的道理。不管人们如何认识和把握它，它都要作为一种历史的积淀和社会意识的潜流，渗入社会心理的深层，同人们的生活方式、思维模式、行为标准、道德情操、审美情趣、处世态度以及风俗习惯融为一体，成为“化民为俗”的东西，成

---

① 《江泽民文选》第2卷，人民出版社2006年版，第18页。

为人们生下来就濡染其间的一种精神家园。建设有中国特色社会主义的文化，深深植根于人民群众的历史创造活动，继承发扬民族优秀文化和革命文化传统，吸收世界文化成果，形成了社会主义内容和中华民族形式相结合的全新文化。第三，实事求是的科学性。作为上层建筑重要组成部分，有中国特色社会主义文化，正确地反映了自然和社会的本质及其发展规律，坚持了同自然观、社会观中一切非科学的文化思想进行坚决斗争的立场，为决策的民主化和科学化提供了理论依据。第四，高度的民主性。发展社会主义民主政治，是中国共产党始终不渝的奋斗目标。没有民主就没有社会主义，就没有社会主义现代化。继承优良民主传统，增强民主意识，同封建主义、文化专制主义残余进行不妥协的斗争，使民主精神在广大群众中生根开花。弘扬主旋律，提倡多样化，自由讨论、自由创作和不同学派、不同风格的自由发展，使文化园地百花齐放、百家争鸣；同时，合理吸收外国文化一切好的东西，使有中国特色社会主义的文化成为海纳百川、兼容并包的博大体系，是这一文化民主性的重要表现。第五，广泛的群众性。社会主义文化事业是亿万人民群众创造的事业，人民群众是文化建设的主人，是一切文化创造的最深厚的源泉。有中国特色社会主义的文化是从群众中来、到群众中去的文化。它在建设有中国特色社会主义的伟大实践中、在人民群众的创造活动中汲取营养，又用健康的文化成果教育人民、服务人民，使之成为社会主义“四有”公民。第六，勇于改革的创造性。改革是社会主义社会的本质要求，也是促进文化事业繁荣昌盛的强大动力。建设有中国特色社会主义的文化，要求深化改革文化管理体制，这是文化事业繁荣和发展的根本出路。改革的目的在于增强文化事业的活力，充分调动文化工作者的积极性，多出优秀作品，多出优秀人才。改革要符合建设有中国特色社会主义文化的要求，遵循文化发展的内在规律，发挥市场机制的积极作用。文化产品具有不同于物质产品的特殊属性，对人们的思想道德和科学文化素质有重要影响。要坚持把社会效益放在首位，力求实现社会效益和经济效益的最佳结合。

（二）增强文化软实力是提高中国国际综合竞争力的重要内容

文化软实力作为现代国家发展的精神动力、智力支持和思想保证，越来越成为一个国家凝聚力和创造力的重要源泉，越来越成为一个国家综合竞争力的重要因素。

文化软实力在很大程度上表现为人民的精神状态、意志品格和内在凝聚力，而这一切主要来自于人们对社会核心价值的认同。任何一个国家要凝聚力量，都必须有一套与最高建筑的经济基础、政治制度相适应的核心价值体系。这个核心价值体系，就是统一的指导思想、共同的理想信念、强大的精神支柱和基本的道德规范，也就是社会主义核心价值体系，就是大文化。如果没有这个最核心的东西，就会失去团结一致、共同奋斗的思想道德基础，就会导致人心涣散、社会混乱。所以，把建设社会主义核心价值体系作为提高文化软实力的首要条件，是毋庸置疑的。

用中国特色社会主义共同理想凝聚力量，用以爱国主义为核心的民族精神和以改革创新为核心的时代精神鼓舞斗志，用社会主义荣辱观引领风尚，切实把社会主义核心价值体系融入国民教育和精神文明建设全过程，融入经济、政治、文化、社会建设的各个领域，使之成为全体社会成员普遍理解接受、自觉遵守奉行的价值理念，成为全民族奋发向上的精神力量和团结和睦的精神纽带。

党的历代领导人都从理论和实践上对中国先进文化的建设作出过重大贡献。进入20世纪90年代以后，江泽民同志审时度势，突出地强调了先进文化在建设中国特色社会主义事业中的重要地位和作用，指出先进文化是国家和民族独立的重要基石。江泽民同志指出："历史和现实都告诉我们，国家要独立，不仅政治上、经济上要独立，思想文化上也要独立。"在世界多极化、经济全球化趋势曲折发展的当今世界，思想文化作为国家、民族独立重要基石的作用更为明显和突出。先进文化成为综合国力的重要标志。在党的十七大上，胡锦涛同志指出："当今时代，文化越来越成为民族凝聚力和创造力的重要源泉、越来越成为综合国力竞争的重要因素。"① 事实表明，在综合国力中文化不但深深渗透到经济实力、科技实力、国防实力之中，而且文化自身也能形成产业，直接参与国际竞争。先进文化是全面建设中国特色社会主义的重要内

---

① 《十七大报告辅导读本》，人民出版社2007年版，第32页。

容。经济、政治、文化协调发展，物质文明、政治文明、精神文明都搞好，才是中国特色的社会主义。因此，建设中国特色社会主义文化是社会主义现代化建设题中应有之义，它对整个现代化建设发挥着不可或缺的作用。

促进中国特色社会主义文化发展，为现代化建设提供精神动力。文化对现代化建设的巨大作用，表现在它能够提高劳动者的思想道德素质，激发劳动者的生产热情，从而为物质文明建设提供精神动力。邓小平同志指出："劳动者只有具备较高的科学文化水平……才能在现代化的生产中发挥更大的作用。在我们的社会里，广大劳动者有高度的政治觉悟，他们自觉地刻苦钻研，提高科学文化水平，从而必将在生产中创造出比资本主义更高的劳动生产率。"[①] 加强有中国特色社会主义的文化建设，特别是加强思想道德建设，提高人民群众的思想觉悟，可以激发他们建设社会主义的劳动热情和创造精神，形成推动物质文明建设的强大精神力量。

促进中国特色社会主义文化发展，为现代化事业提供智力支持。建设中国特色社会主义的文化，能够提高劳动者的科学文化素质，开发人的智力资源。先进的教育、科学、文化，给人以知识武器，成为一种智慧的力量，推动人们有效地建设现代化事业。智力文化水平的高低，集中反映着一个国家公民素质的总体水平。其发达程度同社会物质生产和经济生活的发展程度直接相关，并常常反作用于生产力的发展。现代生产的发展，主要表现为智力水平的提高。而人的智力的提高，又要受到科学文化知识的制约，受到自然科学、哲学社会科学发展水平的影响。社会主义要创造比资本主义更高的劳动生产率，就要有科学文化的高度发展。有中国特色社会主义的文化，保证现代化建设朝着正确方向发展。有中国特色社会主义的文化作为正确的思想价值导向，从思想上保证现代化建设沿着正确方向发展。邓小平同志说：不加强精神文明建设，物质文明的建设也要受破坏，走弯路。人类创造物质文明的过程，并不只是人和自然简单的物质交换过程，而且是在人与人结成一定生产关系的条件下进行的社会交往过程。在这个过程中，人的行为要以科学

① 《邓小平文选》第2卷，人民出版社1994年版，第88页。

的思想为先导，保证物质文明建设的方向。

促进中国特色社会主义文化发展，为建设现代化事业创造安定的社会环境。邓小平同志在《目前的形势和任务》中，阐述了实现四个现代化所必须解决的四个问题，其中第二个问题，就是“要有一个安定团结的政治局面”。他认为，社会主义精神文明建设可以通过创造安定团结的社会环境，保证物质文明建设的顺利进行。历史经验证明，没有一个安定团结的政治局面，就不能安下心来搞建设。因此，必须大力推动社会主义文化大发展大繁荣，“建设社会主义核心价值体系，增强社会主义意识形态的吸引力和凝聚力”，巩固全党全国各族人民团结奋斗的共同思想基础，在全国形成一个安定团结向上的社会环境。①

二　构建中国特色社会主义文化的基本内容

（一）人类社会核心价值体系

人类社会是经济基础和上层建筑的有机统一体。经济基础决定上层建筑，而上层建筑对经济基础具有能动的反作用。社会意识形态属于上层建筑，规定着整个思想道德文化建设的性质和方向。一个国家、一个民族、一个社会在长期共同的认识和实践中必然要形成一定的价值体系。所谓价值体系即主体以其需求系统为基础，对主客体之间的价值关系进行整合而形成的观念形态，是社会意识的本质体现，是由一定社会所崇尚和倡导的思想理论、理想信念、道德准则、精神风尚等因素构成的社会价值认同体系。集中体现主体的愿望、要求、理想、需要和利益等起主导和统领作用的就是其核心价值体系。“价值体系不是由价值物构成的，而是由价值观念构成的，构成价值体系的价值观念既有观念层次上的，也有心理层次上的；既可以表现在文化典籍中，也可以表现在日常行为中。而且在许多时候心理层次的价值观念发挥的作用更为强大和持久。”“价值体系属于社会意识范畴，

① 《十七大报告辅导读本》，人民出版社2007年版，第33页。

是社会意识的本质体现。它受一定社会基本制度的制约，是由一定社会崇尚和倡导的思想理论、理想信念、道德准则、精神风尚等因素构成的社会价值认同体系。由于社会意识具有相对独立性，一定社会的意识形态领域是复杂多元的，会呈现出多元价值体系并存的态势。但是，任何社会的存在和发展，都需要有一定的社会核心价值体系或主导价值体系的强力支撑。”①

社会核心价值体系，是指在社会生活中居于统治和引导地位的社会价值体系，它能够有效地制约非核心、非主导的社会价值体系作用的发挥，能够保障社会经济制度、政治制度、文化制度的稳定和发展。社会核心价值体系关系国家的兴衰成败。在一个社会的多样价值体系中，总有一种处于主导、支配地位，反映现实生活和社会发展内在要求以及统治阶级根本利益的基本价值体系。社会的核心价值体系是引领人们的思想行为、社会的精神风尚和发展方向的灵魂，是关系社会稳定与国家兴旺的决定性因素。核心价值体系不仅作用于经济、政治、文化和社会生活的各个方面，而且对每个社会成员的世界观、人生观、价值观都施加着深刻的影响。

社会主义核心价值体系是立足于社会主义经济基础之上的价值认同系统，它涉及经济、政治、文化、思想等社会生活的方方面面，集中体现了社会主义意识形态的本质属性，是社会主义思想道德建设的指导方针，是激励全民族奋发向上的精神力量和维系全民族团结和睦的精神纽带。社会主义核心价值体系是直接产生于并从属于科学社会主义理论体系的一种观念形态。只有当马克思恩格斯使社会主义由空想发展为科学，也就是说，当他们科学地揭示了资本主义必然灭亡、社会主义必然胜利的客观规律，并以科学预见的形式，大体勾勒出社会主义社会的发展远景之时，社会主义核心价值体系才开始产生。社会主义核心价值体系是社会主义制度的内在精神和生命之魂，它决定着社会主义的发展模式、制度体制和目标任务，在所有社会主义价值目标中处于统摄和支配地位。社会主义核心价值体系具有广泛的适用性和包容性，是一个多层

① 吴潜涛：《准确理解社会主义核心价值体系的科学内涵》，《人民日报》2007年2月12日。

次的内涵丰富、有机统一的整体。

在社会主义核心价值体系中，核心价值观处于主导地位的价值观念代表着价值体系的基本特征，体现着价值体系的基本价值倾向，统帅着其他处于从属地位的价值观念。对一个价值体系而言，最重要的是主导价值观念，只要主导价值观念没有变化，整个价值体系仍然是稳固的，而当主导价值观念发生变化时，整个价值体系也就随之倾斜了。

（二）社会主义核心价值体系的主要内容

社会主义核心价值体系内涵丰富、意蕴深厚，是一个有机统一的整体。建设社会主义核心价值体系，必须从整体上把握社会主义核心价值体系。

坚持马克思主义指导思想。马克思主义是有史以来从根本上揭示了自然、社会和思维发展规律的科学理论体系，是我们认识世界、改造世界的强大思想武器，是在批判总结人类优秀文化成果的基础上创立的科学理论，是先进文化的灵魂和核心，因此，我们党把马克思主义作为我们立党立国的根本指导思想。在我国社会主义核心价值体系建设中，马克思主义为我们提供了正确的世界观和方法论，提供了正确认识世界和改造世界的强大思想武器。只有用马克思主义的立场、观点、方法来正确认识经济社会发展大势，正确认识社会思想意识中的主流与支流，才能在错综复杂的社会现象中看清本质、明确方向。如果动摇了马克思主义的指导地位，就会失去全党全国人民共同前进的政治思想基础，导致思想上、政治上的混乱，进而危及我们的社会主义现代化事业。江泽民同志在庆祝中国共产党成立 80 周年大会上的讲话中指出："马克思列宁主义、毛泽东思想的指导地位，是我们立党立国的根本，也是社会主义文化建设的根本，决定着我国文化事业的性质和方向。只有这样，我们的文化建设才能沿着正确的道路健康发展，抵制和消除一切落后的、腐朽的思想文化影响，不断创造出先进的、健康的社会主义崭新文化。"①

---

① 中共中央文献研究室编：《社会主义精神文明建设文献选编》，中央文献出版社 1996 年版，第 419 页。

建设社会主义核心价值体系，第一位的就是坚持马克思主义的指导地位。马克思主义是科学，它始终严格地以客观事实为根据，总是随着时代、实践和科学的发展而不断发展。我们坚持马克思主义，是坚持发展着的马克思主义。只有坚持用发展着的马克思主义武装全党、教育人民，才能真正发挥马克思主义认识世界和改造世界的强大思想武器的作用，马克思主义才能真正成为我们的行动指南。这就要求我们把坚持和发展马克思主义自觉地统一于建设中国特色社会主义的实践中，在坚持中发展，在发展中坚持，自觉做到两个“坚定不移”、两个“不能含糊”：坚持马克思主义的立场、观点、方法，坚持马克思主义的基本原理，这一点要坚定不移，不能含糊；贯彻解放思想、实事求是的思想路线，坚持勇于追求真理和探索真理的革命精神，这一点也要坚定不移，不能含糊。

坚持中国特色社会主义共同理想。中国特色社会主义共同理想，是社会主义核心价值体系的基本内容之一。树立中国特色社会主义共同理想，突出了社会主义核心价值体系的主题。中国特色社会主义，是当代中国社会发展进步的旗帜，是全党全国各族人民团结奋斗的旗帜。只有毫不动摇地坚持和发展中国特色社会主义，坚定中国特色社会主义才能发展中国的信念，才能树立中国特色社会主义共同理想，才能切实建设社会主义核心价值体系，发挥社会主义核心价值体系作为社会主义制度的灵魂、社会主义意识大厦基石的作用。建设有中国特色的社会主义，把我国建设成为富强、民主、文明、和谐的社会主义现代化国家，这就是现阶段我国各族人民的共同理想。这个共同理想，集中地代表了我国各族工人、农民、知识分子和其他劳动者、爱国者的共同利益和愿望，是保证全体人民在政治上、道义上和精神上团结一致，克服任何困难，争取胜利的强大精神武器。邓小平对理想建设非常重视，他提出的培育“四有”新人，其中最重要的一点就是“有理想”。他还指出：“有了共同的理想，也就有了铁的纪律。无论过去、现在和将来，这都是我们的真正优势。”① 党在十二届六中全会上正式提出了要“用共同理想动员

① 《邓小平文选》第3卷，人民出版社1994年版，第144页。

和团结全国各族人民"的历史任务，提出"建设有中国特色的社会主义，把中国建设成为高度文明、高度民主的社会主义现代化国家，这就是现阶段中国各族人民的共同理想"。决议还要求正确处理最高理想和共同理想的关系。此后，共同理想教育成了我国思想政治教育和思想道德建设工作的重要组成部分。江泽民指出："在全社会形成共同理想和精神支柱，是有中国特色社会主义文化建设的根本"①。他还强调：巩固和发展全国人民的大团结，必须建立在建设有中国特色社会主义的共同理想基础之上。中共十四届六中全会把"在全民族牢固树立建设有中国特色社会主义的共同理想"，确定为今后十五年我国社会主义精神文明建设的第一个主要目标。胡锦涛指出，理想信念，是一个政党治国理政的旗帜，是一个民族奋力前行的向导。以胡锦涛为总书记的中共中央继续高度重视共同理想教育。到中共十六届六中全会，共同理想成为社会主义核心价值体系的重要内容。中国特色社会主义共同理想，是实现中华民族伟大复兴的必由之路，是全国各族人民团结奋斗的强大动力。

坚持以爱国主义为核心的民族精神和以改革创新为核心的时代精神。民族精神和时代精神是一个民族赖以生存和发展的精神支撑。一个民族，没有振奋的精神和高尚的品格，不可能自立于世界民族之林。江泽民同志深刻地指出："有没有高昂的民族精神，是衡量一个国家综合国力强弱的一个重要尺度。"② 胡锦涛同志指出，民族精神是我们民族的生命力、凝聚力和创造力的不竭源泉。民族精神是一定社会的时代精神的基础和渊源，蕴含着民族的理想和信念，体现着民族的思想道德观念及其行为准则，是统一思想、规范行动、保持团结稳定的强大力量。在数千年的历史进程中，中华民族形成了以爱国主义为核心，团结统一、爱好和平、勤劳勇敢、自强不息的民族精神，这是中华民族身份的象征，是维系国家统一、民族团结的精神纽带，是中华民族历经风雨曲折而始终坚如磐石的一个重要原因。民族精神之

---

① 《江泽民文选》第2卷，人民出版社2006年版，第33页。

② 同上书，第231页。

所以能够维系民族的团结统一，核心因素是爱国主义。这种历久弥新的爱国之情、报国之志，凝成了即使素不相识但也心心相通的文化基因，织成了即使人生道路迥异但也理想相同、殊途同归的强国梦想，因而它能够紧紧地把所有中华儿女维系在中华民族的精神家园里。以改革创新为核心的时代精神，是适应振兴中华的新需求而产生的。任何一个民族，如果封闭保守，企图隔绝于世界文明共同大道和人类文明进步潮流之外孤立发展，就必然走向落后和衰亡。只有不断改革创新，汲取一切先进科学的精神营养并充实到自己的民族精神宝库之中，推动民族精神文化系统的更新和重组，才能生生不息，跟上时代前进的步伐。改革开放以来，中国人民在建设中国特色社会主义的伟大实践中，不断培育、积累和形成了以改革创新为核心的时代精神，包括与时俱进的意识和精神，开拓进取的意识和精神，求真务实的意识和精神，讲求效益的意识和精神，奋勇争先的意识和精神，等等。中国人民正是依靠这种精神，战胜了各种艰难险阻，经受了各种严峻考验，取得了改革开放和现代化建设的辉煌成就，开辟了中华民族近代以来发展最好最快的历史新时代。在全面建设小康社会、加快推进社会主义现代化的进程中，民族精神和时代精神对于中华民族的凝聚、激励作用越来越突出，已深深熔铸在民族的生命力、创造力和凝聚力之中，成为社会主义核心价值体系中不可或缺的一部分。

坚持社会主义荣辱观。2006 年 3 月 4 日，胡锦涛总书记在参加全国政协十届四次会议民盟、民进界委员联组讨论时提出了以“八荣八耻”为主要内容的社会主义荣辱观。他强调指出：“在我们的社会主义社会里，是非、善恶、美丑的界限绝对不能混淆，坚持什么、反对什么，倡导什么、抵制什么，都必须旗帜鲜明。”① 荣辱观是人们对荣誉和耻辱的根本看法和态度，是世界观、人生观、价值观的生动体现。它集中反映了社会的价值导向、人们的精神状态和社会的文明程度，反映了人们在一定社会中的道德认知水平和道德境界，同时也规定了社会道德行为的价值标准与评价尺度。社会主义荣辱观作为核心道德价值范畴，是与我国现阶段倡导的道德价值导向和价值目标紧密联系在一起的。社会主

① 《社会主义核心价值体系学习读本》，中共中央党校出版社 2010 年版，第 82 页。

义荣辱观有着丰富的思想内涵和鲜明的时代特征，涵盖了个人、集体、国家三者之间的关系，涉及人生态度、价值选择、社会风尚等方方面面，反映了社会主义道德的基本要求，体现了改革开放以来形成的时代精神，是新形势下加强社会主义思想道德建设的重要指导方针。社会主义荣辱观是凝聚人心、促进社会和谐的坚强纽带。一个社会是否和谐，一个国家能否实现长治久安，在很大程度上取决于全体社会成员的思想道德素质。没有共同的理想信念，没有良好的道德规范，是无法实现社会和谐的。以“八荣八耻”为主要内容的社会主义荣辱观，是对与社会主义市场经济相适应、与社会主义法律规范相协调、与中华民族传统美德相承接的社会主义思想道德体系全面系统、准确通俗的表达。树立社会主义荣辱观有利于通过共同的价值尺度，引导和帮助人们约束自我、提升境界，进而协调各种利益关系、化解各种社会矛盾，为构建社会主义和谐社会打下良好的道德基础；有利于提高人的素质特别是思想道德素质，进而提升全民族的思想道德素质，推动人的全面发展和社会全面进步；有利于提高全体公民明辨是非、区分善恶、识别美丑的能力，推动在全社会形成知荣辱、讲正气、促和谐的风尚。总之，社会主义荣辱观作为社会主义核心价值体系的重要组成部分，已经成为并将继续成为引领社会风尚的一面旗帜。

中国共产党第十六届六中全会在《关于构建社会主义和谐社会若干重大问题的决定》中提出建设社会主义核心价值体系，并对其内涵做了明确界定。内涵各组成部分之间存在着一种结构联系：马克思主义指导是结构性基础，建设中国特色社会主义是结构性目标，民族精神和时代精神是结构性动力，社会主义荣辱观则是结构性规范，几个部分相互联系，彼此贯通，共同构成了社会主义核心价值体系的有机整体。

马克思主义指导思想是社会主义核心价值体系的灵魂。马克思主义作为人类历史上最科学、最先进、最严密的思想体系，是人们认识世界、改造世界的思想武器，是我们立党立国的根本指导思想，是全党全国各族人民共同的精神支柱。毛泽东思想、邓小平理论、“三个代表”重要思想是马克思主义基本原理同中国具体实际相结合的产物，是中国化的马克思主义。马克思主义指导思想决定着社会主义核心价值体系的性质和方向。在我国经济体制深刻变革、社会结构深刻变动、利益格局深刻调整、思想观念深刻变化的形势下，各种社会矛盾充分显现，社会风险也非常多，情况错综复杂，噪声、杂音增多，只有用马克思主义的立场、观点、方法来认识人类社会发展规律，认识经济社会发展的大趋势，认识社会思想的主流和支流，用发展着的马克思主义指导实践，才能在纷繁多变的社会现象中看清本质、明确方向，才能在认识和改造世界的实践活动中不断提高预见性、增强主动性、克服片面性、减少盲目性。

中国特色社会主义共同理想是社会主义核心价值体系的主题。理想体现人们对美好生活的向往和追求，是一个国家和民族奋力前进的向导。没有共同的思想基础，没有共同的奋斗目标，民族就没有凝聚力，国家就没有前进的动力。特别是在我们这样一个拥有13亿人口，56个民族的发展中大国，必须有一个代表最广大人民根本利益、凝聚和激励全党全国各族人民的共同理想。这个共同理想，就是在中国共产党的领导下，走中国特色社会主义道路、实现中华民族的伟大复兴。中国特色社会主义共同理想，把党和社会主义初级阶段目标、国家的发展、民族的振兴与个人的幸福紧密联系在一起，把各阶层、各群体的共同愿望有机结合在一起，集中体现了工人、农民、知识分子和其他劳动者、建设者、爱国者的利益和愿望，能够得到广泛的社会认同，有着很强的包容性，具有强大的感召力、亲和力、凝聚力。

民族精神和时代精神是社会主义核心价值体系的精髓。一个民族的生存和发展，必须有强大的精神支撑和精神动力。在五千多年的发展历程中，中华民族形成了以爱国主义为核心的团结统一、爱好和平、勤劳勇敢、自强不息的民族精神。这种民族精神是一个民族生命力、创造力的集中体现，是民族文化的精神。它具有强大的社会凝聚力和社会整合功能，是国家发展和稳定的基础，它已成为中华民族生生不息、薪火相传的精神血脉，成为鼓舞各族人民奋发进取的精神支撑。进入改革开放的新时期，中国人民在中国共产党的领导下，在推进社会主义现代化建设的伟大进程中，形成了以改革创新为核心的时代精神，成为推进当代中国发展进步的强大的精神力量。民族精神和时代精神深刻揭示了中华民族发展壮大的根本原因，深刻揭示了中国人民开拓创新的力量源泉，深刻揭示了中华民族能够自立于世界民族之林所特有的精神气质，已经深深熔铸在民族的生命力、创造力和凝聚力之中，成为中华民族生命机体中不可分割的重要组成部分。

社会主义荣辱观是社会主义核心价值体系的基础。荣辱观是世界观、人生观、价值观的重要内容，树立社会主义荣辱观是形成良好社会风气的重要基础。以“八荣八耻”为主要内容的社会主义荣辱观，明确了当代中国社会最基本的价值取向和行为准则，涵盖了人生态度、社会风尚等方方面面，体现了社会主义基本道德规范的本质要求，体现了中华民族的传统美德、优秀革命道德与时代要求的有机结合。社会主义荣辱观作为引领社会风尚的一面旗帜，指明了社会主义市场经济条件下应该坚持提倡什么、反对和抵制什么，为全体社会成员判断行为得失、分清是非曲直、辨明善恶美丑、作出道德选择、确定价值取向提供了基本准绳。

马克思主义指导思想作为社会主义核心价值体系的灵魂，解决的是举什么旗的问题，是整个社会主义核心价值体系的理论基础，居于统领地位。树立中国特色社会主义共同理想、弘扬培育民族精神和时代精神、树立社会主义荣辱观，都必须坚持以马克思主义为指导。中国特色社会主义共同理想作为社会主义核心价值体系的主题，解决的是走什么道路、实现什么样目标的问题。坚持马克思主义指导思想、弘扬培育民族精神和时代精神、树立社会主义荣辱观，都是为了引导和激励全体人民努力实现中国特色社会主义共同理想。民族精神和时代精神作为社会主义核心价值体系的精髓，解决的是应当具备什么样的精神状态和精神风貌的问题。它是坚持马克思主义指导思想、树立中国特色社会主义共同理想、弘扬社会主义荣辱观的精神条件。以“八荣八耻”为主要内容的社会主义荣辱观作为社会主义核心价值体系的基础，解决的是人们行为规范的问题。它以基本行为规范的方式涵盖了社会主义核心价值体系其他三个方面的内容并使之具体化，从而让社会主义核心价值体系落到实处有了依托，人们践行有了遵循。社会主义核心价值体系回答了我国意识形态领域的根本问题，体现了我国最广大人民的根本利益，是一个结构完整、逻辑缜密的科学体系。

三　构建和发展中国特色社会主义文化的基本举措

（一）推动文化内容形式创新

着眼满足人民群众精神文化需求进行创新。建设中国特色社会主义文化是亿万人民群众共同的事业，人民群众中蕴藏着无穷的创造力。文化创新的主体是人民群众，文化创新的目的是为了更好地满足人民群众的精神文化需求。要尊重人民群众的主体地位和首创精神，在时代的高起点上准确把握社会文化生活的新特点和人民群众精神文化需求的新变化，倾听群众呼声，反映人民愿望，在内容、形式等方面进行积极的探索和创造，把更多更好的精神食粮奉献给人民，创作更多反映人民主体地位和现实生活、群众喜闻乐见的优秀精神文化产品。要善于运用现代技巧和群众喜闻乐见的形式增强文化的表现力，不断创造新的文化样式，催生新的文化业态，实现文化品种、样式、载体、风格的极大丰富，使当代中华文化更加多姿多彩。

（二）推动文化体制机制创新

要立足发展中国特色社会主义的伟大实践进行创新。我国改革开放和现代化建设进入新的发展阶段，经济社会发展呈现出一系列新的阶段性特征。我们要准确把握国际国内形势的发展变化和全面建设小康社会的实践对文化建设的新要求，敏锐发现并引领时代变革的风气之先，从波澜壮阔的现实生活中汲取养分，在人民群众的伟大创造中进行文化的创造，使文化更好地适应经济、政治和社会发展的需要。要准确把握我国文化发展的方位，牢固树立新的文化发展观，不断深化对文化的地位作用、发展方向、发展动力、发展思路、发展格局、发展目的的认识，统筹城乡、区域、文化事业和文化产业发展。要适应发展社会主义市场经济的要求，紧紧抓住重塑市场主体、完善市场体系、改善宏观管理、转变政府职能等关键环节，全面推动文化体制改革，创新体制机制，推动形成有利于出精品、出人才、出效益的文化发展环境。

（三）大力发展文化产业

“文化产业已经成为一个民族国家的特殊徽记和实力展现，是国家综合国力和国家文化安全的重要组成部分。”① 因此，要不断加快落实文化产业振兴规划，精心实施重大文化产业项目带动战略，加快文化产业基地和区域性特色文化产业群建设，推进文化产业结构调整，培育新的文化业态，培育文化产业骨干企业和战略投资者，提高文化产业规模化、集约化、专业化水平，不断提升文化产业对经济增长的贡献。要精心打造中华民族文化品牌，提高中国文化产业国际竞争力，推动中华文化走向世界。经济与文化结合已成为不可阻挡的新趋势，文化与经济相融合产生的竞争力成为一个国家最根本、最持久、最难替代的竞争优势。

运用现代高新技术手段进行创新。科技与文化历来紧密相连，如影随形。可以说，谁占有先进科学技术，谁就占领了文化发展的制高点。运用高新技术创新文化生产方式，培育新的文化业态，要站在科技发展的最前沿，充分运用先进技术手段改造传统文化生产经营和传播模式，推进图书报刊出版、广播影视制作技术升级，不断丰富文化的生产方式与表现形式，增强文化产品的表现力，提高文化的生产传播效率。要大力拓展传播渠道，丰富传播手段，加快构建传输快捷、覆盖广泛的文化传播体系，努力用先进技术传播先进文化。要高度重视互联网的运用和管理，把博大精深的中华文化作为网络文化建设的重要源泉，使中华文化的影响通过网络得以广泛延伸。

四　办好世博会、亚运会，提升中国的国际形象

（一）上海世博会

世界博览会（World Exhibition or Exposition，简称 World Expo）又称国际博览会，简称世博会、世博，是由一个国家主办，有多个国家或

---

① 于炳贵、郝良华：《中国国家文化安全研究》，山东人民出版社 2007 年版，第 115 页。

国际组织参加，以展现人类在社会、经济、文化和科技领域取得成就的国际性大型展示会，其特点是举办时间长、展出规模大、参展国家多、影响深远，享有“经济、科技、文化的奥林匹克盛会”的美誉。

世界博览会起源于欧洲早期的集市。从 15 世纪起，欧洲诸国举办过多次有影响的大型博览会。18 世纪中后期，伴随新的技术和产品的不断出现，人们逐渐想到举办与集市相似但只展不卖的博览会。在工业革命的推动下，英国、法国都举办了多届有影响的工业博览会，以此推动本国工业生产技术，宣传新产品。随着科学技术的进步，社会生产力的发展，博览会的规模逐步扩大，参展的地域从一地扩大到全国，由国内延伸到国外，直至发展成为由许多国家参与的国际性博览会。第一届真正意义上的世界博览会是 1851 年伦敦万国工业博览会。

世界博览会是人类文明的盛会。1851 年创立的世博会在漫长的发展进程中，逐步形成了一套独特的核心价值体系。它反映了世博会这一特定活动形式的指导思想以及区别于其他博览会的特性，体现了世博会组织机构、主办方以及参与方在发展中所形成的共同意识，即进步、创新、交流。进步体现了世博会的精神和理念，创新体现了世博会追求的价值观，交流体现了世博会作为场所存在的价值。

当早期世博会在欧美举办时，当时的中国人把世博会称为炫奇会或赛奇会，这是大清帝国对世博会的一种理解，这是由于当时人们还未能从把技术看做是“奇技淫巧”的认识中摆脱出来，更有不用说深入思索这些技术对人类社会发展的影响，对人的价值观的冲击等问题，以至于最终忽略了能密切接触首届世博会的机会。1866 年，清政府总理衙门首度应邀参加法国巴黎博览会，但对于博览会免除参展出口税的惯例产生疑虑，担心免税将发生走私偷漏，因而仍然未能以官方名义答应参加 1867 年巴黎世博会。直到 1873 年维也纳世博会，中国才开始了以官方名义参与世博会。

改革开放以来，国际社会看好中国，中国也对世博会极感兴趣。1993 年 5 月 3 日，国际展览局通过决议，接纳中国为其第 46 个成员国。同年 12 月，在巴黎召开的国际展览局第 114 次会员代表大会上，中国被增选为国际展览局信息委员会的成员。1999 年 12 月 8 日，在法国召开的国际展览局第 126 次会员代表大会上，中国首次当选为执行委员会成员。中国政府2001年向国际展览局递交举办2010年上海世博会的申请函，2002年获得2010年第41届世博会的举办权。

上海世博会的主题是："城市，让生活更美好"（Better City，Better Life），五个副主题分别是，城市多元文化的融合、城市经济的繁荣、城市社区的重塑、城市科技的创新、城市和乡村的互动，这五个副主题基本涵盖了当前人类城市问题的五个主要方面。21世纪是城市发展的重要时期，预计到2010年，全球总人口将有55%居住于城市。因此，对未来城市生活的憧憬与展望是一项全球性的课题，它与不同发展水平的国家和人民都休戚相关。作为首届以"城市"为主题的世界博览会，在上海世博会184天的展期里，世界各国政府和人民将围绕"城市，让生活更美好"这一主题充分展示城市文明成果、交流城市发展经验、传播先进城市理念，从而为新世纪人类的居住、生活和工作探索崭新的模式，为生态和谐社会的缔造和人类的可持续发展提供生动的例证。

上海世博会展会的目标是：提高公众对"城市时代"中各种挑战的忧患意识，并提供可能的解决方案；促进对城市遗产的保护，使人们更加关注健康的城市发展；推广可持续的城市发展理念，成功实践和创新技术，寻求发展中国家的可持续的城市发展模式；促进人类社会的交流融合和互相理解。

上海世博会取得了巨大成功。上海世博会有190个国家、56个国际组织以及中外企业踊跃参展，200多万志愿者无私奉献，7308万参观者，为历届世博会之最。会展促使东方与西方交流，人文与科技融合，历史与未来辉映。上海世博会，以理解、沟通、欢聚、合作为理念，昭示不同的文化交流互鉴和各国人民和谐共处，展现了人类迎接挑战、追求卓越的勇气，体现了人类在历史进程中对城市美好生活的追求。同时，上海世博会汇聚了人类文明创新的成果，更拉近了中国和世界的距离，一个更加开放、包容、文明进步的中国必将与世界各国一道，共同迎接无限光明的未来。

（二）广州亚运会

亚洲运动会（Asian Games）简称亚运会，是亚洲地区规模最大的综合性运动会，每四年举办一届，与奥林匹克运动会相间举行。最初由亚洲运动会联合会主办，1982 年后由亚洲奥林匹克理事会（Olympic Council of Asia）主办。自 1951 年第一届始，迄今共举办了 15 届。国际奥林匹克委员会承认亚洲运动会为正式的亚洲地区运动会。根据亚奥理事会 2009 年 7 月的决议，原 2018 年的亚运会推迟到 2019 年举行，以后仍每四年一届。

亚运会的前身是远东运动会，1911 年由菲律宾体育协会发起组织每两年举办一次，轮流在菲律宾的马尼拉、中国的上海和日本的大阪举行。先后共举行了 10 届，1937 年因世界大战爆发而中止。1948 年，参加世界奥林匹克运动会的亚洲体育界人士协商，倡议重新恢复远东运动会，并扩大规模，改称亚洲运动会，每四年举办一次，时间正好与奥运会错开。1951 年 3 月，第一届亚运会在印度首都新德里举行，当时只有 489 人参加。到 1978 年第八届时，参加人数已超过了 4000 人。目前，亚洲运动员已成为世界体坛上一支不可忽视的力量。

中国广州于 2004 年 3 月 31 日正式申办 2010 年第十六届亚运会。2004 年 3 月共有四座城市申办亚运会：广州、吉隆坡、首尔、安曼；但之后其他三个申办城市相继决定退出竞逐。2004 年 7 月 1 日，亚奥理事会宣布广州获得第十六届亚运会主办权。广州是中国第二个取得亚运会主办权的城市。北京曾于 1990 年举办第十一届亚运会。广州亚运会将设 42 项比赛项目，除了有 28 项奥运会比赛项目，该届亚运会还有 14 项非奥运会项目的正式比赛项目，其中包括新增设的围棋、武术、龙舟、藤球、板球等中国传统项目，是亚运会历史上比赛项目最多的一届。

广州亚运会口号为：动感亚洲，感动世界（Invigorate Asia，Spark the World）。亚运会已成为亚洲人民和运动员推动亚洲体育事业发展、增强团结、友谊和了解，维护亚洲地区和平的重要内容。同时，开展亚运会将推动我国经济的蓬勃发展，对我国的经济实力、政治稳定、社会治安、经营管理、民众素质、技术水平、环境卫生以及体育竞争力的一次综合检阅。

（三）办好世博会、亚运会，让中国走向世界

中国改革开放三十多年，经济社会发展取得了丰硕成果。中国已经

成为国际大家庭的一员，国际地位也明显上升。但中国在发展中也不可避免地与国际社会其他成员发生了一些矛盾或误解，中国与世界各国之间加强交流、勾通、理解和互信，让世界了解中国成为中国发展中不可回避的问题。2010 年中国已举办两次世界盛会即世博会和亚运会，通过这两次盛会平台，使中国加强与世界的沟通和交流，让中国进一步走向世界，并实现中国进一步的发展和提升中国的国际形象和国际地位。

通过两次盛会，将向世界展示了一个历史悠久，综合国力日益增强的中国。世博会既是各个时期最新文明成果和人类智慧的大汇聚，也是各国举全国之力量，全方位展示本国社会、经济、文化、科学成就和发展前景的最好机会，是国力强盛和国际地位提升的重要标志。世博会和亚运会的举办将进一步向世界宣传我国，提高我国的国际形象。五千年历史沉淀的“中国元素”和反映现代经济崛起、文化繁荣、科技创新、民族兴旺的新的“中国元素”将在两次盛会上得到高度体现，让更多的海内外观众接受与喜爱“中国元素”，肯定具有中国特色社会主义的中国。

通过两次盛会，将大大促进中外经济、文化交流。中国 2010 年上海世博会是世界各国人民的一次伟大聚会，她吸引了 246 个国家和国际组织参展，吸引海内外 7308 万人次旅客前来参观。我国借此契机增强了与世界的交流，通过举办各种活动同世界各国人民开展平等友好、富有感性的交往，面向世界，融入世界。据了解，在世博会期间，我国利用开幕庆典、开园仪式、闭幕式、中国馆日和传统节庆，以及大量的演艺娱乐活动，真实、科学、有效地诠释和展示了中华悠久的历史文化、繁荣昌盛的现代文化和中华文明魅力。而亚运会将促进亚洲国与国之间的联系，促进亚洲体育水平和亚洲的团结精神。

总之，我国透过上海世博会和广州亚运会的平台，将使中国与世界各国得到有效的沟通，使中国和平发展的理念走向世界，让世界更好地了解中国，中国的国际地位和国际形象也将会有大幅度地提升。

思考题：

1. 如何理解中国特色社会主义文化？

2. 中国特色社会主义文化的核心价值体系是什么？

3. 如何理解大力发展中国特色社会主义文化与提升中国软实力的关系？

阅读文献：

1. 罗文东：《中国特色社会主义文化理念论》，中国法制出版社 2003 年版。

2. 于炳贵、郝良华：《中国国家文化安全研究》，山东人民出版社 2007 年版。

3. 韩震：《社会主义核心价值体系研究》，人民出版社 2007 年版。

4. 郑永和：《民族精神的当代价值》，河南人民出版社 2008 年版。

5. 吴树青等：《毛泽东思想和中国特色社会主义理论体系概论》，高等教育出版社 2008 年版。

第七讲

中国高等教育改革与发展

百年大计，教育为本。教育是民族振兴、社会进步的基石，是提高国民素质、促进人的全面发展的根本途径，寄托着亿万家庭对美好生活的期盼。优先发展教育、提高教育现代化水平，对实现全面建设小康社会奋斗目标、建设富强民主文明和谐的社会主义现代化国家具有决定性意义。

党和国家历来高度重视教育。新中国成立以来，在以毛泽东同志、邓小平同志、江泽民同志为核心的党的三代中央领导集体和以胡锦涛同志为总书记的党中央领导下，全国上下同心同德，开辟了中国特色社会主义教育发展道路，建成了世界最大规模的教育体系，保障了亿万人民群众受教育的权利。教育投入大幅增长，办学条件显著改善，教育改革逐步深化，办学水平不断提高。进入本世纪以来，高等教育进入大众化阶段，教育公平迈出重大步伐。教育的发展极大地提高了全民族素质，推进了科技创新、文化繁荣，为经济发展、社会进步和民生改善作出了不可替代的重大贡献。我国实现了从人口大国向人力资源大国的转变。

当今世界正处在大发展大变革大调整时期。世界多极化、经济全球化深入发展，科技进步日新月异，人才竞争日趋激烈。我国正处在改革发展的关键阶段，经济建设、政治建设、文化建设、社会建设以及生态文明建设全面推进，工业化、信息化、城镇化、市场化、国际化深入发展，人口、资源、环境压力日益加大，经济发展方式加快转变，都凸显了提高国民素质、培养创新人才的重要性和紧迫性。中国未来发展、中华民族伟大复兴，关键靠人才，基础在教育。

面对前所未有的机遇和挑战，必须清醒认识到，我国教育还不完全适应国家经济社会发展和人民群众接受良好教育的要求。教育观念相对落后，内容方法比较陈旧，学生适应社会和就业创业能力不强，创新型、实用型、复合型人才紧缺；教育体制机制不完善，学校办学活力不足；教育结构和布局不尽合理，城乡、区域教育发展不平衡，贫困地区、民族地区教育发展滞后；教育投入不足，教育优先发展的战略地位尚未得到完全落实。接受良好教育成为人民群众强烈期盼，深化教育改革成为全社会共同心声。

一　中国高等教育改革的历程

（一）新中国教育改革的沿革

1978 年，中共十一届三中全会吹响了改革开放的进军号角，我国高等教育进入了一个“改革、开放、发展”为主题的新时期。三十多年来，我国高等教育领域的改革主要经历了以下几个阶段：

1. 1978—1985 年，恢复调整阶段

“文化大革命”结束后，我国在恢复全国高校统一招生考试制度的同时，着手恢复高等学校的正常工作，开始对高等教育体制进行了调整和改革。1978 年 2 月 17 日，国务院转发了《教育部关于恢复和办好全国重点高等学校的报告》，确立了调整高等学校领导体制的原则，对处理好中央和地方在高等学校管理方面的关系做出了明确规定。1979 年 9 月 18 日，中共中央批转教育部党组《关于建议重新颁发〈关于加强高等学校统一领导、分级管理〉的决定》，逐步恢复了“中央统一领导，中央和省、市、自治区两级管理”的领导体制。同时，致力于恢复和扩大高校办学自主权。这一阶段，我国高等教育在恢复调整中得到了初步发展。到 1984 年，全国普通高等学校达到 902 所[①]，比 1978 年的 598

① 《中国教育年鉴》编辑部：《中国教育年鉴（1982—1984）》，湖南教育出版社 1986 年版，第 58—68 页。

所增加了 50.8%，在校生 139.56 万人，比 1978 年的 86.7 万人增加了 60%。[①]

2. 1985—1993 年，全面改革阶段

1985 年 5 月 27 日，中共中央作出了《关于教育体制改革的决定》。从此，我国高等教育办学体制、高等教育管理体制、高等教育投资体制、高等学校招生收费和毕业生就业制度，高等学校内部管理体制等五大体制改革，在相互配合、相互促进和相互制约中，得到了初步推进。但受当时的社会环境所限，改革力度尚不明显。

3. 1993—1998 年，重点改革阶段

1993 年，中共中央、国务院联合颁发《中国教育改革和发展纲要》，以邓小平南巡讲话和党的十四大精神为指针，确定了高等教育改革的方向、目标和战略。以此为标志，我国高等教育体制改革进入了重点推进的新阶段。这一阶段的改革特征是，适应和促进社会主义市场经济新体制的建立和完善，在五大体制改革继续全面推进的基础上，突出管理体制改革这个重点，以共建、划转、合并、合作办学和参与办学为主要途径，集中力量，明确目标，重点突破。

4. 1998 年至今，深化改革阶段

1998 年，我国高等教育管理体制改革获得了重要突破。当年通过并于 1999 年 1 月 1 日起施行的《高等教育法》为实施高等教育体制改革提供了法律依据。适应国务院机构调整的需要，国家对原机械工业部等 9 个部门所属的 211 所学校的管理体制进行调整，分别采取了中央与地方共建，以地方管理为主，就地并入普通高等学校或改制为培训教育机构、划转地方管理等办法。1999 年 5 月 25 日，教育部在《关于印发教育部关于实施〈中华人民共和国高等教育法〉若干问题的意见的通知》中再一次强调，要按照《高等教育法》第七条的规定，积极推进高等教育管理体制改革。

1999 年 6 月，第三次全国教育工作会议在北京召开，会议印发了《中共中央、国务院关于深化教育改革，全面推进素质教育的决定》，

---

① 周远清：《高等教育体制的重大改革与创新》，《中国高等教育》2001 年第 1 期，第 7 页。

继续强调了高等教育管理体制改革中“以块为主”的基本方向。同时，明确提出：今后3年，继续按照“共建、调整、合作、合并”的方式，基本完成高等教育管理体制和布局结构的调整，形成中央和省级人民政府两级管理、以省级人民政府管理为主的新体制，合理配置教育资源，提高教育质量和办学效益。

2000年，国务院对高教管理体制进行了新中国成立以来范围最广、规模最大的调整，涉及49个中央部门的161所普通高校、97所成人高校、271所中专学校、249所技工学校，加起来共有778所学校。其中55所普通高校划转或并入教育部直属高校，其余都划转地方或以地方管理为主。至此，有400余所普通高等学校、200多所成人高校、700多所中等专业学校和技工学校由中央部委所属改变为地方所属，从而形成了中央和地方政府两级管理、以省为主的新高等教育管理体制。

2004年，教育部颁发《2003—2007年教育振兴行动计划》，对管理体制改革的任务作了进一步明确，完善了中央和省级人民政府两级管理、以省级人民政府管理为主的高等教育管理体制。

从1998年至今，我国在继续做好高等管理体制改革和布局结构调整工作的同时，进一步转变政府职能，依法落实高校办学自主权，理顺政府、学校和社会的关系，探索完善现代大学制度，同时，积极推进了高等学校内部管理体制改革，有效促进了高等教育的发展。

（二）新中国历次教育改革的成就

三十多年来，我国高等教育以改革促进发展，在发展中深化改革，不断取得新的进步。其发展成就可以概括为以下几个方面。

1. 高等教育规模得到快速增长，胜利实现了我国高等教育的历史性跨越

改革开放初期的1978年，我国共有普通高等学校598所，在校普通本专科生85.63万人[①]，高等教育毛入学率仅为1.2%。20年后的

① 教育部计划财务司：《中国教育成就（1949—1983）》，人民教育出版社1984年版，第50页。

1998 年，全国普通高等学校发展到 1022 所，本专科在校生 340.87 万人[①]，高等教育毛入学率达到 9.8%。中国高等教育改革与发展 30 年后的 1999 年，党中央、国务院审时度势，根据当时经济社会发展的需求和人民群众的愿望，做出扩大高等教育招生规模的重大决策。2002 年高等教育毛入学率达到 15%，进入国际公认的大众化阶段。

到 2007 年底，全国拥有普通高等学校 1908 所、独立学院 318 所和民办其他高等教育机构 906 所。普通本专科在校生 1884.9 万人，研究生在校生 119.5 万人，高等教育在校人数达到 2700 万人[②]，全国总人口中有大学以上文化程度的已达 7000 多万人，从业人员中有高等教育学历的人数已位居世界前列。在人均国内生产总值 1000 多美元的条件下，我国高等教育发展实现了历史性跨越，走完了其他国家需要三五十年甚至更长时间的道路。

三十多年来，我国始终强调高等教育工作要把握好规模、结构、质量的关系，提出并贯彻“巩固成果、深化改革、提高质量、持续发展”的方针。在规模增长的同时，高等教育结构得到了有效调整，目前全国地级市基本上设立了 1 所以上高校，高等教育区域布局结构趋于合理。从 2001 年起，国家采取切实措施，狠抓高校教学质量提高。2004 年起着力控制招生增长幅度，相对稳定招生规模，把高等教育发展的重点放在提高质量上，保证了我国高等教育的健康发展。

2. 高等教育改革得到重大突破，初步建立了有中国特色的高等教育体制

改革开放以来，我国高等教育建立健全了中央和省两级管理、以省级政府管理为主的体制，加大了省级政府对高等教育的统筹力度，改变了计划经济条件下部门和地方条块分割、重复办学的局面，初步形成了与社会主义市场经济相适应的、有中国特色的高等教育管理新体制。通过“共建、调整、合作、合并”，优化资源配置和布局结构，主动适应当今世界科学技术与人才培养的发展趋势，增强了高校为经济社会发展

① 教育部：《1998 年全国教育事业发展统计公报》，http：//www.moe.edu.cn/edoas/wdbsite18/48/info948.htm.

② 教育部发展规划司：《2007 教育统计摘要》2008 年 9 月，第 13 页。

服务的能力。同时，初步建立了高等教育成本分担机制，促进了高等教育多元化投入体制的形成。招生和毕业生就业制度改革取得明显成效。

在高等学校内部，各项改革也取得突破性进展。确立了党委领导、校长负责的领导体制。专家治学、民主管理的理念不断得到强化，教学管理体制改革、科研管理体制和财务管理体制不断得到改革优化，人事分配制度改革充分调动了广大教师的积极性、主动性和创造性，高校后勤社会化改革成效明显，为高等学校发展提供了保障。

3. 高等教育开放得到不断扩大，有效推动了我国高等教育的国际合作和交流

经过三十多年来的发展，我国已与184个国家和地区以及联合国教科文组织等国际组织建立了教育合作与交流关系，与有关国家政府部门签署了近190个高层次人才联合培养协议，与32个国家和地区签订了相互承认学历学位协议，构建了中外大学校长论坛、中欧高等教育合作磋商会议等高等教育国际交流平台。我国大学的国际化程度明显提高，通过与世界知名大学和科研机构强强合作，联合培养、合作研究，不断加大开放式培养力度，使高校师生特别是学术骨干、学术带头人有了越来越多的接触国际学术前沿和参与国际竞争的机会，这对培养造就科技尖子人才和领军人才发挥了巨大的促进作用。三十多年来，我国出国留学人员达106万，其中已有27.5万人学成回国，尤其是近几年回国人数呈逐年增加趋势。一大批留学归国人员充实到高校教学科研一线，大大增强了我国高校了解和参与国际学术前沿领域的能力。

我国高等教育国际地位不断提高，影响不断扩大。目前共有来自184个国家和地区的16.2万余名国际学生在我国高校等机构学习，越来越多国家的青少年将我国作为留学主要目的国。孔子学院建设成效显著、影响广泛，已在海外建立的210所孔子学院成为我国汉语对外推广的重要基地。① 事实充分说明，改革开放三十多年来，特别是近十年来高等教育对外开放的不断扩大，高层次交流与合作的日益深入，为我国高等教育大改革、大发展发挥了重要的促进作用，同时也大大提升了我

① 陈至立：《认真学习贯彻党的十七大精神 以提高质量为核心 加快从高等教育大国向高等教育强国迈进的步伐》，《中国教育报》2007年12月22日。

国高等教育的国际影响力。

4. 重点学科建设得到切实加强，有力提升了我国高等教育的核心竞争力

1993 年 7 月，国家教委发出《关于重点建设一批高等学校和重点学科点的若干意见》，决定设置“211”工程重点建设项目，即面向 21 世纪，重点建设 100 所左右高等学校和一批重点学科点。1998 年 5 月，为贯彻落实党中央科教兴国的战略，教育部决定实施面向 21 世纪教育振兴行动计划，重点支持部分高等学校创建世界一流大学和高水平大学（简称“985”工程）。

实施高等教育“211”工程和“985”工程以来，我国一流大学和高水平大学以及重点学科建设得到切实加强。经过十年来的建设，至 2007 年，“211”工程学校科研经费增长了 7 倍，SCI 论文数增长了近 7 倍。“211”工程和“985”工程的实施，还带动了高等教育整体水平和竞争力的提高，缩小了与世界高等教育强国的差距，得到国际高等教育界的普遍肯定。高校哲学社会科学研究进一步繁荣发展，解决国民经济和社会发展重大问题的能力大幅度增强。目前，高校拥有占全国 80% 以上的哲学社会科学研究人员，创造了占全国 80% 以上的哲学社会科学成果，为丰富和发展中国特色社会主义理论体系作出了积极贡献，较好地发挥了现代化建设中高等教育改革与发展 30 年思想库和智囊团的作用。

5. 师资队伍建设得到持续强化，有效提高了教育教学的质量

三十多年来，国家采取了一系列措施加强教师队伍建设，吸引高层次人才。成功实施了“长江学者奖励计划”，全国 100 多所高校面向海内外聘任长江学者特聘教授、讲座教授。同时，成功实施了“高层次创造性人才培养计划”，加强了高校高水平学科带头人、中青年学术带头人、学术骨干和优秀创新团队的培养，推动高校不断增强集聚高层次人才的能力。目前高校拥有全国 2/5 的两院院士，2/3 的国家杰出青年基金获得者。

师资队伍整体素质的提高，有力地保证了教育教学改革的深化。各高等学校狠抓教学内容、课程体系和教学方法的改革及教学管理，如：加强教学团队建设，积极推进名师、教授讲授本科课程，加强精品课程

建设，积极吸收国际学术前沿知识，利用信息化手段改造课程结构，深化教学内容的改革创新，大力提倡启发式教学，等等。高校教师的业务能力不断提高，使得教育教学质量有了可靠的保证。

6. 高等教育投入得到不断增大，有效改善了高校的办学条件

改革开放以来，我国高等教育经费得到了较快增长。“九五”时期，实施了中央教育财政支出比例每年提高1个百分点的政策，同时探索建立高校经费多元化的投入机制，有力地推进了高等教育的改革与发展。2005年高等教育经费总量为2550亿元，是1998年549亿元的4.6倍，年均增长24.5%。其中，全国普通高校财政性教育经费为1091亿元，是1998年357亿元的3.1倍，年均增长17.3%。1998年至2006年，全国普通高校校园占地面积增加了2.6倍，教学行政用房面积增加了3.7倍，教学仪器设备值增加了4.7倍，固定资产增加了6.4倍[①]，办学条件不断得到改善。

7. 学生资助体系得到逐步完善，有力促进了教育公平的实现

针对高校中存在的一些困难学生，国家建立健全了国家奖学金、助学金制度。中央和地方财政投入每年将达到308亿元左右，资助总额比原来增加了10倍以上，资助力度明显加大、资助面明显扩大，享受国家奖、助学金的大学生每年约400万名，占高校在校生总数的20%以上。以国家奖、助学金和助学贷款为主体，勤工助学、特殊困难补助、学费减免有机结合的资助政策体系，保证了家庭经济困难学生能上得起大学。

8. 思想政治工作得到不断加强，有效保持了高校的持续稳定

随着改革开放的推进，高校大学生思想政治工作得到不断加强。各高校把维护高校稳定作为做好高等教育各项工作的前提和基础，加强了和谐校园、健康校园、平安校园建设，努力处理好改革、发展、稳定的关系。育人为本、德育为先的理念得到了大力倡导，马克思主义中国化的最新成果进教材、进课堂、进学生头脑得到了切实推进，邓小平理论、“三个代表”重要思想和科学发展观得到了广大师生的普遍认同。

① 教育部：《1998年全国教育事业发展统计公报》，http://www.moe.edu.cn/edoas/wdbsite18/48/info948.htm。

高校的和谐稳定，为全社会稳定作出了积极贡献。

二 中国高等教育面临的形势与挑战

（一）中国高等教育面临的国内形势

从基本面上来看，改革开放前20年，实际上我们的高等教育发展是相对比较平缓稳步的，从1999年扩招以来，整个高等教育规模增长幅度是非常显著的，从原来不到700万人的规模，现在已经增加到了2979万人。差不多是在2005年前后，超过了美国在整个总规模上居于世界第一。毛入学率也从原来的不到10%增加到24.2%，可以说进入了国际上公认的大众化阶段。从这期间来看，我们初步形成了若干所能够有条件向世界一流冲击的高水平大学，一批重点学科，培育了一大批前沿新兴学科和交叉学科，每年高校输送的毕业生从原来不到百万现在已经达到了六百多万，科技创新和社会服务的能力不断增强。对高校扩招以来这样一个形势，我们需要一个客观的估计，正是因为扩招，才使得数以千万计的适龄青年能够由此获得进修深造的机会，从而改变一生，才使我国在参与国际竞争中能够在人才资源方面显现出比较明显的优势。扩招以后毕业生正在成为各行各业特别是高技术产业、现代服务业当中的业务骨干，比如“嫦娥一号”工程有上万名科技人员在30岁以下，如果没有扩招就不可能有这么充足的人才供给能力。其实当我们国家进入高等教育大众化阶段的时候别的国家也没有闲着，他们也在增加高等教育的供给能力，很多欧美国家从原来的大众化阶段进入到普及化阶段，也就是说高等教育毛入学率超过了50%，我国扩招以后在世界毛入学率方面的排位也就是上升十位左右，原来就是七十、八十位，现在也就是七十位，我们要清醒地看到我们同世界水平的差距。相应地，如果我们不扩招，我们全面建设小康社会的进程也会受到不小影响。

但是，我们也要看到，我国高等教育发展还存在不少困难和问题，一是拔尖创新人才培养能力较为薄弱。二是我们高等教育持续发展条件不足不稳。三是扩招后毕业生就业竞争压力较大，对高等学校学科专业结构优化及增强学生社会适应能力等提出了新的更高要求。四是制约发展的体制性障碍还没有完全解决，分别体现在人才培养的模式、考试招生制度、办学体制和管理体制方面，所以我们的科学发展还是面临许多新的挑战。①

（二）中国高等教育面临的问题与挑战

当前，高等教育呈现出了新特征、新问题，改革发展面临着新机遇、新挑战。从整体看，上大学难的问题已基本解决或大为缓和，能否上好大学的问题成为突出矛盾；高等教育规模问题已基本解决或相对稳定，优化结构特别是提高质量的问题成为主要矛盾；高等教育体系已基本形成，中国特色现代化高等教育体系有待进一步构建，尤其是高等教育现代化水平亟待提升；高教管理体制改革有了实质性突破，现代大学制度构建尚有待深入；统一性规范性办学要求得到强化，但特色化、个性化办学理念张扬不够；师资队伍得到壮大、学历学位层次得到提高，但拔尖创新人才培养成效尚不明显，大师级人才和优秀教师尚较缺乏，教师业务素质和师德完善等。我们要从教学条件、教育投入以及教师队伍入手，提高整个高等教育的质量，并通过一系列的工作措施，使培养出来的大学生符合社会的需要。

1. 当前教育质量的评价不能沿用老观点

社会上对高等教育的质量存在不同的观点。一种观点认为，中国的高等教育质量越来越差，即不会做人，基础也很差。另一种观点认为，中国的高等教育的基础搞得很好，比较有水平。高等教育随着规模急剧扩大，学生质量可能确实面临一些亟待解决的问题。同时，作为教师、用人单位、政府部门、学生家长，等等，不同的群体都有不同的质量观。事实上，不同的学校，应当培养不同类型的人才，因为社会对人才需求的层次是不同的，不可能要求每个人都去搞创新性的科研。中国的高等教育在从精英教育向大众化教育转型的过程中，不能按照原来的质量观去要求。我们认为，现在的质量观应该按照党的教育方针去要求，

① 2010年3月2日，教育部举行新闻发布会《国家中长期教育改革和发展规划纲要》工作小组办公室成员、国家教育发展研究中心主任张力关于高教改革的解析。

即教育必须为人民服务，必须与生产劳动、社会经济发展相结合，培养德智体美全面发展的人。实际上，德智体美是个宏观的要求，不同类型的学校在这四方面的具体要求各异，不同点可能在“智”的培养上多一些。所以我们首先要对不同的大学有质量观上的变化，要有不同的要求，然后去研究新的培养方法。

2. 影响教学质量的三大因素亟待优化

教学条件。要保证教学质量，首先要有条件。而目前很多大学在教学条件方面经费投入不足。尽管现在社会投入很大，特别是地方高校，学生较多，学费不少。但是，学校又要盖房、又要搞科研以及社会服务，还要解决社会遗留问题等，真正花在教学条件上的钱是有限的。有些学校发展的经费来源是贷款，贷款利息高，学校的财政负担很重，因此普遍存在教学条件不足的问题。

教师队伍。师资是事关教学质量好坏的最主要问题，可以反过来看，新中国成立以来，我们国家培养的大师不多。不仅仅是经济原因，印度、巴西等国家的经济不一定比我们好，但他们出了不少大师级的学者，培养了许多国际一流人才。我们能够说得上来的在国际上贡献很多或者在某个方面有很大的发明创造的不多。我们要培养创新人才、建设创新国家，首先是教育。教育是基础是核心，没有教育，我们的创新很难完成。

3. 当前大学生急需培养四种能力交流、动手、创新、社会适应能力

当今世界，经济活动全球化，知识经济方兴未艾，科学技术国际化。我们讲大学生的质量，应该在这个大背景下讲。目前的大学生，是我们国家未来的脊柱，我们要为大学生今后的发展打下基础。人的发展巅峰时期是大学毕业后二十年至三十年之间，大学要培养学生的可持续发展能力。那么，哪些能力对于大学生的可持续发展最重要呢？我们觉得大学生的能力培养应该着重在以下几个方面：

第一，交流能力。大学生要学会交流，学会与人相处。不仅是在国内交流，还要学会在国际舞台上如何交流，融入国际背景之中。这就需要有文化，需要人文和科学的融合。需要学好语言，不仅是英文，还要学好中文，甚至是地方的语言和文字。会说地方话在当地工作会占据主动。

第二，动手能力。学习，学是读书，习是动手，学习是两者的结合。但目前存在的问题是学生动手能力不够，就造成创新能力不够，就适应不了当前的社会经济发展需要。动手能力至少包含两个方面，一是拿起来能干，二是干得好。

第三，创新能力。创新能力包含几个方面，即找问题、出思路、想办法、巧实现、能表达。找问题是一个观察、发现和抽象过程。出思路是一个逻辑思考过程。实现是动手的过程。表达是推广、抽象、协作、思考等过程的总和，是创新活动中必不可少的部分。表达能力和动手能力紧密相关。目前我们的学生表达能力不够。有时做的东西很好，但就是讲不出来。讲需要有逻辑性，要把所做的事情提高到应有的高度。

第四，社会适应能力。现在的社会千变万化，一个人不可能靠在学校里学的那点东西把一生都保证下来，学生必须能够适应千变万化的社会。社会对学生有什么样的要求，学校就培养学生什么样的能力，然后根据要求改革课程。从这个角度出发，教育部在如何提高质量方面做了许多工作，高教司在部党组的领导下着重推进了以下几个方面工作：抓评估、抓基地建设和社会实践、优质资源共享、启动马列主义工程、大力推动教育信息化、推行制度改革、实施西部对口支援，并在农、医、特殊行业等方面的人才培养进行了许多新尝试。

以上这些工作的目的就是一个，即提高和保证大学的教学质量，使我们的大学生能够跟上时代发展的需要，培养出合格的新一代大学生。这需要我们的共同努力。

三　关于《国家中长期教育改革和发展规划纲要》的概述

（一）《国家中长期教育改革和发展规划纲要》的指导思想和工作方针

《国家中长期教育改革和发展规划纲要》明确提出，今后十年，我国教育改革与发展的指导思想要“高举中国特色社会主义伟大旗帜，以邓小平理论和‘三个代表’重要思想为指导，深入贯彻落实科学发展观，实施科教兴国战略和人才强国战略，优先发展教育，办好人民满意的教育，建设人力资源强国”，为教育改革与发展提供了方法论指导，同时指明了教育改革与发展的根本方向和所承担的价值使命。在上述思想的指导下，《国家中长期教育改革和发展规划纲要》明确提出“二十字”工作方针，即“优先发展，育人为本，改革创新，促进公平，提高质量”，从总体上规划了今后十年教育改革与发展的战略地位、根本要求和核心任务。这“二十字”方针彼此之间是存在内在联系的，是一个整体，也需要作为一个有机联系整体来加以理解和把握。“优先发展”反映了教育事业的战略地位，是各级政府处理教育事业发展与其他经济社会事业发展关系的总体要求，强调了教育事业发展的政治、政策和条件保障，强调把支持和发展教育事业纳入整个社会发展总体战略中加以考虑和规划；“育人为本”是对教育事业提出的根本要求，反映了教育活动不同于其他社会实践活动的根本特性、价值取向和目的追求；“改革创新”是教育事业发展的强大动力，是解决现实教育生活中存在的各种各样矛盾和问题，建立一个充满生机和活力的、有中国特色社会主义现代教育体系的根本途径；“促进公平”是国家的基本教育政策，体现了社会主义教育的核心价值原则和价值追求，也是办好人民满意的教育、回应社会舆论中对各种教育不公平抱怨的紧迫任务；“提高质量”是教育改革与发展的核心任务，是基本普及九年义务教育和进入高等教育大众化时代之后我国教育事业发展亟待解决的重大战略性课题，也是满足人民群众对优质教育需求、建设人力资源强国的必由之路。深刻领会制定《国家中长期教育改革和发展规划纲要》的指导思想和工作方针，把握它们的时代性、全局性和针对性，是学习宣传和贯彻实施《国家制定教育中长期发展规划纲要》的重要思想条件。

（二）《国家中长期教育改革和发展规划纲要》指导下高等教育发展的基本思路和理念

胡锦涛总书记在教育工作会议上的讲话，如果用一句话来概括就是：站在新的历史起点上，推动教育事业科学发展。就如何推动教育事业科学发展，胡锦涛总书记强调了五个“必须”，即必须优先发展教育、必须坚持以人为本、必须坚持改革创新、必须促进教育公平、必须重视教育质量。那么，对于高等教育来说，我们要加快构建和不断完善具有世界先进水平的中国特色社会主义现代高等教育体系，加快实现高等教育大国向高等教育强国的转变。在这样的大背景下，结合这样的发展目标，高等教育工作者需要从三个方面进行思考。

1. 国家发展的历史方位与高等教育的使命

具体一点讲，就是强国的崛起与高等教育的使命。当前，我国正在逐步崛起，在世界上的地位越来越高。那么，高等教育如何支持和支撑我国的这个历史进程，比如说全面建设小康社会、实现社会主义现代化、实现中国民族伟大复兴，从形态、战略上说，实施科教兴国战略和人才强国战略，建设人力资源强国，建设创新型国家等，这是我们应该思考的。

胡锦涛总书记在全国教育工作会议上的讲话中，有两个概念特别重要：一是教育强国。以前讲是从人力资源大国向人力资源强国迈进，这次讲是从教育大国向教育强国迈进，第一次提出教育强国。另外一个是作贡献，突出为中华民族复兴和人类文明进步，这就不只是为本民族，解决本民族的复兴问题，还要为人类作贡献。所以，我们需要用更宽广的视野来更全面、长远、本质地把握国家发展的走向。国家利益在延伸，要不断提升核心竞争力和国际影响力，这就需要我们拓展新领域，产生新观念，创造新做法。要强国，就需要提升核心竞争力，我们培养的人才质量水平应该更高，科学研究水平应该更高。作为大学的领导者，需要去总体把握国家发展的历史方位（发展趋势、发展格局），包括在世界发展格局中的方位，并据此来研究我们自己的使命和任务，加快推进高等教育事业的发展。

2. 坚持科学发展观的国家发展与高等教育的使命

高等教育一是要服务于国家的科学发展，二是自身也面临着科学发展的问题。高等教育如何实现自身科学发展呢？除了讲以人为本外，很重要的就是要注意内涵的发展。刘延东同志在全国教育工作会议的总结讲话中提出，要走内涵式发展道路。这指的是要实现内涵的快速发展、历史性发展。什么叫做内涵的历史性发展？有三个很重要的方面：质量、结构、特色。发展是个概念，从哪里入手加强内涵？如果把内涵发展这个词来解构一下，那么质量、结构、特色这三个要素是属于内涵范畴的。所以，高等教育自身发展的问题，也要注意科学化。

3. 新形势下人的全面发展的新需求与高等教育的使命

经济社会的发展水平高了，高等教育自身发展了，人的全面发展就有了新需求了。精英阶段的高等教育和大众化以来普及阶段的高等教育，人的全面发展需求是不一样的。社会需求多样化了，个人需求也多样化了，更强调自主，更强调选择，这种趋势会越来越明显。“要满足经济社会发展对多样化高等教育的需求和人的全面发展多样化的需求，就需要高等教育也要更加多样化，更加注重选择性、自主性。”[①]

（三）《国家中长期教育改革和发展规划纲要》指导下高等教育发展的战略规划

1. 高等教育的发展任务

（1）全面提高高等教育质量。高等教育承担着培养高级专门人才、发展科学技术文化、促进社会主义现代化建设的重大任务。提高质量是高等教育发展的核心任务，是建设高等教育强国的基本要求。到2020年，高等教育结构更加合理，特色更加鲜明，人才培养、科学研究和社会服务整体水平全面提升，建成一批国际知名、有特色、高水平的高等学校，若干所大学达到或接近世界一流大学水平，高等教育国际竞争力显著增强。

（2）提高人才培养质量。牢固确立人才培养在高校工作中的中心地位，着力培养信念执著、品德优良、知识丰富、本领过硬的高素质专门人才和拔尖创新人才。加大教学投入。把教学作为教师考核的首要内容，把教授为低年级学生授课作为重要制度。加强实验室、校内外实习基地、课程教材等基本建设。深化教学改革。推进和完善学分制，实行弹性学制，促进文理交融。支持学生参与科学研究，强化实践教学环节。加强就业创业教育和就业指导服务。创立高校与科研院所、行业、企业联合培养人才的新机制。全面实施“高等学校本科教学质量与教学改革工程”。严格教学管理。健全教学质量保障体系，改进高校教学评

① 陈希：《贯彻落实全国教育工作会议和〈教育规划纲要〉精神推动高等教育科学发展》，《国家教育行政学院学报》2010年第12期，第7页。

估。充分调动学生学习的积极性和主动性，激励学生刻苦学习，增强诚信意识，养成良好学风。

大力推进研究生培养机制改革。建立以科学与工程技术研究为主导的导师责任制和导师项目资助制，推行产学研联合培养研究生的“双导师制”。实施“研究生教育创新计划”。加强管理，不断提高研究生特别是博士生培养质量。

（3）提升科学研究水平。充分发挥高校在国家创新体系中的重要作用，鼓励高校在知识创新、技术创新、国防科技创新和区域创新中作出贡献。大力开展自然科学、技术科学、哲学社会科学研究。坚持服务国家目标与鼓励自由探索相结合，加强基础研究；以重大现实问题为主攻方向，加强应用研究。促进高校、科研院所、企业科技教育资源共享，推动高校创新组织模式，培育跨学科、跨领域的科研与教学相结合的团队。促进科研与教学互动、与创新人才培养相结合。加强高校重点科研创新基地与科技创新平台建设。完善以创新和质量为导向的科研评价机制。积极参与马克思主义理论研究和建设工程。

（4）增强社会服务能力。高校要牢固树立主动为社会服务的意识，全方位开展服务。推进产学研相结合，加快科技成果转化，规范校办产业发展。为社会成员提供继续教育服务。开展科学普及工作，提高公众科学素质和人文素质。积极推进文化传播，弘扬优秀传统文化，发展先进文化。积极参与决策咨询，主动开展前瞻性、对策性研究，充分发挥智囊团、思想库作用。

（5）优化结构办出特色。适应国家和区域经济社会发展需要，建立动态调整机制，不断优化高等教育结构。优化学科专业、类型、层次结构，促进多学科交叉和融合。重点扩大应用型、复合型、技能型人才培养规模。加快发展专业学位研究生教育。优化区域布局结构。设立支持地方高等教育专项资金，实施中西部高等教育振兴计划。新增招生计划向中西部高等教育资源短缺地区倾斜，扩大东部高校在中西部地区招生规模，加大东部高校对西部高校对口支援力度。鼓励东部地区高等教育率先发展。建立完善军民结合、寓军于民的军队人才培养体系。促进高校办出特色。建立高校分类体系，实行分类管理。加快创建世界一流大学和高水平大学的步伐，培养一批拔尖创新人才，形成一批世界一流学科，产生一批国际领先的原创性成果，为提升我国综合国力贡献力量。

2. 高等教育的改革举措

（1）人才培养体制改革

更新人才培养观念。深化教育体制改革，关键是更新教育观念，核心是改革人才培养体制，目的是提高人才培养水平。树立全面发展观念，努力造就德智体美全面发展的高素质人才。树立人人成才观念，面向全体学生，促进学生成长成才。树立多样化人才观念，尊重个人选择，鼓励个性发展，不拘一格培养人才。树立终身学习观念，为持续发展奠定基础。

创新人才培养模式。适应国家和社会发展需要，遵循教育规律和人才成长规律，深化教育教学改革，创新教育教学方法，探索多种培养方式，形成各类人才辈出、拔尖创新人才不断涌现的局面。注重学思结合。倡导启发式、探究式、讨论式、参与式教学，帮助学生学会学习。激发学生的好奇心，培养学生的兴趣爱好，营造独立思考、自由探索、勇于创新的良好环境。适应经济社会发展和科技进步的要求，推进课程改革，加强教材建设，建立健全教材质量监管制度。深入研究、确定高等教育阶段学生必须掌握的核心内容，形成教学内容更新机制。充分发挥现代信息技术作用，促进优质教学资源共享。

注重因材施教。关注学生不同特点和个性差异，发展每一个学生的优势潜能。推进分层教学、走班制、学分制、导师制等教学管理制度改革。建立学习困难学生的帮助机制。改进优异学生培养方式，在跳级、转学、转换专业以及选修更高学段课程等方面给予支持和指导。健全公开、平等、竞争、择优的选拔方式，创新研究生培养方法。探索高等学校拔尖学生培养模式。

改革教育质量评价和人才评价制度。改进教育教学评价。根据培养目标和人才理念，建立科学、多样的评价标准。开展由政府、学校、家长及社会各方面参与的教育质量评价活动。做好学生成长记录，完善综合素质评价。探索促进学生发展的多种评价方式，激励学生乐观向上、自主自立、努力成才。

改进人才评价及选用制度，为人才培养创造良好环境。树立科学人才观，建立以岗位职责为基础，以品德、能力和业绩为导向的科学化、社会化人才评价发现机制。强化人才选拔使用中对实践能力的考查，克服社会用人单纯追求学历的倾向。

（2）考试招生制度改革

推进考试招生制度改革。以考试招生制度改革为突破口，克服一考定终身的弊端，推进素质教育实施和创新人才培养。按照有利于科学选拔人才、促进学生健康发展、维护社会公平的原则，探索招生与考试相对分离的办法，政府宏观管理，专业机构组织实施，学校依法自主招生，学生多次选择，逐步形成分类考试、综合评价、多元录取的考试招生制度。加强考试管理，完善专业考试机构功能，提高服务能力和水平。成立国家教育考试指导委员会，研究制定考试改革方案，指导考试改革试点。

完善高等学校考试招生制度。深化考试内容和形式改革，着重考查综合素质和能力。以高等学校人才选拔要求和国家课程标准为依据，完善国家考试科目试题库，保证国家考试的科学性、导向性和规范性。探索有的科目一年多次考试的办法，探索实行社会化考试。

逐步实施高等学校分类入学考试。普通高等学校本科入学考试由全国统一组织；高等职业教育入学考试由各省、自治区、直辖市组织。成人高等教育招生办法由各省、自治区、直辖市确定。深入推进研究生入学考试制度改革，加强创新能力考查，发挥和规范导师在选拔录取中的作用。

完善高等学校招生名额分配方式和招生录取办法，建立健全有利于促进入学机会公平、有利于优秀人才选拔的多元录取机制。普通高等学校本科招生以统一入学考试为基本方式，结合学业水平考试和综合素质评价，择优录取。对特长显著、符合学校培养要求的，依据面试或者测试结果自主录取；高中阶段全面发展、表现优异的，推荐录取；符合条件、自愿到国家需要的行业、地区就业的，签订协议实行定向录取；对在实践岗位上作出突出贡献或具有特殊才能的人才，建立专门程序，破格录取。

加强信息公开和社会监督。完善考试招生信息发布制度，实现信息公开透明，保障考生权益，加强政府和社会监督。公开高等学校招生名额分配原则和办法，公开招生章程和政策、招生程序和结果，公开自主招生办法、程序和结果。加强考试招生法规建设，规范学校招生录取程序，清理并规范升学加分政策。强化考试安全责任，加强诚信制度建设，坚决防范和严肃查处考试招生舞弊行为。

（3）建设现代学校制度

推进政校分开、管办分离。适应中国国情和时代要求，建设依法办学、自主管理、民主监督、社会参与的现代学校制度，构建政府、学校、社会之间新型关系。适应国家行政管理体制改革要求，明确政府管理权限和职责，明确各级各类学校办学权利和责任。探索适应不同类型教育和人才成长的学校管理体制与办学模式，避免千校一面。完善学校目标管理和绩效管理机制。健全校务公开制度，接受师生员工和社会的监督。随着国家事业单位分类改革推进，探索建立符合学校特点的管理制度和配套政策，克服行政化倾向，取消实际存在的行政级别和行政化管理模式。

落实和扩大学校办学自主权。政府及其部门要树立服务意识，改进管理方式，完善监管机制，减少和规范对学校的行政审批事项，依法保障学校充分行使办学自主权和承担相应责任。高等学校按照国家法律法规和宏观政策，自主开展教学活动、科学研究、技术开发和社会服务，自主设置和调整学科、专业，自主制定学校规划并组织实施，自主设置教学、科研、行政管理机构，自主确定内部收入分配，自主管理和使用人才，自主管理和使用学校财产和经费。扩大普通高中及中等职业学校在办学模式、育人方式、资源配置、人事管理、合作办学、社区服务等方面的自主权。

完善中国特色现代大学制度。完善治理结构，公办高等学校要坚持和完善党委领导下的校长负责制。健全议事规则与决策程序，依法落实党委、校长职权。完善大学校长选拔任用办法。充分发挥学术委员会在学科建设、学术评价、学术发展中的重要作用。探索教授治学的有效途径，充分发挥教授在教学、学术研究和学校管理中的作用。加强教职工代表大会、学生代表大会建设，发挥群众团体的作用。加强章程建设，各类高校应依法制定章程，依照章程规定管理学校。尊重学术自由，营造宽松的学术环境。全面实行聘任制度和岗位管理制度。确立科学的考核评价和激励机制。

扩大社会合作。探索建立高等学校理事会或董事会，健全社会支持和监督学校发展的长效机制。探索高等学校与行业、企业密切合作共建的模式，推进高等学校与科研院所、社会团体的资源共享，形成协调合作的有效机制，提高服务经济建设和社会发展的能力，推进高校后勤社会化改革。

推进专业评价。鼓励专门机构和社会中介机构对高等学校学科、专业、课程等水平和质量进行评估。建立科学、规范的评估制度。探索与国际高水平教育评价机构合作，形成中国特色学校评价模式，建立高等学校质量年度报告发布制度。

（4）办学体制改革

深化办学体制改革。坚持教育公益性原则，健全政府主导、社会参与、办学主体多元、办学形式多样、充满生机活力的办学体制，形成以政府办学为主体、全社会积极参与、公办教育和民办教育共同发展的格局。调动全社会参与的积极性，进一步激发教育活力，满足人民群众多层次、多样化的教育需求。

深化公办学校办学体制改革，积极鼓励行业、企业等社会力量参与公办学校办学，扶持薄弱学校发展，扩大优质教育资源，增强办学活力，提高办学效益。各地可从实际出发，开展公办学校联合办学、委托管理等试验，探索多种形式，提高办学水平。

大力支持民办教育。民办教育是教育事业发展的重要增长点和促进教育改革的重要力量，各级政府要把发展民办教育作为重要工作职责，鼓励出资、捐资办学，促进社会力量以独立举办、共同举办等多种形式兴办教育。完善独立学院管理和运行机制，支持民办学校创新体制机制和育人模式，提高质量，办出特色，办好一批高水平民办学校。

依法落实民办学校、学生、教师与公办学校、学生、教师平等的法律地位，保障民办学校办学自主权。清理并纠正对民办学校的各类歧视政策。制定完善促进民办教育发展的优惠政策，对具备学士、硕士和博士学位授予单位条件的民办学校，按规定程序予以审批，建立完善民办学校教师社会保险制度。

健全公共财政对民办教育的扶持政策。政府委托民办学校承担有关教育和培训任务，拨付相应教育经费。县级以上人民政府可以根据本行政区域的具体情况设立专项资金，用于资助民办学校。国家对发展民办教育作出突出贡献的组织、学校和个人给予奖励和表彰。

依法管理民办教育。教育行政部门要切实加强民办教育的统筹、规划和管理工作，积极探索营利性和非营利性民办学校分类管理，规范民办学校法人登记，完善民办学校法人治理结构。民办学校依法设立理事会或董事会，保障校长依法行使职权，逐步推进监事制度。积极发挥民办学校党组织的作用，完善民办高等学校督导专员制度，落实民办学校教职工参与民主管理、民主监督的权利，依法明确民办学校变更、退出机制。切实落实民办学校法人财产权，依法建立民办学校财务、会计和资产管理制度。任何组织和个人不得侵占学校资产、抽逃资金或者挪用办学经费，建立民办学校办学风险防范机制和信息公开制度，扩大社会参与民办学校的管理与监督，加强对民办教育的评估。

（5）管理体制改革

健全统筹有力、权责明确的教育管理体制。以转变政府职能和简政放权为重点，深化教育管理体制改革，提高公共教育服务水平。明确各级政府责任，规范学校办学行为，促进管办评分离，形成政事分开、权责明确、统筹协调、规范有序的教育管理体制。中央政府统一领导和管理国家教育事业，制定发展规划、方针政策和基本标准，优化学科专业、类型、层次结构和区域布局。整体部署教育改革试验，统筹区域协调发展。地方政府负责落实国家方针政策，开展教育改革试验，根据职责分工负责区域内教育改革、发展和稳定。

加强省级政府教育统筹。进一步加大省级政府对区域内各级各类教育的统筹。完善以省级政府为主管理高等教育的体制，合理设置和调整高等学校及学科、专业布局，提高管理水平和办学质量。依法审批设立实施专科学历教育的高等学校，审批省级政府管理本科院校学士学位授予单位和已确定为硕士学位授予单位的学位授予点。完善省对省以下财政转移支付体制，加大对经济欠发达地区的支持力度。根据国家标准，结合本地实际，合理确定各级各类学校办学条件、教师编制等实施标准。统筹推进教育综合改革，促进教育区域协作，提高教育服务经济社会发展的水平。支持和督促市（地）、县级政府履行职责，发展管理好当地各类教育。

转变政府教育管理职能。各级政府要切实履行统筹规划、政策引导、监督管理和提供公共教育服务的职责，建立健全公共教育服务体系，逐步实现基本公共教育服务均等化，维护教育公平和教育秩序。改变直接管理学校的单一方式，综合应用立法、拨款、规划、信息服务、政策指导和必要的行政措施，减少不必要的行政干预。

提高政府决策的科学性和管理的有效性。规范决策程序，重大教育政策出台前要公开讨论，充分听取群众意见。成立教育咨询委员会，为教育改革和发展提供咨询论证，提高重大教育决策的科学性。建立和完善国家教育基本标准。整合国家教育质量监测评估机构及资源，完善监测评估体系，定期发布监测评估报告。加强教育监督检查，完善教育问责机制。

培育专业教育服务机构。完善教育中介组织的准入、资助、监管和行业自律制度。积极发挥行业协会、专业学会、基金会等各类社会组织在教育公共治理中的作用。

（6）扩大教育开放

加强国际交流与合作。坚持以开放促改革、促发展。开展多层次、宽领域的教育交流与合作，提高我国高等教育国际化水平。借鉴国际上先进的教育理念和教育经验，促进高等教育改革发展，提升我国高等教育的国际地位、影响力和竞争力。适应国家经济社会对外开放的要求，培养大批具有国际视野、通晓国际规则、能够参与国际事务和国际竞争的国际化人才。

引进优质教育资源。吸引境外知名学校、教育和科研机构以及企业，合作设立教育教学、实训、研究机构或项目。鼓励各级各类学校开展多种形式的国际交流与合作，办好若干所示范性中外合作学校和一批中外合作办学项目。探索多种方式利用国外优质教育资源，吸引更多世界一流的专家学者来华从事教学、科研和管理工作，有计划地引进海外高端人才和学术团队。引进境外优秀教材，提高高等学校聘任外籍教师的比例，吸引海外优秀留学人员回国服务。

提高交流合作水平。扩大政府间学历学位互认，支持中外大学间的教师互派、学生互换、学分互认和学位互授联授。加强与国外高水平大学合作，建立教学科研合作平台，联合推进高水平基础研究和高技术研究。加强国际理解教育，推动跨文化交流，增进学生对不同国家、不同文化的认识和理解。推动我国高水平教育机构海外办学，加强教育国际交流，广泛开展国际合作和教育服务。支持国际汉语教育，提高孔子学院办学质量和水平。加大教育国际援助力度，为发展中国家培养培训专门人才。拓宽渠道和领域，建立高等学校毕业生海外志愿者服务机制。

创新和完善公派出国留学机制，在全国公开选拔优秀学生进入国外高水平大学和研究机构学习。加强对自费出国留学的政策引导，加大对优秀自费留学生资助和奖励力度。坚持“支持留学、鼓励回国、来去自由”的方针，提高对留学人员的服务和管理水平。进一步扩大外国留学生规模，增加中国政府奖学金数量，重点资助发展中国家学生，优化来华留学人员结构。实施来华留学预备教育，增加高等学校外语授课的学科专业，不断提高来华留学教育质量。

加强与联合国教科文组织等国际组织的合作，积极参与双边、多边和全球性、区域性教育合作。积极参与和推动国际组织教育政策、规则、标准的研究和制定。搭建高层次国际教育交流合作与政策对话平台，加强教育研究领域和教育创新实践活动的国际交流与合作。加强内地与港澳台地区的教育交流与合作。扩展交流内容，创新合作模式，促进教育事业共同发展。

3. 高等教育的保障措施

（1）加强教师队伍建设

建设高素质教师队伍。教育大计，教师为本。有好的教师，才有好的教育。提高教师地位，维护教师权益，改善教师待遇，使教师成为受人尊重的职业。严格教师资质，提升教师素质，努力造就一支师德高尚、业务精湛、结构合理、充满活力的高素质专业化教师队伍。

加强师德建设。加强教师职业理想和职业道德教育，增强广大教师教书育人的责任感和使命感。教师要关爱学生，严谨笃学，淡泊名利，自尊自律，以人格魅力和学识魅力教育感染学生，做学生健康成长的指导者和引路人。将师德表现作为教师考核、聘任（聘用）和评价的首要内容。采取综合措施，建立长效机制，形成良好学术道德和学术风气，克服学术浮躁，查处学术不端行为。提高教师业务水平，完善培养培训体系，做好培养培训规划，优化队伍结构，提高教师专业水平和教学能力。通过研修培训、学术交流、项目资助等方式，培养教育教学骨干、“双师型”教师、学术带头人和校长，造就一批教学名师和学科领军人才。

积极推进师范生免费教育，实施农村义务教育学校教师特设岗位计划，完善代偿机制，鼓励高校毕业生到艰苦边远地区当教师。完善教师培训制度，将教师培训经费列入政府预算，对教师实行每五年一周期的全员培训。加大民族地区双语教师培养培训力度。加强校长培训，重视辅导员和班主任培训。加强教师教育，构建以师范院校为主体、综合大学参与、开放灵活的教师教育体系。深化教师教育改革，创新培养模式，增强实习实践环节，强化师德修养和教学能力训练，提高教师培养质量。

以中青年教师和创新团队为重点，建设高素质的高校教师队伍。大力提高高校教师教学水平、科研创新和社会服务能力。促进跨学科、跨单位合作，形成高水平教学和科研创新团队。创新人事管理和薪酬分配方式，引导教师潜心教学科研，鼓励中青年优秀教师脱颖而出。实施海外高层次人才引进计划、“长江学者奖励计划”和“国家杰出青年科学基金”等人才项目，为高校集聚具有国际影响的学科领军人才。提高教师地位待遇，不断改善教师的工作、学习和生活条件，吸引优秀人才长期从教、终身从教，依法保证教师平均工资水平不低于或者高于国家公务员的平均工资水平，并逐步提高。落实教师绩效工资，关心教师身心健康，落实和完善教师医疗养老等社会保障政策。

健全教师管理制度。完善并严格实施教师准入制度，严把教师入口关。国家制定教师资格标准，提高教师任职学历标准和品行要求。建立教师资格证书定期登记制度。制定高等学校编制标准。加强学校岗位管理，创新聘用方式，规范用人行为，完善激励机制，激发教师积极性和创造性。加强教师管理，完善教师退出机制。制定校长任职资格标准，促进校长专业化，提高校长管理水平。推行校长职级制。创造有利条件，鼓励教师和校长在实践中大胆探索，创新教育思想、教育模式和教育方法，形成教学特色和办学风格，造就一批教育家，倡导教育家办学。大力表彰和宣传模范教师的先进事迹。国家对作出突出贡献的教师和教育工作者设立荣誉称号。

（2）保障经费投入

加大教育投入。教育投入是支撑国家长远发展的基础性、战略性投资，是教育事业的物质基础，是公共财政的重要职能。要健全以政府投入为主、多渠道筹集教育经费的体制，大幅度增加教育投入。各级政府要优化财政支出结构，统筹各项收入，把教育作为财政支出重点领域予以优先保障。严格按照教育法律法规规定，年初预算和预算执行中的超收收入分配都要体现法定增长要求，保证教育财政拨款增长明显高于财政经常性收入增长，并使按在校学生人数平均的教育费用逐步增长，保证教师工资和学生人均公用经费逐步增长。按增值税、营业税、消费税的3%足额征收教育费附加，专项用于教育事业。提高国家财政性教育经费支出占国内生产总值比例，2012 年达到4%。

社会投入是教育投入的重要组成部分。充分调动全社会办教育积极性，扩大社会资源进入教育途径，多渠道增加教育投入。完善财政、税收、金融和土地等优惠政策，鼓励和引导社会力量捐资、出资办学。完善非义务教育培养成本分担机制，根据经济发展状况、培养成本和群众承受能力，调整学费标准。完善捐赠教育激励机制，落实个人教育公益性捐赠支出在所得税税前扣除规定。

完善投入机制。进一步明确各级政府提供公共教育服务职责，完善各级教育经费投入机制，保障学校办学经费的稳定来源和增长。各地根据国家办学条件基本标准和教育教学基本需要，制定并逐步提高区域内各级学校学生人均经费基本标准和学生人均财政拨款基本标准。高等教育实行以举办者投入为主、受教育者合理分担培养成本、学校设立基金接受社会捐赠等筹措经费的机制。

健全国家资助政策体系。完善普通本科高校、高等职业学校和中等职业学校家庭经济困难学生资助政策体系。完善助学贷款体制机制，推进生源地信用助学贷款。建立健全研究生教育收费制度，完善资助政策，设立研究生国家奖学金。根据经济发展水平和财力状况，建立国家奖、助学金标准动态调整机制。

加强经费管理。坚持依法理财，严格执行国家财政资金管理法律制度和财经纪律。建立科学化、精细化预算管理机制，科学编制预算，提高预算执行效率。设立高等教育拨款咨询委员会，增强经费分配的科学性。加强学校财务会计制度建设，完善经费使用内部稽核和内部控制制度。完善教育经费监管机构职能，在高等学校试行设立总会计师职务，提升经费使用和资产管理专业化水平。公办高等学校总会计师由政府委派。加强经费使用监督，强化重大项目建设和经费使用全过程审计，确保经费使用规范、安全、有效。建立并不断完善教育经费基础信息库，提升经费管理信息化水平。防范学校财务风险，建立经费使用绩效评价制度，加强重大项目经费使用考评。加强学校国有资产管理，建立健全学校国有资产配置、使用、处置管理制度，防止国有资产流失，提高使用效益。完善学校收费管理办法，规范学校收费行为和收费资金使用管理。坚持勤俭办学，严禁铺张浪费，建设节约型高校。

(3) 加快教育信息化进程

加快教育信息基础设施建设。信息技术对教育发展具有革命性影响，必须予以高度重视。把教育信息化纳入国家信息化发展整体战略，超前部署教育信息网络。充分利用优质资源和先进技术，创新运行机制和管理模式，整合现有资源，构建先进、高效、实用的数字化教育基础设施。加快终端设施普及，推进数字化校园建设，实现多种方式接入互联网。加快中国教育和科研计算机网、中国教育卫星宽带传输网升级换代。制定教育信息化基本标准，促进信息系统互联互通。

加强优质教育资源开发与应用。加强网络教学资源体系建设，引进国际优质数字化教学资源。开发网络学习课程。建立数字图书馆和虚拟实验室。建立开放灵活的教育资源公共服务平台，促进优质教育资源普及共享。创新网络教学模式，开展高质量高水平远程学历教育。

强化信息技术应用。提高教师应用信息技术水平，更新教学观念，改进教学方法，提高教学效果。鼓励学生利用信息手段主动学习、自主学习，增强运用信息技术分析解决问题能力。加快全民信息技术普及和应用。

构建国家教育管理信息系统。制定学校基础信息管理要求，加快学校管理信息化进程，促进学校管理标准化、规范化。推进政府教育管理信息化，积累基础资料，掌握总体状况，加强动态监测，提高管理效率。整合各级各类教育管理资源，搭建国家教育管理公共服务平台，为宏观决策提供科学依据，为公众提供公共教育信息，不断提高教育管理现代化水平。

（4）推进依法治教

完善教育法律法规。按照全面实施依法治国基本方略的要求，加快教育法制建设进程，完善中国特色社会主义教育法律法规。根据经济社会发展和教育改革的需要，修订教育法、职业教育法、高等教育法、学位条例、教师法、民办教育促进法，制定有关考试、学校、终身学习、学前教育、家庭教育等法律。加强教育行政法规建设。各地根据当地实际，制定促进本地区教育发展的地方性法规和规章。

全面推进依法行政。各级政府要按照建设法治政府的要求，依法履行教育职责。探索教育行政执法体制机制改革，落实教育行政执法责任制，及时查处违反教育法律法规、侵害受教育者权益、扰乱教育秩序等行为，依法维护学校、学生、教师、校长和举办者的权益。完善教育信息公开制度，保障公众对教育的知情权、参与权和监督权。

大力推进依法治校。学校要建立完善符合法律规定、体现自身特色的学校章程和制度，依法办学，从严治校，认真履行教育教学和管理职责。尊重教师权利，加强教师管理。保障学生的受教育权，对学生实施的奖励与处分要符合公平、公正原则。健全符合法治原则的教育救济制度。开展普法教育，促进师生员工提高法律素质和公民意识，自觉知法守法，遵守公共生活秩序，做遵纪守法的楷模。

完善督导制度和监督问责机制。制定教育督导条例，进一步健全教育督导制度。探索建立相对独立的教育督导机构，独立行使督导职能。健全国家督学制度，建设专职督导队伍。坚持督政与督学并重、监督与指导并重。强化对政府落实教育法律法规和政策情况的督导检查，建立督导检查结果公告制度和限期整改制度。严格落实问责制，主动接受和积极配合各级人大及其常委会对教育法律法规执行情况的监督检查以及司法机关的司法监督。建立健全层级监督机制，加强监察、审计等专门监督，强化社会监督。

（5）重大项目和改革试点

组织实施重大项目。2010—2012 年，围绕教育改革发展战略目标，着眼于促进教育公平，提高教育质量，增强可持续发展能力，以加强关键领域和薄弱环节为重点，完善机制，组织实施一批重大项目。提升高等教育质量，实施中西部高等教育振兴计划，加强中西部地方高校优势学科和师资队伍建设；实施东部高校对口支援西部高校计划；支持建设一批高等学校产学研基地；实施基础学科拔尖学生培养试验计划和卓越工程师、医师等人才教育培养计划；继续实施“985”工程和优势学科创新平台建设，继续实施“211”工程和启动特色重点学科项目；继续实施“高等学校本科教学质量与教学改革工程”、“研究生教育创新计划”、“高等学校哲学社会科学繁荣计划”和“高等学校高层次创新人才计划”。

教育国际交流合作。支持一批示范性中外合作办学机构；支持在高校建设一批国际合作联合实验室、研究中心；引进一大批海外高层次人才；开展大中小学校长和骨干教师海外研修培训；支持扩大公派出国留学规模；实施留学中国计划，扩大来华留学生规模；培养各种外语人才；支持孔子学院建设。

组织开展改革试点。成立国家教育体制改革领导小组，研究部署、指导实施教育体制改革工作。根据统筹规划、分步实施、试点先行、动态调整的原则，选择部分地区和学校开展重大改革试点；拔尖创新人才培养改革试点；探索贯穿各级各类教育的创新人才培养途径；鼓励高等学校联合培养拔尖创新人才；支持有条件的高中与大学、科研院所合作开展创新人才培养研究和试验，建立创新人才培养基地。

考试招生制度改革试点。探索实行高水平大学联考；探索自主录取、推荐录取、定向录取、破格录取的具体方式；探索缩小高等学校入学机会区域差距的举措等。现代大学制度改革试点。研究制定党委领导下的校长负责制实施意见；制定和完善学校章程，探索学校理事会或董事会、学术委员会发挥积极作用的机制；全面实行聘任制度和岗位管理制度；实行新进人员公开招聘制度；探索协议工资制等灵活多样的分配办法；建立多种形式的专职科研队伍，推进管理人员职员制；完善校务公开制度等。深化办学体制改革试点。探索公办学校联合办学、中外合作办学、委托管理等改革试验；开展对营利性和非营利性民办学校分类管理试点；建立民办学校财务、会计和资产管理制度；探索独立学院管理和发展的有效方式等。

地方教育投入保障机制改革试点。建立多渠道筹措教育经费长效机制；制定各级学校学生人均经费基本标准和学生人均财政拨款基本标准；探索政府收入统筹用于支持教育的办法；建立教育投入分项分担机制；依法制定鼓励教育投入的优惠政策等。省级政府教育统筹综合改革试点。探索政校分开、管办分离实现形式；合理部署区域内学校、学科、专业设置；制定办学条件、教师编制、招生规模等基本标准；探索省际教育协作改革试点，建立跨地区教育协作机制等。

（6）加强组织领导

加强和改善对教育工作的领导。各级党委和政府要以邓小平理论和“三个代表”重要思想为指导，深入贯彻落实科学发展观，把推动教育事业优先发展、科学发展作为重要职责，健全领导体制和决策机制，及时研究解决教育改革发展的重大问题和群众关心的热点问题。要把推进教育事业科学发展作为各级党委和政府政绩考核的重要内容，完善考核机制和问责制度。各级政府要定期向同级人民代表大会或其常务委员会报告教育工作情况。建立各级党政领导班子成员定点联系学校制度。有关部门要切实履行职责，支持教育改革和发展。扩大人民群众对教育事业的知情权、参与度。

加强教育宏观政策和发展战略研究，提高教育决策科学化水平。鼓励和支持教育科研人员坚持理论联系实际，深入探索中国特色社会主义教育规律，研究和回答教育改革发展重大理论和现实问题，促进教育事业科学发展。

加强和改进教育系统党的建设。把教育系统党组织建设成为学习型党组织。深入学习马克思列宁主义、毛泽东思想、邓小平理论、“三个代表”重要思想以及科学发展观，坚持用发展着的马克思主义武装党员干部、教育广大师生。深入推动中国特色社会主义理论体系进教材、进课堂、进头脑。深入开展社会主义核心价值体系学习教育。

健全各级各类学校党的组织。把全面贯彻党的教育方针、培养社会主义建设者和接班人贯穿学校党组织活动始终，坚持社会主义办学方向，牢牢把握党对学校意识形态工作的主导权。高等学校党组织要充分发挥在学校改革发展中的领导核心作用，中小学党组织要充分发挥在学校工作中的政治核心作用。加强民办学校党的建设，积极探索党组织发挥作用的途径和方法。

加强学校领导班子和领导干部队伍建设，不断提高思想政治素质和办学治校能力。坚持德才兼备、以德为先用人标准，选拔任用学校领导干部。加大学校领导干部培养培训和交流任职力度。着力扩大党组织的覆盖面，推进工作创新，增强生机活力。充分发挥学校基层党组织战斗堡垒作用和党员先锋模范作用。加强在优秀青年教师、优秀学生中发展党员工作。重视学校共青团、少先队工作。

加强教育系统党风廉政建设和行风建设。大兴密切联系群众之风、求真务实之风、艰苦奋斗之风、批评和自我批评之风。坚持标本兼治、综合治理、惩防并举、注重预防的方针，完善体现教育系统特点的惩治和预防腐败体系。严格执行党风廉政建设责任制，加大教育、监督、改革、制度创新力度，坚决惩治腐败。坚持从严治教、规范管理，积极推行政务公开、校务公开。坚决纠正损害群众利益的各种不正之风。

切实维护教育系统和谐稳定。加强和改进学校思想政治工作，加强校园文化建设，深入开展平安校园、文明校园、绿色校园、和谐校园创建活动。重视解决好师生员工的实际困难和问题。完善矛盾纠纷排查化解机制，完善学校突发事件应急管理机制，妥善处置各种事端。加强校园网络管理。建立健全安全保卫制度和工作机制，完善人防、物防和技防措施。加强师生安全教育和学校安全管理，提高预防灾害、应急避险和防范违法犯罪活动的能力。加强校园和周边环境治安综合治理，为师生创造安定有序、和谐融洽、充满活力的工作、学习、生活环境。

思考题：

1. 《国家中长期教育改革和发展规划纲要（2010—2020）》颁布的重要意义？
2. 中国高等教育发展与改革的政策措施？
3. 当代大学生的价值取向及高等教育改革？
4. 高等教育改革对大学生就业的影响？

阅读文献：

1. 傅兴国：《中国教育改革和发展探索》，宁夏人民教育出版社 2009 年版。
2. 杨东平：《中国教育发展报告（2010）》，社会科学文献出版社 2010 年版。
3. 麦可思研究院：《2010 年中国大学生就业报告》，社会科学文献出版社 2010

年版。

4. 朱永新：《科学发展观与中国教育改革（修订版）》，福建教育出版社 2009 年版。

5. 改革开放 30 年中国教育改革与发展课题组：《教育大国的崛起 1978—2008》，教育科学出版社 2008 年版。

6. 张秀兰：《中国教育发展与政策 30 年（1978—2008）》，社会科学文献出版社 2008 年版。

7. 国家教育发展研究中心：《2009 年中国教育绿皮书——中国教育政策年度分析报告》，教育科学出版社 2009 年版。

国际关系篇

第八讲

中国与大国之间的关系

大国是关键、周边是首要、发展中国家是基础、多边是舞台，这是中国的外交战略格局。当前，大国关系复杂多变。一方面共同利益的领域合作增多，另一方面在涉及国家主权和安全的核心利益方面矛盾、竞争和斗争也明显激化。当前大国之间相互竞争、相互防范和相互合作的态势同时增强。中国与大国关系的定位应该是不对抗、不结盟、不针对第三国的原则定位；包容整体利益的“双赢”策略定位；多重角色并举、灵活多变、变不离宗的角色定位。为此，中国应着重关注如下几个方面：第一，以更加长远的眼光和更具战略性的风度处理大国关系，坚信大国关系的未来走向基本取决于中国发展前景；继续以积极心态学习西方大国成功经验、吸取其发展历程中的教训；与诸国加强面向未来的战略对话等制度化建设；在妥善解决分歧的同时，加重拓展共同利益的分量。第二，在继续加强与大国双边关系的同时，思考构建和加强中美日、中俄印、“金砖四国”等大国多边协调机制的可能性，并加强与诸大国在国际制度建设上的合作与协调，维护中国的长远战略利益。第三，妥善处理大国关系与发展中国家间关系、大国关系与东亚未来的关系。发展中国家是中国所倚重的核心力量，中国必须坚持“发展中国家是基础”的基本思路，采取积极措施全面加强与发展中国家的关系。

一　中美关系的现状与发展

中美两国是世界上极具影响的大国，在美国内部权力更替、国际金融危机蔓延和全球性挑战空前凸显的内外背景下，中美关系也步入了“而立之年”。在过去30年中，国际战略格局和中美力量对比发生了变化，中美关系已成为世界上最重要和最复杂的双边关系，能否处理好中美关系不仅关系到两国人民的福祉，而且还影响着21世纪的世界格局。自奥巴马执政以来，中美关系整体上呈现出积极稳定的发展势头。中美两国高层互动频繁，经贸关系不断加强，在应对全球金融危机方面合作顺利，在其他国际和地区事务中也加大了政策协调力度。两国在保持整体关系框架稳定的同时，在经贸、人权、气候等问题上仍存在诸多矛盾和分歧。因此，如何妥善处理两国的争端和分歧，拓展双方的共有利益和战略共识，成为中美关系面临的核心问题。

（一）中美建交后两国关系的发展历程

中美建交30年来，中美关系的发展经历了四个阶段，分别涉及20世纪70年代、80年代、90年代及新世纪以来的中美关系。在这30年中，中美关系的发展并非一帆风顺，可谓经历了跌宕起伏、波澜壮阔的演变。从最初单纯的共同应对苏联威胁的战略关系发展到影响国际形势全局、全方位的建设性合作关系，再到今天的应对共同挑战的关系。中美关系成为世界上最重要也最复杂的一对双边关系。[①] 1972年尼克松访华开启了中美关系正常化的大门。20世纪60年代末，中苏关系急剧恶化，中国直接遭受到来自苏联方面的军事威胁。最初是边境的小冲突，后来是苏联企图大举侵犯中国。与此同时，在美苏争霸中，苏联从防御转向进攻，美国也面临苏联霸权主义的严重威胁。这种“三角战略关系”的形成为中美的接近与合作提供了契机，中美关系不失时机地取得了历史性突破。1979年1月1日，中美正式建交。中美建交不仅使中国

① 张保罗：《当前中美关系冷思考》，《重庆科技学院学报》2010年第4期，第36页。

改善了与日本及欧洲的关系，而且在一定程度上摆脱了孤立无援的国际处境。进入80年代以后，中美关系日趋紧密，中美关系在这一阶段经历了双边关系的"蜜月期"。尽管两国在80年代上半期围绕美国对台军售展开争论，中国劝告美国停止对台军售以便为中国和平解决台湾问题创造条件，但经过数月谈判，中美于1982年达成"8·17公报"，美国保证向台湾出售武器的性能与数量将不超过中美建交后近几年的水平，并逐步减少对台湾的武器出售。中美双方在相互妥协中展现出发展两国关系的良好愿望。此后，中美领导人实现了互访，两国教育文化交流也逐渐启动并不断得到加强。更为突出的是，两国双边军事交流也开始起步。80年代中美关系之所以能保持发展势头，双方之所以能实现密切合作，与苏联霸权主义威胁的存在撇不开关系；但另一个重要原因是，中国实行改革开放后经济的迅猛发展使得双方在经济领域内的相互依赖逐步加深，共同利益始终是推动中美关系持续发展的重要动力。苏联解体、冷战结束后，对于美国而言，"联中制苏"已成为历史，而在社会制度和意识形态上与美国对立并迅速发展的中国日渐对美国的国际地位甚至安全构成威胁。于是，"中国威胁论"的声浪及政策主张成为美国对华政策制定的核心。这是20世纪90年代中美关系迂回曲折、大起大落、错综复杂的根本原因。但此时，中美关系并未退回到冷战时期的那种对抗状态，其原因是经济全球化背景下中国的改革开放在推动双方关系的发展。因此，与冷淡、紧张、大起大落的政治安全关系相反，经贸关系成为冷战后中美关系发展最快、合作最有成效的领域。1992年邓小平南巡讲话和中共十四大召开，明确了中国经济体制改革的目标是建立社会主义市场经济体制。中国进一步扩大对外开放，为中国经济融入世界经济提供了制度保证。20世纪90年代以来，中美双边贸易、投资、技术等方面的合作规模增长了10倍。美国已成为中国的第一大出口贸易国，对美出口占我国出口总额的20%：中国成为美国第四大贸易伙伴国。美国对华直接投资的协议金额也居各国对华投资首位。以市场为渠道进行的经济交流和文化接触成为冷战后中美关系的主要内容，并牵制着政治关系发展，这让中美关系屡屡在危险时刻能够及时走向缓和。可以说，改革开放成了发展中美关系的最主要动力。中国的改革开放改变了中美关系史上经济关系受政治与战略关系支配与控制的状态，使经济关系的独立性上升并影响甚至决定着政治关系的发展。从积极方面看，虽然在90年代两国关系发展步履维艰，合作与分歧并存，但也可以认为，这一阶段是两国寻找新的共识的时期。2000年以来，在布什政府任内中美关系处于冷战结束以来持续时间最长的平稳时期。中国的崛起、世界局势的转变、“9·11”事件的冲击，使美国的战略重点从原来设想的西方转向东方，调整为从西方转向中东，从遏制大国崛起转变为防范潜在的长远威胁，促使中美在朝鲜等地区事务上加强了合作，机制性因素的存在（中美之间互设首脑热线，建立战略对话机制），这些都促进了中美关系的稳定。新世纪中美外交结构发生的变化也有助于两国关系的稳定发展：一是美国对中国的战略定位从对手改变为“利益攸关者”；二是两国的利益交织使得双方都更加关注对方的利益；三是中国的外交重点从聚焦于美国转向更加国际化。但美国也犯了两个错误，一个是将台湾放在美日同盟的防卫范围内，另一个是与印度签署核协议。这给中美关系带来了负面影响。布什政府的极端新保守主义把美国带入了内外交困的境地：国内，金融危机爆发，引发全球经济衰退、社会问题丛生；国外，美国深陷两场战争，欧盟在经济上成为其强有力的竞争对手，俄罗斯从战略安全层面挑战美国，中国模式的成功及共产党政治威信的树立，“北京共识”挑战“华盛顿共识”……这一切使得小布什成为美国历史上最跛足的总统。民主党人奥巴马正是在这样的国际国内背景下就任美国总统。面对这种颓势，为尽快从金融危机的阴影中走出来，修复与盟友的关系、巩固美国在世界上的领导地位就构成了奥巴马对外政策的重要组成部分。基于此，奥巴马会更加努力地利用软实力来提升美国的国际形象，奥巴马政府不得不借重与依赖中国。希拉里访华发出“同舟共济”的呼声，奥巴马打破常规在任内第一年访问中国，这都意味着中美在经济领域合作的迫切性与必要性。①

（二）中美关系的问题

毫无疑问，在经过三十多年改革开放之后，中美相互合作与包容的

① 张保罗：《当前中美关系冷思考》，《重庆科技学院学报》2010年第4期，第36—37页。

能力已大为提高，两国经济制度中的共通性显著增加。但是，中美关系的矛盾和问题并未因此减少，相反，随着中国问题深化为“中国崛起问题”，双方矛盾的尖锐性、深刻性、复杂性将更胜以往；中美双方目前虽然维系着稳定的关系，但这种稳定只能算是战术性稳定，远未达到战略性稳定所需具备的必要前提。随着中美关系螺旋式发展，一系列新的矛盾、挑战、问题在新的平台上应运而生，有可能影响中美关系的发展。

1. 贸易问题

近年来，中美经贸关系发展尤为强劲，已成为全球增长最快、规模最大的双边经济关系之一，是中美总体关系中的“明星”领域，也被称为中美关系的“压舱石”。但随着中美贸易的迅速发展，各种矛盾和存在的问题也随之出现，成为中美关系的突出问题。特别是在当前美国经济衰退和国际金融危机的影响不断加深的背景下，美国的贸易保护主义迅速抬头，这使中美在经贸领域的摩擦增多，贸易环境趋向恶化。

现在，美国是中国第一大贸易伙伴国，中国是美国第二大贸易伙伴国；同时中国成为美国的最大债权国。双方如此庞大和深化的经贸关系不但是促进两国经济发展的主要外部推动力量之一，也是两国政治关系稳定的保证。不仅如此，中美经济合作也是全球经济的重要晴雨表。这正说明中美合作才能共赢，否则两败俱伤。现在，双方都已认识到，减少经贸摩擦最好的办法是加强合作，扩大共同利益，合理应对摩擦。

2. 台湾问题

台湾问题是中美关系中最敏感、最重要的核心问题，也是最具爆发性与最不易处理的问题。中美关系的缓和、中美建交以及中美关系的发展，无不是建立在对台湾问题正确认识的基础上的。这个核心问题如果处理不好，势必影响并制约中美关系的发展，这就需要中美双方在“一个中国”政策的原则下共同努力，谨慎处理，为中美关系的健康发展创造条件。

对于美国而言，台湾虽然具有一定的重要性，但并不是美国的生死攸关利益，而对中国而言，台湾是中国不可分割的领土，实现台湾与祖国的统一是中国政府和人民的神圣使命。同时，台湾也是中国走向太平洋的重要门户，是“大陆中国”走向“海洋中国”的战略要冲，对21

世纪中国的崛起与发展具有重要的战略意义。因此，中国在台湾问题上不可能作任何原则上的让步和妥协，美国只有恪守承诺，奉行“一个中国”的原则，遵守《三个联合公报》，妥善谨慎处理台湾问题，中美关系才能够健康稳步向前发展。

3. 人权和西藏问题

人权和西藏问题是长期影响中美关系稳定的政治议题，尽管中美双方强调应相互尊重对方对于发展模式的选择，但这个问题仍会对未来的中美关系造成冲击。

一直以来美国在人权问题上采取双重标准，一方面根据自己的好恶和与自己关系的亲疏对不同国家采取不同标准，另一方面对待本国的人权问题和他国的人权问题同样采取不同的标准。其目的就是利用人权外交实现自己的国家利益。目前，中美人权问题更多集中在中国模式与美国模式之间的软性较量上。在国际金融危机的大背景下，美国政府也刻意地弱化人权问题，这一问题看似趋于淡化，实则还在升温，只是表现方式有所不同而已。奥巴马试图重新确立美国的领导地位和国际形象，必然想方设法首先捍卫招致非议的美国制度、模式、道路，越是内忧外困，越要坚持自己的基本价值、理念不动摇。从这个意义上讲，奥巴马新政府在人权、民主领域不会放松，只会因时因势调整而已。

人权问题始终是美国对付中国的一张牌。克林顿时期，美国主要关注“中国的持不同政见者”；小布什时期则强调“宗教自由”，特别关注地下教会领袖的命运；而奥巴马政府更为关注“少数民族的权利”，其中主要是“西藏问题”。中美在西藏问题上的根本分歧还是定性问题，即西藏问题是否是一个领土、主权问题。很多美国的政客们认为达赖应该回国，让西藏变成一个“高度自治”的地方，但中国则把这种“高度自治”定义为领土分裂。西藏问题是一个特殊问题，中国一直在与美国政府交涉，希望美国不要支持“藏独”，不要接见达赖喇嘛，但双方在这个问题上总是存在一些分歧。

总之，两国在人权和西藏问题上的分歧将长期存在，是干扰两国关系健康发展的重要因素，但双方大趋势仍然是合作，推进中美关系继续向前发展这一基本初衷不会改变。立足现实，中美双方需要做的就是控制争议，加强沟通和交流，不断扩大共识，才不至于影响中美关系发展的大局。

4. 能源和气候问题

新世纪以来，能源问题和气候变化对人类的影响引起国际社会的普遍重视，随着这一问题政治化趋势日益明显，围绕此问题的国际交锋愈演愈烈，这也给中美关系的发展带来更多新的机遇和更加严峻的挑战。

在应对全球气候变暖问题上，目前发达国家和发展中国家在如何贯彻“共同但有区别的责任”以及发达国家对发展中国家的资金、技术转让、在实现温室气体减排的同时保障发展中国家的基本权利等方面意见差距较大。一直以来，中美对“共同但有区别的责任”原则的理解存在严重分歧。中国的基本立场是发达国家应率先采取减排行动，而美国则要求中国与其共同承担防止气候变暖的全球领导责任。中国与美国在经济发展阶段、技术水平、能源消耗结构等方面都有很大差别，这些分歧有可能成为对中美关系的一个新挑战。在全球化的推动下，气候问题政治化趋势明显加速，气候问题正在衍生为发达国家主导世界政治经济秩序的新工具和发展中国家面临的新“壁垒”，比如在国际谈判中增设环保条款、国际贸易中设置绿色贸易壁垒等，发展中国家产品可能会被发达国家以“高碳”名义拒之门外。美国众议院在2010年5月通过了《美国清洁能源与安全法案》，其中包含了一条明显具有保护主义色彩的条款：对不符合美国二氧化碳配方标准的进口商品征收关税，即“碳关税”。法案虽然没有专门提及中国，但其针对性十分明显，因为美国进口的消费品中40%来自中国。在中国看来，这是打着“环保”的旗号实行贸易保护主义。中方反对在国际贸易中实行征收“碳关税”的做法，认为此举违背《联合国气候变化框架公约》及《京都议定书》确定的发达国家和发展中国家在气候变化领域“共同但有区别的责任”原则。中美双方在这个问题上的分歧不小，双方仍需更多的沟通。可以预见，中国将在能源和气候领域面临更多来自美国的压力。[①]

总之，能源和气候问题为复杂的中美关系又增添了一个新的影响因素，能源和气候问题在中美关系中所起的作用与中美两国关系的发展状

① 赵海月主编：《形势与政策教育教学热点专题研究》，吉林大学出版社2010年版，第176页。

况以及中美双方对两国关系的认知和定位密切相关。由于今后在相当长的时期内两国之间的战略利益要大于战略分歧，因此，双方将继续加强与对方的接触和合作，并且这将是中美两国关系发展的主流。

（三）中美关系的发展

未来的中美关系的发展会呈现螺旋式上升的趋势，即在总体稳定的框架内不断波动。奥巴马上台后，虽然中美之间的矛盾分歧和利益冲突依然存在，但两国关系发展的良好势头不会轻易改变和逆转，会朝着更加健康、务实、理性的方向发展，这是因为中美关系经过三十多年的发展已经相当成熟，利益的高度融合、广阔的合作空间和复合的对话机制，使得这些分歧和矛盾相对可控。与此同时，在新的全球背景和双边关系结构下，支撑两国关系发展的“稳定器”和“压舱石”也不断增多，为未来中美关系的稳定发展提供了可靠保障。

中美决定努力建立21世纪积极合作全面的中美关系、建立中美战略与经济对话并发表第四份《联合声明》，这些都表明中美关系在不断走向成熟，将可能指导今后十年，或者更长时间中美关系的发展。以前美国一直不同意与中国建立战略关系的提法，认为战略只是在盟国和盟友之间，现在奥巴马政府虽然没有同意与中国建立战略伙伴关系，但实际上被迫与中国建立战略对话机制，也就是说中美战略的实质性内涵，缺的不过是战略伙伴关系的外壳而已。未来十年中美关系将在如何深化、如何发展伙伴关系上下工夫，做文章，中美战略关系的深化是必然的趋势。

二　中俄关系的现状与发展

（一）中俄关系的现状

2001年7月16日，中国国家主席江泽民与俄罗斯总统普京签署了《俄中睦邻友好合作条约》。该协定旨在两国平等、相互信任的伙伴关系内为两国关系的全面发展与长期战略合作打下基础。的确，在21世纪头十年，两国战略伙伴关系的持续发展，合作形式、途径的日益丰富化和多样化，为俄中关系发展创造了积极的条件。正如2004年两国在

《中俄联合声明》中所指出的，“不管国际形势如何变化，深化中俄战略协作伙伴关系都是两国外交政策的优先方向，中俄关系经过十多年的发展，已经达到前所未有的高水平”。

在中俄两国领导人的共同推动下，近年来两国关系继续得到深化和全面发展，从“政治关系热”发展到经贸、科学、教育、人文、军事、安全等各个领域的全面合作热潮，大大充实了两国战略协作伙伴关系的基础和内容。

在政治领域，中俄两国领导人高层互访不断，已经建立起高层领导人定期会晤机制，双方在涉及对方核心国家利益的问题上相互支持，在国际和地区事务中密切配合，推动联合国改革，倡导国际关系民主化，推动国际格局朝着多极化方向发展，维护两国共同利益，为促进世界和平与稳定发挥了重要作用。

在军事与安全领域，双方在打击恐怖主义、宗教极端主义和分离主义等方面保持高度合作，各种军事与安全合作机制不断启动、发展和完善。历年以“和平使命”命名的中俄联合反恐军事演习已经日趋成熟，水平不断提高。2009 年，受到外界普遍关注的中俄“弹道导弹发射相互通报”机制，更是标志着两国在军事与安全领域的高度信任。

在经贸合作领域，中俄两国一直是各自重要的贸易伙伴之一。自 20 世纪 90 年代以来，两国经贸关系经历了大起大落的几个阶段后，逐步走上了稳定发展的轨道，特别是中俄贸易已经获得了连续十年的持续增长。事实表明，最近十年是中俄历史上双边贸易持续增长时间最长、贸易活动最频繁、贸易数额最巨大、增长速度最迅猛的时期，2009 年 10 月，俄总理普京访华，总理会晤期间双方正式签署的 13 项文件中，经济合作协议就占 8 项，协议金额达 40 多亿美元。中俄双方在石油、煤炭、天然气等能源合作方面均有所突破。中俄签订了《关于俄罗斯向中国出口天然气的框架协议》，俄方承诺从 2014 年至 2015 年间开始每年向中国输出 700 亿立方米天然气。由此可见，中俄双方正共同致力于推动两国经贸关系。①

① 王丽萍：《中俄经贸关系的问题及对策》，《China 's Foreign Trade》2010 年第 16 期，第 85 页。

人文领域的合作是近年来中俄双边关系发展中的一大亮点。如近年来为中俄两国人民所家喻户晓的中俄“国家年”活动，就是落实两国领导人制定的《〈俄中睦邻友好合作条约〉实施纲要》的具体项目。从2009年起，双方又在两国互相举办“俄语年”和“汉语年”活动。

事实表明，中俄关系已经是一种基于两国人民相互理解，有着共同意愿和共同利益的平等、互利的新型国家关系。中俄关系的根本目标是维护世界与地区和平，促进人类共同繁荣，为增进两国人民福祉创造更加有利的环境。对于当前中俄关系，用“历史上最好时期”来形容并不为过，其含义并非指具有同盟性质的“亲密”关系，而是指这种关系符合历史潮流，即国家间关系应该是平等协商、互惠互利的关系。国际关系史表明，只有这种大国关系才经得起历史的检验。尽管国际格局风云变幻，但是在可以预见的将来，中俄两国必将顺应历史潮流，不断深化两国全面合作，使中俄关系朝着更加健康、更加高水平的方向发展。①

（二）中俄关系的问题

1. 贸易问题

中俄贸易制度上的差异，将影响双边贸易的发展，主要表现在：关税壁垒问题。俄罗斯进口商品中有10%以上商品被征收25%以上的高关税，包括汽车、塑料制品、部分纺织面料及服装、白糖、烟草、酒精等，上述商品的平均进口税率高达30%，这种情况使中国向俄罗斯的出口处于劣势地位。实践中，俄罗斯要求外国企业在俄罗斯境内每增设一家分支机构，都必须重新登记注册，给外国企业的经营带来了很大的不便和额外的费用支出；非关税措施。如海关程序方面、进口商品的检验检疫方面、港口运输服务方面、商务人员流动方面和反腐败等方面的问题；中俄双边贸易秩序混乱问题。中俄民间贸易曾对发展两国经贸合作发展起到过积极的作用，随着两国贸易规模的不断扩大，这种不规范的贸易方式弊端凸显，已成为两国经贸合作关系中的突出问题。其根源在于俄“灰色清关”未得到有效遏止，中国商品不仅难以通过正规报

① 杨进：《中俄关系：大国关系的典范》，《国际瞭望》2010年第3期，第52页。

关渠道进入俄市场，而且在俄中国企业和商人的经济利益也难以得到保障；同时，灰色清关也给俄方造成了关税和外汇流失、扰乱市场秩序、影响国内产业发展等一系列问题。①

2. 边界问题

边界问题是中俄两国关系当中的一个重大问题。边界问题是长期以来影响两国关系发展的重要障碍。一度在俄罗斯盛行的与边界问题相关的所谓“移民”及“扩张”问题，也成为影响中俄互信的重要的消极因素之一。曾发表批评“黄祸论”言论的拉林教授在复职后指出：“现在广泛的蔓延着一种对中国人的恐惧，这是因为俄罗斯目前具有不稳定性，而中国很强大，同俄罗斯相比，它人口过多。但是中国一直希望有一个宁静、互利的边界线。中国没有任何理由采取侵略行动，破坏同俄罗斯的关系。”②

3. “中国威胁论”

“中国威胁论”是在冷战结束后中国日益强大的背景下，西方政界、学术界及舆论界的某些人用早已摒弃的冷战思维炮制出的目的在于挑拨中国与周边国家关系、妄图孤立和遏制中国发展的谬论。目前，“中国威胁论”在俄罗斯仍占有一定的市场，在西方一些心怀叵测的政客的挑拨和煽动下，俄罗斯的一部分人对中国持有怀疑态度，这在一定程度上阻碍了中俄关系的发展。

“中国移民说”是“中国威胁论”中被炒得最热的问题。俄罗斯劳动力短缺，中国劳动力有富余，中俄在此方面具有很强的互补性，合作潜力巨大。但是在俄罗斯的舆论中，中国的人口问题被宣传为俄罗斯面临的潜在威胁，所以中国学者在写文章或发言时，对这个问题往往噤若寒蝉，甚至在内部研究会上也忌讳谈这个问题，唯恐言辞不慎，被“中国威胁论”的鼓吹者抓住把柄，从而影响两国关系发展的大局。③

---

① 王丽萍：《中俄经贸关系的问题及对策》，《China 's Foreign Trade》2010 年第 16 期，第 85 页。

② 沈田颖：《朋友还是对手——中俄关系“新千年”》，《学术探索》2010 年第 6 期，第 264 页。

③ 王俊达等：《中俄战略协作伙伴关系的建立与发展初探》，《重庆科技学院学报》2010 年第 18 期，第 42 页。

（三）中俄关系的发展

目前中俄两国存在着重大的共同战略利益，双方建立一种恰当的关系不仅符合两个国家和人民的根本利益，而且也成为更加合理的国际新秩序中的积极因素，但也应看到，两国的关系也并非总是双赢，难免会有某些冲突之处。在未来如何妥善协调并处理好关系，还有更远的路要走，中俄关系也还有更大的提升空间。因此，我们始终应该保持一种客观、理性、冷静的态度来看待中俄之间的战略伙伴关系。尽管有消极因素的存在，但俄中关系有良好的发展基础，两国有必要进一步提升和深化战略伙伴关系。因此，在可预测的未来里，两国关系将继续展现积极合作的美好图景。

综上所述，在未来一个较长的时期内，中俄战略协作伙伴关系将长期存在和发展。但是，这种关系并不会演变成为政治与军事的联盟。中俄战略协作伙伴关系不针对第三国，不谋求地区霸权，两国共同反对霸权主义和强权政治，主张世界的多样化，积极主张建立公正合理的国际政治、经济新秩序。所以，中俄战略协作伙伴关系的发展不但符合两国的利益，也有利于亚太地区以及世界的和平与稳定。

三　中日关系的现状与发展

中国和日本是亚洲也是世界上两个重要的国家，两国关系的好坏可以说是东北亚地区安全和稳定的基础。我们关注中日问题，不仅在于两国都是大国，更在于两个大国在地缘上的接近，相互之间必然存在着影响。一般来说，地缘上比较接近的大国之间必然存在竞争性，这种竞争性可能将两国关系带入冲突，也可能带入合作。但无论冲突还是合作都会带来地缘政治的边际效应，那就是“两个地缘相近的国家，尤其是两个大国，如果相互友好，则带来的利益会比距离较远的国家倍增；同样的，如果两个国家互相敌对，则带来的损害也会倍增。”其关键取决于两国的战略需求和战略选择。总的来说，中日两国建立长期稳定的友好合作关系，符合两国人民的共同心愿和根本利益。[①]

（一）中日关系的现状

中日关系从总体上看，一度表现为“政冷经热”，目前双方的政治关系有回暖的趋势。回顾冷战后的中日关系的发展可以看出，尽管两国的经济关系不断发展，但政治关系却时好时坏。虽然双方经济利益上的相互依存度越来越高，但双方在政治上的不信任感始终存在。

1. 双边经贸合作广泛而深入

首先，中日经贸合作空前发展。1972 年中日恢复邦交以来，为顺应两国人民的共同愿望和时代发展的潮流，两国经贸合作获得空前发展。中日双边贸易额由 1972 年的 11 亿美元增加到 2007 年的 2360 亿美元（2009 年为 2320.9 亿美元），增长超过 200 倍。经贸合作规模不断扩大，经济依存日益加深，这给两国人民带来了实实在在的经济利益。2007 年，中国是日本最大贸易伙伴、第一大出口目的地和最大的进口来源地，日本则是中国第三大贸易伙伴。日本对华实际投资金额累计达 607 亿美元，是中国第二大外资来源地。

其次，中国经济的快速发展，给日本带来新的机遇。事实证明，近年来中国经济的快速发展，已经成为拉动日本经济走出低谷、转向稳定增长的重要外因。有学者认为，近年日本经济复苏在很大程度上得益于“中国崛起”所带来的新的需求（如高科技产业等）。日本国内甚至出现了一个新的词汇“中国特需”，特指因中国增加进口而形成的需求。日本经济界普遍认为，中国经济目前正处于过渡期，原材料极度短缺，因而不得不依靠进口，从而为日本经济复苏提供了一个难得的机会。本次的“中国特需”主要反映在中国对原材料、机械设备、电子零部件、汽车及其零部件的需求骤增，这直接促进了一直苦苦挣扎中的日本钢铁、机械、石化、海运等传统大产业。另外，日产高档消费品在中国也找到了巨大的市场。目前，“中国特需”已成为日本出口增长的重要推动力量，这也使日本对中国经济的依赖度呈上升趋势。

---

① 刘清才主编：《21 世纪初东北亚地缘政治——区域政治与国家关系》，吉林大学出版社 2004 年版，第 260 页。

再次，对日经贸合作有利于中国产业结构调整和扩大就业。在中日贸易迅速发展的同时，日本对华投资也取得了快速的增长。一方面，日本对华投资，特别是制造业向中国转移，在很大程度上推动了中国经济的发展。它既为中国带来了先进的技术和管理经验，又提供了资金和市场，并创造了大量的就业机会。另一方面，由于日本某些劳动密集型产业对华转移，其生产的大部分产品是返销日本市场或出口欧美国家，这又促进中国对外贸易额的增长。

总之，中日发展经贸合作体现了友好相处，合作双赢，有利于双方取长补短、优势互补，实现共同发展。未来两国经贸合作不仅规模巨大而且潜力无限。双方应结合自身发展需要和当前国际经济形势，以节能环保、高新技术、金融等领域为重点，开展更高水平和层次的新型合作。

2. 两国政治关系在曲折中前行

与中日之间密切的经济关系相比，两国政治关系的发展显得曲折复杂。

第一，邦交正常化后20年，中日关系曾有过“难得”的蜜月期。和平、友好与合作成为当时双边关系的主旋律。

第二，冷战后，中日关系经受了一段严峻的政治考验。十几年来，日本政治结构发生了重大变化，大国意识膨胀，右翼政治势力愈加活跃。导致日方一度在历史、台湾等问题上大开倒车。尤其是2001—2006年，日本首相小泉不顾国内外的强烈抗议反对，连续六年以内阁总理大臣的身份参拜靖国神社①，这极大地刺激了中国人民和亚洲人民的感情，严重损害了中日关系的政治基础，导致两国高层互访一度中断，进而陷入“政冷”的泥潭，两国政治关系达到了邦交正常化以来的最低点。

第三，目前，中日政治关系出现了“回暖”的趋势。2006年，安倍晋三任日本首相后，开创国事访问首选中国的历史创举，打开中日关系的政治僵局。此行被称作“破冰之旅”，载入中日友好的史册。此

① 小泉六次参拜靖国神社时间分别是：2001年8月13日、2002年4月21日、2003年1月14日、2004年1月1日、2005年10月17日、2006年8月15日。

后，历经温家宝总理2007年4月访日的“融冰之旅”，再到福田康夫首相2007年12月访华的“迎春之旅”，以及2008年5月胡锦涛主席访日的“暖春之旅”。如今，在双方的共同努力下，中日政治关系已成功走出僵局，站在了新的历史起点上。两国领导人确立了全面推进战略互惠关系的共同目标，彼此政治互信显著增强，务实交流与合作继续深化，两国关系重现生机。

第四，未来中日政治关系的前景仍然充满不确定因素。一方面，日本要在世界上“扮演与自己强大经济实力相适应的角色”，即谋求政治大国地位。为此，日本着力加强对亚太地区的政治影响力，积极申请成为联合国安理会常任理事国。另一方面，日本的地区战略将依然是“挟美制亚”，“协美抑中”。在可预见的未来，日本仍将力图掌握东亚地区主导权，对中国保持战略优势。但日本塑造地区秩序的能力毕竟有限，而且日益受到美国的制约及周边国家的影响。中日关系错综复杂，共同利益与相互矛盾同在，其合作与摩擦都有可能发生。日本如果不能正视中国的崛起，中日关系的根本好转就只能是个美好的愿望。

展望中日关系的未来，为了实现和平共处、世代友好、互利合作、共同发展的宏伟目标，两国还将面临许多重大课题，还要一起翻过一座座山，越过一道道河。就当前和今后一段时期而言，两国间存在的几个现实问题，仍需重点关注。

（二）中日关系的问题

总的来说，关系到中日政治关系基础的历史问题和台湾问题，仍严重干扰着两国关系的健康发展。另外，领土和海洋权益争端突出、国民情感出现下滑势头，这都给两国深化合作带来了阻力和制约。

1. 历史问题

历史问题始终是中日关系的一个软肋。胡锦涛总书记在日本早稻田大学发表重要演讲时指出，历史是最富哲理的教科书。我们强调牢记历史并不是要延续仇恨，而是要以史为鉴、面向未来，珍爱和平、维护和平，让中日两国人民世世代代友好下去，让各国人民永享太平。日本应把正视和反省侵略历史的承诺落实到行动上，从根本上妥善处理有关问题。而日本认为中方是抓住历史问题不放，使日本产生“谢罪疲劳”。

中日在历史问题上的斗争将是长期的。两国在历史问题上的矛盾主要体现在以下几个方面：

（1）参拜靖国神社问题

战后，日本领导人参拜靖国神社一直是个敏感的政治问题。而小泉连续六次参拜靖国神社，使参拜靖国神社问题再次成为关注焦点。虽然日本首相菅直人对参拜靖国神社问题表态说："由于甲级战犯被合祀，不应该参拜"，表明将不会前去参拜。但只要日本没有把正视和反省侵略历史的承诺落实到行动上、靖国神社仍然供奉二战战犯牌位，参拜问题就仍会是中日关系间的"定时炸弹"。

（2）日本右翼势力抬头

进入20世纪90年代之后，日本国内的经济、政治形势开始发生剧烈变化。经济上，由于泡沫经济的崩溃，日本经济长期处在一种低速徘徊状态，近20年没能走出低谷。经济问题的日渐突出，导致了日本政治结构的变化，自民党一党执政体制在国内经济不振潮流的冲击下，终于瓦解。[①] 伴随着自民党一党执政体制的瓦解和战后老一代政治家的逐渐隐退，日本右翼势力开始抬头并且活动空间日趋扩大。日本朝野上下、新生党内都有这部分势力在活动，他们主张修改和平宪法，推卸侵略战争责任，在中日关系上主张"亲台疏华"。

当年，在制定"和平宪法"时，日方加入了"芦田修正"，为日本的重新武装留下一个可供开启的门。目前，右翼势力主张修改宪法，其目的在于通过修宪，对日本"普通国家"地位予以法律上的确认，以恢复传统的国家观、恢复战前的国家主义、恢复天皇制的极端民族主义。这也表明，日本已经对军事强权产生强烈的觊觎，并正在为自卫队走向海外扫除一切政治障碍。

另外，他们矢口否认日本发动侵略战争的性质和罪行，明目张胆地掩盖甚至美化侵略战争历史，隐瞒日本帝国主义在亚洲各国犯下的滔天罪行，并为已经被钉在历史耻辱柱上的甲级战犯扬幡招魂。他们以"东京审判是胜者对败者的审判"为名，为甲级战犯鸣冤叫屈。2005年5月，日本厚生劳动省政务官森冈正宏公然宣称："东京审判所列之甲级

① 高科：《中日关系的10年回顾与反思》，《现代日本经济》2005年第5期，第61页。

战犯在日本不再被视作罪犯。"[①] 并荒谬地提出"国家责任"说，为日本战犯开脱罪责。应当指出，日本发动侵略战争的国家责任是不容逃避的，而甲级战犯作为当时日本国家的军政领导受到惩处，正是追究日本国家责任的重要形式。右翼势力的这些做法，不仅违背了日本政府在历史问题上的承诺，而且背离了中日关系的政治基础，严重伤害了中国和亚洲有关国家人民的感情。

（3）篡改历史教科书

2005 年新版日本历史教科书的内容被曝光后，右翼势力歪曲和篡改历史的丑恶行径，再次遭到中、韩、朝等邻国的强烈谴责。

从内容来看，新版历史教科书在有关侵略历史的叙述上更加暧昧和倒退，书中充满了以天皇为中心的家族国家观、亚洲支配观、对他国优越感和本国中心史观，同时隐瞒加害事实、充满了受害者意识，大肆宣扬侵略有理，侵略有功，使用大东亚战争的说法，肯定日本发动战争是自存自卫的战争，并且歌颂日本国民积极投身战争的献身精神。[②] 究其根源在于，当时整体右倾化的日本急于彻底抛弃所谓"自虐"的历史观，通过隐瞒日军暴行，宣扬日本的"受害者"和"救世主"形象，以此来提升日本年轻人的"爱国心"和"自豪感"。其实质在于，日本不能正确认识和对待日本军国主义的侵略历史，不能以正确的历史观教育年轻一代。日本政府的这种倒行逆施只能破坏它与亚洲邻国的关系，有损它在亚洲及世界各国人民心中的形象。日本右翼势力的险恶用心，必将遭到全世界所有主持正义的人们的谴责。[③]

2. 台湾问题

台湾问题对中日关系的影响丝毫不逊于两国关系中所存在的其他问题。台湾问题在中日关系中有日益突出之势，也成为制约两国关系发展的一个不稳定因素。随着世界局势的发展和日美同盟的巩固，日本出于

---

① 江涌：《强词终难夺理——再评日本政要否认战争罪责言行》，《人民日报》2005 年 6 月 2 日，第 1 版。

② 蓝建中：《日本历史教科书妄称中日历次战争责任均在中国》，《参考消息特刊》2009 年 3 月 24。

③ 龚常、沈林：《肆无忌惮篡改历史：日本新版历史教科书越改越黑》，《环球时报》2005 年 3 月 3 日。

战略和利益的考虑，对台湾越来越关切。

（1）从历史角度看，日本和台湾都有一部分人存在着“殖民情结”。日本对台湾曾实行过近半个世纪的殖民统治，其国内一直存在一股亲台势力，至今仍怀有浓重的“台湾情结”，并对台进行着文化和心理渗透，梦想恢复昔日的殖民统治。而在台湾仍有一些“台独”分子，如李登辉、台“驻日代表”许世楷等人的“皇民情结”挥之不去。他们刻意对历史进行驳杂无由的叙述，形成畸形的“日本情结”。日本侵台50年，竟被他们称为“日据时代”；台湾经济起飞，竟被说是因为日本占领台湾期间培养了大批经营管理人才所致。这使日本在台湾的形象和亚洲其他国家和地区的形象大相径庭。

（2）日本将台湾看做是遏制中国的一张王牌。冷战结束后，随着中国综合国力不断提高，部分右翼势力开始鼓吹“中国威胁论”，将中国看做日本在亚太地区的竞争对手。于是，开始着力改变冷战以来日台关系趋冷的状态，加强了对台湾问题的重视程度。其目的在于，利用台湾来遏制大陆的发展。

（3）日本在台湾有着重要战略利益。一方面，日本认为台湾海峡是其“经济生命线”。从地缘政治角度讲，日本是海洋型国家，物资运输主要依赖海上交通，其主要航线是海湾——印度洋——马六甲海峡——南海——台湾海峡——日本。而台湾正好处于日本“海上生命线”的咽喉要冲，扼守日本南下东南亚、西去欧洲的必经要道。有数据统计，日本约四分之三的运输货船要经过台湾海峡，也就是说大约每10分钟就有一艘日本商船途经台湾海峡。另一方面，日本认为台湾海峡是其“军事生命线”。日本担心，一旦大陆与台湾实现了统一，那么中国将成为面向太平洋的国家，台湾海峡就会变为中国的内海。这种情况下，日本列岛西南方向的海域和海上航线都将完全处于中国的监控之下，即日本除东北航线以外所有的航线都会受到遏制。

基于安全战略考虑，日本人普遍认为如果海峡两岸顺利实现和平统一，对于高度依赖外部环境的日本来说将是一个不幸的消息。这意味着日本必须与中国搞好关系，否则其生存与发展都将受到抑制。因此，在美国介入台湾问题的时候，日本也不失时机地发展日台关系。他们希望通过染指台湾，解除他们的上述忧虑，并将其作为遏制中国成为海洋大国的桥头堡。

为此，日本一方面在外交上提升“日台”政治关系。日本右翼势力宣扬“台湾地位未定论”，插手我国台湾问题。2004 年 10 月，日本东京都知事石原慎太郎应台湾“交通部长”林陵三邀请访台，出席“顶级观光列车之旅”，协助台湾宣传并推广观光活动。2004 年 12 月 21 日，日本政府不顾中方再三严正交涉和坚决反对，执意向“台独”势力的代表人物李登辉发放了入境签证。27 日李登辉访问日本。对这次行程的意图，李登辉自己说得很清楚，他说“大家以为我去玩，不是喔”。在他看来，这次赴日是为建立台日坚强的关系。相应的，台湾当局大力推行“务实外交”时，把日本作为重要的争取对象，以增加“拒统谋独”的安全系数。陈水扁在接受日本《世界》杂志采访时公开表示：“台湾的存在对日本只有好处，一旦台湾成为中华人民共和国的一部分，日本的安全立即受到威胁，日台应该加强军事交流，才能确保亚太安全。”2004 年 10 月 3 日，台“行政院长”游锡堃称，台湾海峡是日本的生命线，台海安危和日本安危唇齿相依，维护台海和平符合台日双方的“国家利益”；为了应对朝鲜半岛的核问题及中国军事势力的扩张，台、日，美三方应该建立更紧密的“价值同盟”及安全对话管道。①

另一方面，在日美安保体系中进一步突出台湾因素。日本认为介入台湾问题最好的契合点和突破口是借助日美同盟关系，并对此毫不隐讳。2005 年 2 月，日本外务省发言人公开声称日美安保条约涵盖台湾海峡，到 5 月份日本外相重申这一立场。目前，日美两国已着手制定针对台湾海峡争端和朝鲜半岛“有事”的共同作战计划，并筹建“联合作战指挥中心”。这意味着日本在军事上介入台湾问题的可能性越来越大。在日美针对台湾问题的安全合作不断强化以及日台关系不断深化的背景下，台湾问题的“日本因素”将会越来越突出。我们对日本在台湾问题上的意图给予更多的关注。尤其是近些年日本一直在悄悄地进行着军备重整，如果日台联合，日本就可以一箭双雕：一来，实现伊藤博

---

① 赵正平：《台湾当局使劲巴结日本：希望日本“男口再沉默”》，《环球时报》2004 年 10 月 6 日。

文的“彻底地让中国变成一个内陆国家”的“梦想”；二来，拉一个亚洲的“军事同盟”。在这个问题上，我们务必要从内心深处高度警惕。

台湾问题事关中国核心利益，事关中国的主权和领土完整，事关13亿中国人民的民族感情。坚持一个中国原则是中日关系的政治基础，中日两国在1972年9月签署的《中日联合声明》第三条载明，日本政府“充分理解和尊重”中国政府关于“台湾是中华人民共和国领土不可分割的一部分”这一立场，并“坚持遵循《波茨坦公告》第八条的立场”。日本应信守承诺，不做损害中国主权也使日本在国际上不得人心的事。

3. 领土和海洋权益争端

（1）领土之争：钓鱼岛之争

中日两国一直围绕钓鱼岛的归属问题争论不休。日本每年都有右翼人士到钓鱼岛上建灯塔、竖牌子，以图使霸占钓鱼岛变成事实。为保卫中国领土和主权，海内外爱国人士纷纷组织起来，奋起保卫钓鱼岛。钓鱼岛问题事关国家领土和主权，因此，也是影响两国关系的重要因素之一。

目前，中日两国对钓鱼岛归属问题争论的焦点在于，中国不承认日本的中间线理论，日本也不承认中国的大陆架理论。

中国的大陆架理论是指，根据《联合国海洋法公约》第76条规定，“沿海国的大陆架包括领海以外，依其陆地领土的全部自然延伸，扩展到大陆边外缘的海底区域的海床和底土”，并规定切断大陆架的标准深度为2500米。东海大陆架是一个广阔而平缓的大陆架，向东一直延至冲绳海槽。冲绳海槽的深度为2940米，超过《联合国海洋公约》规定的2500米深的标准，是中国大陆架和日本琉球群岛岛架之间的分界线。由此可知，冲绳海槽以西的整个东海海域，包含钓鱼岛所处的海床在内，都是中国大陆架的自然延伸部分。

日本的中间线理论是指，从相对的沿海国的海岸基线等距离划出中间线，这也是国际上分割海洋的一个办法。按照这种划法，钓鱼岛在“中日中间线”的日本一侧。据此，日本强调钓鱼岛归其所有。

钓鱼岛自古以来就是中国的领土，这是不争的事实。就是这样，我国政府还是主张中日双方应当坐下来谈判，以求这一问题能够得到合理解决。目前，中日双方从稳定两国关系的大局出发，对钓鱼岛问题采取了低调处理。但日本政府并没有放弃霸占钓鱼岛的计划，还在各种场合下多次暗示会采取一切措施去保卫日本的“固有领土”。

在钓鱼岛问题上，我们的态度是：钓鱼岛及其附属岛屿自古以来就是中国的固有领土，中方对此问题的立场是明确和一贯的。日方采取的任何单方面行动都是无效的，丝毫不能动摇中国对钓鱼岛及其附属岛屿所拥有的主权，也改变不了钓鱼岛是中国领土的事实。

（2）海洋权益之争：东海油气田

2005年5月下旬以来，日本媒体把中国正在东海开发的“春晓”油气田炒作得沸沸扬扬，称中国的开采行动“超越东海海域中间线”，“侵犯日本海洋权益”。“春晓”工程进展的速度和日本媒体的指责令日本政府倍感压力，于是，日本政府加大了同中方政府的交涉力度，态度也越发的强硬起来。日方欲将“中间线”强加给中方，以其自定的“中间线”来否定中国的主权权利，指责中国侵犯日本海洋权益，并决定开始办理授予民间企业对东海“中间线”以东油气试采权的手续，企图以民企开发东海资源牵制中国。

根据《联合国海洋公约》规定，一个国家对其领海及领海以外的水域的自然资源，拥有主权和管辖权，并称之为专属经济区。其向海洋伸展的宽度，从测算领海宽度的基线量起不超过200海里。东海最宽处仅360海里，这样，中国和日本之间似乎产生了至少40海里宽的争议海域，约相当于3个浙江省的面积。但《联合国海洋公约》也规定，一个国家的专属经济区，应在这个国家所在大陆架之内。据此原则，中国在1958年就开始了海洋综合普查性质的海洋区域地质调查。20世纪70年代，中国便根据调查结果对东海宣示拥有主权。即便是按照日本所说的“日中中间线”，春晓油气田也完全属于中国所属区域，与日本无涉。

中日领土和海洋权益之争的深层背景在于：两国的能源之争。

1968年，联合国亚洲及远东经济委员会的一份研究报告中指出，中日之间的东海大陆架可能蕴藏丰富的油气资源。目前，根据日本方面的粗略勘测数据表明，东海海底蕴藏着上千亿桶的石油和数千亿立方米的天然气资源。日本认为大部分能源就埋藏在“中日中间线”的日本一侧，这也是中日在东海能源问题上的分歧所在。

中国和日本都存在能源供应短缺的问题，都客观需要利用这些能源为各自经济发展服务。中国自 1993 年开始便成为石油净进口国，2007 年中国石油进口量达到近 2 亿吨，已经成为仅次于美国的世界上第二大的能源消费国，也是第二大石油进口国。据国际能源署估计，到 2030 年，中国进口石油量将占总需求的 80% 以上。而东海大陆架拥有非常丰富的油气资源，足够我国用几十年，并且距我国主要经济命脉长三角、珠三角都不远，可以直接为我国经济建设服务。日本国土狭小，资源匮乏，所需石油几乎全部依赖进口。2003 年，日本原国土交通大臣扇千景曾在一篇题为《调查大陆架是国家的百年大计——资源大国日本不是梦》的文章里举例说，这些海域中埋藏着足够日本消耗 320 年的锰、1300 年的钴、100 年的镍、100 年的天然气以及其他矿物资源和渔业资源，这些资源足以使日本从天然资源贫乏国家摇身一变为“天然资源大国”。因此，这些资源对日本有着十分重要的战略意义。

2008 年 6 月 18 日，中日双方经过认真磋商，同意在实现有关海域划界前的过渡期间，在不损害双方各自法律立场的情况下进行合作，在东海选定适当的区域迈出共同开发第一步。这是双方为落实两国领导人关于使东海成为和平、合作、友好之海的重要共识而采取的重要步骤，也是双方本着求同存异的精神，通过平等协商达成的互利双赢的成果。上述成果的取得，有利于东海的和平与稳定，有利于中日加强在能源等领域的互利合作，有利于中日关系的健康稳定发展，符合两国和两国人民的根本利益。

4. 国民情感问题

(1) 近年来，中日两国国民情感出现下滑势头

在日本，据日本外务省 2001 年所进行的民意调查显示，对中国有亲近感和无亲近感比率相差无几，分别为 48.1% 和 47.5%。同时，日本国民认为中日两国关系良好和不好的比率也十分接近，分别为 48.5% 和 41.3%。而 2004 年日本内阁外交舆论调查结果显示，58.2% 的被访者对中国没有亲近感，而对中国抱有亲近感的比率仅为 37.6%，两者都创下了自 1978 年开始调查以来最低纪录。

在中国，据《中国青年报》报道，2004 年中国社会科学院日本研

究所的中日舆论调查显示，我国31.2%的民众表示对日本“不亲近”，22.4%的民众表示对日本“很不亲近”。在“不亲近”的人中，有61.7%是因为日本至今没有认真反省侵华历史。这与2002年调查结果相比，中国民众对日本感到“非常亲近”和“亲近”者，仅由5.9%微升至6.3%，而感到“很不亲近”和“不亲近”者，却由43.3%增至53.6%，中国民众对日本的不亲近感显著增强。

（2）目前，中日两国国民好感度依旧不高

2009年中日关系进一步改善。政治上，日本政权更迭后，两国首脑频繁会面，日本天皇也破例与中国国家副主席习近平会见。经济上，日本对华出口超过对美，双方依存度上升，这使得中日国民间的好感度有所提升，但总体依旧不高。日本内阁府2009年12月12日公布的“外交舆论调查”结果显示，认为中日关系“良好”的日本人比2008年增加了14.8个百分点，达到38.5%，“对中国有好感”的日本人同为38.5%，比去年增加了6.7个百分点。

事实表明，两国国民情感是两国政治关系的基础，而两国良好的政治关系，能影响两国国民情感。同时，两国关系的改善与两国国民好感度的提升，并非完全的正比例关系。其中至少有两项因素可能导致两者逆向而行：其一，随着两国国民交流的加深，在对相互长处了解增多的同时，短处也会更多暴露；其二，国家关系的改善，主要基于国家利益，而国民好感度虽与国家利益有密切关系，但在很大程度上又决定于各自的价值观念、道德判断、民族感情等。[①] 因此，在中日关系总体上正在向积极的方向发展的同时，“国民感情”仍是困扰两国关系的一道难题。双方之间相互认知的差异，以及与实际外交关系进展“不均衡”的情感，将对今后两国关系的走向蒙上不确定的阴影，并具有复杂性、长期性以及脆弱性。今天，中日两国之间在各个方面的联系越来越紧密，但这些只是纽带，信任才是基础，如果信任发生动摇，联系的纽带也是会断裂的。为从两国关系的长远大计考虑，加深两国人民，特别是青年间的相互理解和信任是必不可少的。

---

① 王少普：《华侨报：日中关系十大新闻透出民众好感度》，中国新闻网，2010年1月14日。

（三）中日关系的发展

2008年5月7日，中华人民共和国国家主席胡锦涛和日本内阁总理大臣福田康夫在东京签署了《中日关于全面推进战略互惠关系的联合声明》。这个历史性的文件可以看做是中日两国在新时期，共同努力搭建的新的历史平台。《声明》延续了中日两国政治前辈所缔结的《中日联合声明》和平与友谊的精神实质，站在新世纪、新起点的历史高度上，在继续推进相互支持、互惠互利，共同推动中日两国和平事业的发展，共同创造亚洲乃至世界未来美好前景等方面达成了重要的共识。如果中日两国能够切实沿着《声明》中所达成的协议前行的话，必将实现两国战略互惠、双方共赢的长远目标。然而，历史的经验告诉我们，中日两国关系毫无波澜、一帆风顺的走下去，几乎是不可能的。中日两国在历史上从未有过现在这样实力如此接近的局面。因此，寄托于《声明》的完全实施，是一种过于理性主义的学术假设。而与历史演进更为贴近的是，中日两国关系发展，其间必定充满了种种困难与挑战。现有的矛盾势必会成为两国关系发展的壁垒，今后也会被新的问题所牵绊。解决触及两国核心利益的矛盾也非一朝一夕能够实现。

双方在没有重大环境变化的前提下都不会轻言放弃，然而“青山遮不住，毕竟东流去”，世界发展的趋势与两国人民的根本利益则必将驱动两国政府为顾全大局，实现更大利益，在求同存异前提下将问题暂时搁置。综合分析中日关系的历史与现状，可以得出一个基本结论：中日关系的前景总的说是乐观的，但其中并不会一帆风顺，一定会有调整和震荡。在面对困境时，两国都应该保持对话与交流，这也是中日关系发展的基本形式，即使在中日关系最困难的时候，两国政府也没有放弃与对方的对话。当前，中日之间已经在政治、经济、安全等领域形成了交流机制，包括：外交部副部长级的中日战略对话、与经济相关的所有部长参加的中日经济高层对话、专门就当前存在的东海问题进行磋商的外交部司长级中日东海问题磋商、以提高军事力量及战略的透明度、增进信赖为目标的中日防务安全磋商、中日共同历史研究委员会，等等，可见战略对话是中日两国对话和合作机制建设的重要组成，推动对话与合作的机制化发展应当是今后的一个大方向。此外，中日两国也应顺应世界发展潮流，摒弃猜疑与对立，增强政治互信，实现经济互利，全面推进战略互惠，带动两国乃至地区的发展与繁荣。

总之，发展长期稳定的中日睦邻友好合作关系，是我国政府奉行的基本对日政策。今天，中日两国关系正站在新的历史起点上，面临进一步发展的新机遇。中国政府和人民真诚希望，同日本政府和人民一道努力，增进互信，加强友谊，深化合作，规划未来，开创中日战略互惠关系全面发展新局面。

四 中欧关系的问题与核心

（一）中欧关系的现状

自 1975 年中欧建交以来，相互关系跌宕起伏。欧盟先后发表了 5 个对华政策文件，中欧关系的定位达到了“全面战略伙伴关系”的高峰。但随着欧洲和中国不平衡发展，自 2005 年始，欧洲出现了形形色色的“中国威胁论”，双方摩擦增多。当然，在充分注意欧盟对华政策消极变化的同时，也要如实地看到双方存在共同利益，要对欧盟对华政策的变化进行符合实际的重新评估，要站在战略高度以长远的眼光和全球视野正确看待中欧关系。

近年来，中欧关系跌宕起伏，不仅与 2003 年双方商定的致力于“全面战略伙伴关系”很不相称，而且与中俄战略协作伙伴关系进一步深化、中美关系相对平衡发展、中日关系有所改善形成鲜明对照。实事求是地回顾中欧关系的发展历程，不难看出，欧盟对华态度的变化本质上是其长期来对华态度两面性的继续，是其消极面随着情况的变化而进一步发展的结果。自 1975 年中国和欧盟建交以来，欧盟对华政策一直表现出三个本质性的特点：一是利用中国潜力巨大的市场，通过不断扩展的经贸合作捞取实实在在的经济利益；二是在合作中以各种方式渗透中国，影响中国的发展走向；三是在国际上借重中国日益增长的影响力为其所用，并设法把中国纳入西方主导的国际政治经济体系。

在充分注意到欧盟对华政策消极变化的同时，也要如实地看到中欧之间客观上仍然存在着不少共同利益。“中国机遇论”在欧洲经济界和理智地思考问题的政界人士中仍占主导地位，各国政府出于不同的考虑也不得不重视中国的分量和地位，中欧关系仍有进一步发展的较大空间。第一，双方互不构成地缘政治的安全威胁，也没有历史遗留下来的争议问题，在一些重大国际问题上仍有不少共同的利益和相近的立场，都主张多边主义。面对层出不穷的非传统安全威胁，双方都需要加强合作、共同应对。第二，经济上仍有很大的互补性，发展合作的潜力依然很大，且相互依存度已较深，中国有兴趣同欧洲合作，欧方也难以割舍中国这个市场和合作伙伴，合作共赢仍是符合双方利益的最佳选择。第三，中国的悠久历史和灿烂文化对欧洲民众有吸引力，随着双方人员交往增多，欧洲人更多地了解中国，对中国的好感会进一步增加，目前欧洲媒体的反华宣传将会逐渐失去市场，理智和利益终将战胜偏见并超越意识形态的鸿沟。特别是中欧领导人认为，领导人会晤机制的建立，使得中欧关系十年来实现了“历史性跨越”。同时，双方高层互访频繁，理解互信不断加强。

（二）中欧关系的问题

1. 涉藏问题是当前中欧关系中最为敏感的政治问题。中欧在涉藏问题上的冲突集中表现在西藏的主权归属、人权和宗教、文化和环境保护三大问题上。但实际上中欧在涉藏问题上的冲突主要缘于政治因素以及双方对战略利益和达赖集团的不同认知，双方并不存在根本利益冲突。要消除误解，减少分歧，避免冲突，需要中欧共同努力。

2. 气候变化是中欧关系的一大问题。欧盟认为第三世界国家是最大温室气体排放源。而中国则主张，不应给发展中国家强行设置减排义务，并希望发达国家为发展中国家实现减排提供资金或技术帮助。但在减排问题上，中欧还都是愿意承担责任的。

3. 在弱势美元的国际经济形势下，中欧的贸易不平衡问题引起了欧洲方面的极大关注。法国总统萨科齐、欧盟贸易委员曼德尔森、欧洲央行行长特里谢都曾在不同场合表达了对巨大贸易逆差的担忧和敦促人民币升值的声音。萨科齐在访华期间称：“一个强大的国家必须有强势货币”；欧元区财长会议轮值主席荣克表示，“面对欧元持续升值的局面，依然维持先前温和策略将是愚蠢的行为”。

（三）中欧关系的发展

综观当前中欧关系，对话、协调、合作成为最显著特征。双方在应对危机过程中开创了中欧关系史上的众多“首次”，有力推动了中欧合作的全面发展。中国对欧盟投资首次覆盖全部 27 个成员国，设立直接投资企业近 1400 家，雇佣欧盟当地雇员 1.5 万人；中国首次成为欧盟第二大出口市场；2010 年前 11 个月双边贸易额首次突破 4300 亿美元，全年有望创出新高；中国首次同欧洲国家签署 35 亿元人民币的本币互换协议，开创中欧金融合作新模式；中欧首轮高级别战略对话成功举行；中欧护航舰队首次在亚丁湾海域共同打击海盗；欧盟首次破例参加欧洲地区以外的世博会——上海世博会；中欧成功举办首届文化高峰论坛，不久还将迎来首次中欧青年交流年活动。[①]

中欧合作不仅促进了中欧各自的发展，也为世界经济恢复增长、全球治理结构改革作出了重要贡献。在二十国集团这一全球重要经济治理平台上，中欧双方加强协调与对话，推进国际机构、金融部门和国际货币体系改革，使新兴市场和发展中经济体代表权有了提高。在此过程中，中欧的共同利益不是减少了而是增加了，双方关系的重要性不是降低了而是增强了，互利合作的基础不是削弱了而是更加稳固了。

令人欣喜的是，无论是中国的“十二五”规划还是欧盟的“欧洲 2020 战略”，都强调科学发展、和谐发展、可持续发展和包容性增长。这些将为中欧长期合作创造更为有利的条件。尽管中欧之间相互认知与信任还不平衡，欧洲甚至存在一些猜疑、指责的“杂音”，双方在一些问题上仍有摩擦。但是，无论是相互信任的加深，还是摩擦的减少，都只有通过合作才能达到。中欧关系发展的历程表明，合作符合双方的共同利益，也是中欧关系继续深化的基础。

思考题：

1. 如何看待当前的中美关系？
2. 中俄战略协作伙伴关系的特点及发展前景？

---

① 尤罗：《合作是中欧关系深化的基础》，《人民日报》2011 年 1 月 10 日，第 3 版。

3. 中日之间存在的问题及我国政府对日基本政策？

4. 为什么说中欧关系十年来实现了“历史性跨越”？

5. 从中国与大国之间的关系看中国的外交政策？

阅读文献：

1. 中国国际问题研究所：《国际形势和中国外交蓝皮书》（2009/2010），世界知识出版社2010年版。

2. 杨闯等：《百年中俄关系》，世界知识出版社2006年版。

3. 金熙德主编：《21世纪的中日关系》，重庆出版社2007年版。

4. 黄大慧：《日本大国化趋势与中日关系》，社会科学文献出版社2008年版。

5. 朱立群主编：《国际体系与中欧关系》，世界知识出版社2008年版。

6. 伍贻康主编：《欧洲一体化的走向和中美关系》，时事出版社2008年版。

7. 张蕴岭主编：《中国与周边国家：构建新型伙伴关系》，社会科学出版社2008年版。

8. ［美］约翰·米勒—怀特、戴敏等：《中美关系新战略——跨越零和博弈的中美双赢之路》，中信出版社2008年版。

9. ［美］亨利·基辛格：（顾淑馨等译）：《大外交》，海南出版社2009年版。

第九讲

中国与发展中国家和主要国际组织的关系

搞好与发展中国家的关系作为我国外交整体布局中的一环，对中国来说十分重要。发展中国家是国际政治中不可忽视的一支重要力量，中国是一个负责任的大国，对国际事务具有重要的影响。与此同时，中国也是一个发展中国家，我们与广大发展中国家有着广泛的共同利益，中国与发展中国家的关系十分重要，中国重视与广大发展中国家的团结与合作。

一　中国与东盟的关系

中国与东盟国家是友好近邻，中国与东盟国家有着深厚的传统友谊，发展与东盟国家的睦邻友好关系是我国周边外交政策的重要一环。冷战结束后，中国与东盟建立了对话关系，走上了稳定发展的道路。进入21世纪，双边关系进一步升级，中国与东盟在政治、经济等领域展开了卓有成效的全方位的合作。但是，在中国与东盟发展友好关系的进程中，还存在诸多制约因素。展望未来，随着中国—东盟经贸关系的进一步发展，必将巩固双方的战略伙伴关系，中国—东盟关系必将在健康的轨道上继续前行。

（一）中国与东盟关系的历史与现状

东南亚国家联盟简称东盟，1961 年 7 月 31 日，马来西亚、菲律宾和泰国在曼谷成立东南亚联盟。1967 年 8 月 7—8 日，印度尼西亚、泰国、新加坡、菲律宾四国外长和马来西亚副总理在泰国首都曼谷举行会议，发表了《东南亚国家联盟成立宣言》，即《曼谷宣言》，正式宣告东南亚国家联盟（简称东盟，Association of Southeast Asian Nations—ASEAN）的成立。1984 年，独立后的文莱入盟，成为第六个成员国。1995 年，越南成为第七个成员国。1997 年缅甸和老挝加入东盟。1999 年 4 月 30 日，柬埔寨成为第十个成员国。

东盟成立初期，正处于美苏争霸时期，以美苏两极对峙为标志的冷战导致资本主义阵营和社会主义阵营的长期对抗。中国与印度半岛以外的大多数东南亚国家分属于两个敌对阵营，在当时的历史条件下，外交关系受政治和意识形态的影响，东盟对中国采取敌视政策，中国视东盟为反共集团，东盟则视中国为共产主义威胁。

20 世纪 70 年代，国际形势发生剧变，中美建交，中国与东盟国家关系也逐渐好转。1974 年和 1975 年，马来西亚、菲律宾和泰国先后与中国建交，并解除对华贸易禁令。与此同时，中国与东盟的经贸关系开始回暖。

冷战结束后，中国与东盟的关系有了进一步进展。1990 年 8 月 8 日，即东盟成立 23 周年之际，印尼与中国复交。同年 10 月，新加坡与中国正式建交。1991 年 10 月，文莱与中国建交。同年，中国与越南实现了关系正常化。至此，中国与东盟的全部成员均建立或恢复了外交关系。中国与东盟国家实现全面建交后，中国—东盟关系得到迅速发展。1991 年，东盟首次邀请中国外长参加东盟外长会议；1993 年中国进入东盟地区论坛；1994 年中国正式参加东盟地区论坛并提出中国对亚太安全合作问题的五项原则；1996 年中国—东盟从磋商伙伴上升为全面对话伙伴关系；1997 年亚洲金融危机爆发后，中国在自身面临巨大经济压力的情况下，坚持人民币不贬值，并历尽所能地向东盟国家提供了经济支持，中国对东盟国家的真诚援助和大力支持，得到东盟国家的普遍赞誉和国际社会的充分肯定，中国东盟关系迅速发展，不断扩大和深化。1997 年 12 月，中国与东盟发表联合声明，提出建立“面向 21 世纪的睦邻互信伙伴关系”。此后，在 1998 年到 2000 年期间，中国与东盟 10 国分别签署或发表了面向 21 世纪的双边关系框架文件与合作计划，大幅度推动了中国与东盟整体关系的发展。

进入 21 世纪，中国与东盟的关系发展迅速。2000 年 11 月，第四次中国东盟领导人会议在新加坡举行，中国国务院总理朱镕基在会上积极评价中国与东盟双边关系，并首次提出建立双边自由贸易区；2001 年 11 月，在文莱举行的第五次中国东盟领导人会议上，双方一致同意在 10 年内建立中国东盟自由贸易区；2002 年 11 月，中国和东盟领导人在柬埔寨首都金边签署了《中国与东盟全面经济合作框架协议》，确定 2010 年建成中国—东盟自由贸易区的目标。中国与东盟各国外长及外长代表还签署了《南海各方行为宣言》；2003 年 10 月 7 日，温家宝总理出席东盟商业与投资峰会并发表了题为《中国的发展和亚洲的振兴》的演讲，提出了“睦邻”、“安邻”和“富邻”的睦邻外交政策。同时，他提出了加强中国—东盟关系的五项措施。2003 年 10 月，在第七次东盟与中国（“10 + 1”）领导人会议上，中国与东盟 10 国领导人共同签署并发表了《中华人民共和国与东盟国家领导人联合宣言》，宣布双方一致同意中国与东盟建立“面向和平与繁荣的战略伙伴关系”。《联合宣言》指出，“双方发展这一关系的目的是：通过在 21 世纪全面深化和拓展中国与东盟的合作关系，培育睦邻友好，加强互利合作，为本地区的长期和平、发展与合作做出更大贡献”。这一战略伙伴关系是非结盟性、非军事性和非排他性的，不影响各自全方位地发展对外友好合作。《联合宣言》还指出，“中国与东盟‘面向和平与繁荣的战略伙伴关系’，是全面和面向未来的关系，重点是加强在政治、经济、社会、安全以及国际和地区方面的合作”。[①]《联合宣言》的发表确定了中国与东盟面向睦邻友好、和平统一的关系，为双方在新世纪的长期、稳定发展提供宏观指导。2004 年 11 月，第八次中国东盟领导人会议在老挝万象召开，会议通过了《落实中国—东盟面向和平与繁荣的战略伙伴关系联合宣言

① 中华人民共和国与东盟国家领导人联合宣言——面向和平与繁荣的战略伙伴关系，http://finance.sina.com.cn/roll/20031009/0800468859.shtml。

的行动计划》。2005年12月，温家宝总理出席第九次中国东盟领导人会议，并发表题为“深化全面合作，推进中国东盟战略伙伴关系不断发展”的讲话；2006年10月，中国东盟建立对话关系15周年纪念峰会在广西南宁召开，双方发表了《致力于加强中国东盟战略伙伴关系》的联合声明；2007年11月，温家宝总理出席第十一次中国东盟领导人会议，并发表题为“扩大合作、互利共赢”的讲话。中国与东盟关系的全面改善和发展，不仅有利于中国和东盟国家经济的发展，而且有利于亚太地区的稳定。

（二）中国与东盟的经贸合作

中国和东盟经济具有较强的互补性，已经达到了相互依赖的程度。中国和东盟经贸关系长期处于快速发展状态，双边经贸额每年都有较大幅度的提高，而且数额巨大，互为重要的贸易市场。2000年到2007年间，东盟和中国双边贸易以26.7%的年增长率增长，2007年达到1710亿美元（2000年是322亿美元）。2008年，中国—东盟贸易总额达2311.17亿美元，同比增长14%，其中中国出口东盟为1141.42亿美元，同比增长20.9%；自东盟进口达1169.74亿美元，同比增长7.9%，东盟国家继续保持顺差地位和中国第四大贸易国。2007年，东盟与中国的贸易占东盟贸易总额的10.6%，而中国与东盟的贸易占中国贸易总额的9.3%。由此可见，在中国和东盟对外经济总量都在迅速扩大的同时，相互依赖的贸易关系的发展潜力也是巨大的。[①] 近年来中国对外投资逐年增加，中国对东盟国家的投资也因此有了非常显著的增加。2008年中国对外直接投资已经达到521亿美元，截至2009年上半年，中国—东盟双方累计相互投资额超过600亿美元，东盟国家是中国吸收外资的重要来源地之一。至2008年底，东盟国家来华投资项目达到32286项，协议投资金额1118.94亿美元，占中国合同外资总额的5.9%。2003—2008年，东盟国家来华投资项目12765项，合同投资金额523亿美元。2008年，东盟在中国投资项目1323个，实际投资55亿美元，比上年增长25%，是中国前三位的投资来源地之一；东盟国家

① 丁乔：《浅析中国与东盟的经济关系》，《经营管理者》2009年第4期，第251页。

也是我国对外投资的主要目的地之一。2003—2008 年，中国对东盟直接投资由 1.89 亿美元增至 24.8 亿美元，增长了 12 倍。2008 年中方企业对东盟投资金额比上年增长 156.6%，截至 2008 年底，中国对东盟投资累计已达 65 亿美元左右，东盟已成为中国企业“走出去”的重要市场之一。①

此外，中国—东盟自由贸易区的建成将会使双边的贸易合作更进一步发展。2000 年，中国向东盟提议建立中国东盟自贸区；2001 年双方达成重大共识：双方积极推进中国—东盟自由贸易区建设，2002 年 11 月 4 日，双方在柬埔寨金边共同签署了《中国与东盟全面经济合作框架》，即中国东盟自由贸易协定，从而正式启动了建立“中国—东盟自由贸易区”的进程，这标志着中国与东盟的经济合作已进入了一个全新的发展阶段。2005 年 7 月，《货物贸易协议》开始实施，中国和文莱、印度尼西亚、马来西亚、缅甸、新加坡和泰国等东盟六国相互实施自由贸易区协定税率；2007 年 7 月，中国东盟《服务贸易协议》在各国完成各自法律审批程序后正式生效；2009 年 8 月，中国东盟《投资协议》签署；2010 年 1 月 1 日，中国—东盟双方宣布双边自由贸易区正式建成，作为经过 10 年艰苦努力取得的合作成果，自由贸易区的建成标志着中国—东盟关系开始进入一个崭新的发展阶段。

（三）中国与东盟之间存在的问题及未来关系展望

冷战结束以来，特别是进入 21 世纪，中国和东盟关系发展迅速，双方已经形成了一种牢固互利的健康关系。到目前为止，中国与东盟已经形成了包括领导人会议、外长会议以及中国—东盟高官磋商、中国—东盟联合委员会、中国—东盟经贸联委会、中国—东盟科技联委会、东盟—北京委员会和中国—东盟商务理事会在内的一系列合作机制，在政治、经济领域形成了多方位、多层次的合作框架。但是，在中国与东盟发展友好关系的进程中，确实还存在诸多制约因素，为进一步巩固战略

① 杨清源等：《东盟宪章与中国—东盟经贸关系发展》，《商业研究》2010 年第 10 期，第 176 页。

伙伴关系，双方还需要努力解决所存在的一些问题。①

第一，所谓“中国威胁论”问题。随着中国的崛起，一些国家和少数别有用心的人不断制造“中国威胁论”调。近年来，中国采取了一系列主动措施化解和消除东盟各国的疑虑，东盟国家对华信任度日益提高，但一些国家在发展对中国的关系时依然混杂着矛盾心态。“中国威胁论”在一段时期内可能成为影响中国与东盟国家关系深入发展的一个不利因素。

第二，南中国海问题。20 世纪 90 年代以来，南中国海争端各方对主权范围各执一词，在领海、领空等问题上争执加剧。中国与东盟各国于 2002 年 11 月 4 日在金边签署了《南海各方行为宣言》，规定在南海问题争议解决之前各方承诺保持克制，不采取使争议复杂化和扩大化的行动。但南中国海问题涉及面广，问题复杂，其彻底解决还需要很长一段时间。南海诸岛问题事关我国国家尊严和利益，成为中国与东盟关系中最棘手的问题。

第三，华人、华侨问题。20 世纪 90 年代以后，中国与所有的东盟国家关系正常化，历史遗留问题也陆续解决，东盟的华人、华侨成为联系中国与东盟各国关系的纽带。但是，在东盟许多国家，华人经济显赫，国内各民族经济发展不平衡。改革开放之后，中国吸引一部分华人、华侨的投资，也引起一些东盟国家的担心。在有些民族矛盾尖锐的东盟国家，损害华人、华侨利益的事件时有发生。

第四，台湾问题。从 1993 年开始，台湾当局开始推进“南向政策”，加大与东盟国家的“务实外交”，发展与东盟国家的实质关系。台湾问题事关中国核心的国家利益，决不允许任何国家干涉中国内政，台湾问题是考验今后中国与东盟国家关系的敏感因素。

第五，大国关系问题。近年来，美、日、印度等国都加强了与东盟国家的关系，在东盟的影响不断增强。东盟与这些国家发展友好关系，有其现实的政治、经济、安全及战略利益考虑，并非完全针对中国，但不排除美、日、印度有企图利用一些东盟国家遏制中国、削弱中国影响

---

① 崔秋灏：《中国与东盟睦邻关系的战略思考》，《世界经济与政治》2008 年第 4 期，第 122 页。

的意图。如果此问题处理不当，势必在一定程度上影响地区的稳定和中国与东盟国家关系的健康发展。

以上这些问题不可能在短期内得到有效的解决，只要双方有决心，有诚意，一定会陆续得到解决，中国政府对这些问题的解决态度是诚恳的、积极的，中国的诚意和立场也得到了许多东盟国家的理解和支持。随着中国—东盟自由贸易区的建成，双方的经贸关系将更加紧密，经贸关系的进一步发展必将巩固双方的战略伙伴关系，中国—东盟关系必将促进双方经济的发展和亚太地区的稳定繁荣。

二　中国与印度的关系

中印两国不仅山水相连，而且有着深厚的历史渊源。新中国成立之初，印度是第一个与中国建交的非社会主义国家。不可否认，中印两国在关系发展的过程中出现过反复和波折，但是，进入新世纪以来，中印关系不断迈出新步伐，两国关系进入了快速和全面发展时期。展望未来，两国会克服双边关系发展中存在的问题，深化中印各领域互利合作，推动中印战略合作伙伴关系不断向前发展。

（一）中印关系的历史回顾

第一阶段为 20 世纪 50 年代，中印关系的友好时期。1949 年 10 月 1 日新中国宣告成立，同年 12 月印度宣布承认中华人民共和国。1950 年 4 月 1 日，中印建交。1954 年 10 月，继周恩来总理访问印度后，尼赫鲁作为印度政府总理第一次访问中国，毛泽东主席先后四次会见了尼赫鲁。1954 年两国共同倡导了和平共处五项基本原则，为中印关系奠定了新的基础。1955 年召开的亚非会议上，中印两国共同努力为会议成功举办作出了重要贡献，并将和平共处五项原则推向了世界。1957 年 11 月，周恩来总理再次访问印度，也受到了印度政府和人民的热烈欢迎。周总理在讲话中提到，“中印两大民族之间的友谊有两千年的历史，但是今天的友好关系超过了历史上的任何时期”。

第二阶段为 20 世纪 60 年代初至 70 年代中期，中印关系的低潮时期。1959 年以后，中印两国在边界问题上的不同立场渐露端倪，双方的矛盾由原来的潜在状态发展至半公开的程度。1960 年 4 月周总理亲赴新德里与尼赫鲁会谈，但是由于双方立场相距遥远，谈判破裂。随即边界前沿地区的局势开始紧张。1962 年 10 月，中印双方在边界地区的东段和西段发生了大规模的武装冲突，两国政府分别撤回了各自派驻对方的大使，从而使中印关系多年跌入深谷。

第三阶段为 1976 年到 1988 年，中印关系的缓和时期。1976 年中印恢复互派大使，其后的 12 年里，中国人民友好代表团访印，开辟了两国友好交往的道路；两国总理曾先后在贝尔格莱德、坎昆和纽约会见；两国外长进行互访；两国签署了贸易协定。1988 年 12 月印度总理拉吉夫·甘地访华，这是时隔 34 年后第一位印度总理访华。邓小平与他进行了亲切友好的谈话，双方达成了中印关系要“向前看”的共识。双方同意以“互谅互让，相互调整”作为解决边界问题的原则，边界问题不应成为发展两国友好合作关系的障碍。

第四阶段为 20 世纪 80 年代后期至 90 年代，中印关系的继续发展时期。1991 年，李鹏总理对印度进行正式友好访问，这是中国总理 31 年来对印度的第一次访问。1993 年，印度总理拉奥访问中国，两国签署了“关于在中印边境地区保持和平与安宁的协定”。1996 年，中国国家主席江泽民访问印度，印方高度重视此访，双方达成了构建“面向 21 世纪的建设性合作伙伴关系”的共识，把中印关系大大地向前推进了一步。

正当中印关系不断发展时，印度于 1998 年 5 月以所谓“中国威胁论”为借口进行了核试验，中方予以反驳，两国关系受到严重挫折。1999 年 6 月印度外长访华，与唐家璇外长达成共识，即中印关系发展的前提是互不视对方为威胁，中印关系发展的基础是两国共同倡导的和平共处五项原则，中印关系从而回到了正确的轨道。

（二）中印关系的发展

进入新世纪以来，中印关系不断迈出新步伐，两国关系进入了快速和全面发展时期，两国领导人保持互访和会见势头。2000 年 5 月是中印建交 50 周年，印度总统纳拉亚南访华。2003 年 6 月印度总理瓦杰帕伊访华，两国总理签署了《中印关系原则和全面合作的宣言》，双方确立了建设性合作伙伴关系。2005 年 4 月，中国总理温家宝访印，双方建立了面向和平和繁荣的战略合作伙伴关系。2006 年 11 月，胡锦涛主席访问印度，双方发表"联合宣言"，提出了深化中印战略合作伙伴关系的十项战略。2008 年 1 月，印度总理辛格访华，两国总理签署了中印《关于 21 世纪的共同展望》。2009 年 6 月，胡锦涛主席在出席"金砖四国"领导人首次会晤期间会见了印度总理辛格。2010 年是中印建交 60 周年，两国举办了一系列庆祝活动。4 月，印度外交部长克里希纳访华，出席在中国举办的"印度节"开幕式。随后，中国政协副主席孙家正访印，出席在印度举办的"中国节"开幕式。5 月，印度总统帕蒂尔访华，双方就进一步发展中印战略合作伙伴关系交换意见，把两国纪念建交 60 周年的系列活动推向高潮，为两国关系的发展提供了新契机。

与此同时，中印两国经贸合作成绩显著，成为双边关系中一个突出的亮点。据中方统计，两国贸易额在 1991 年仅为 2.65 亿美元，至 1999 年仍不足 20 亿美元。进入新世纪后，中印经贸关系发展迅猛，2000 年中印双边贸易额为 29.14 亿美元，2004 年双边贸易额突破 100 亿美元达到 136 亿美元，2006 年突破 200 亿美元达到 248 亿美元。2007 年中印双边贸易额达 386 亿美元，中国成为印度的第一大贸易伙伴。2008 年，位居中国贸易伙伴第十位的印度与中国的贸易总值已达 517.8 亿美元，年增长率高达 34%。[①] 中国成为印度第一大贸易伙伴，印度成为中国在南亚的第一大贸易伙伴，在全球的第十大贸易伙伴。受全球金融风暴影响，2009 年双边贸易有所下降，2010 年初以来情况好转。近年来，两国在基础设施建设方面的合作发展迅速，2006 年以来，中方在印建成工程项目金额累计达 111 亿美元。双方投资稳步发展，印度对华直接投资累计已超过 3 亿美元，中国对印度投资达 2.5 亿美元。[②] 中印经贸关系的发展必将进一步促进政治关系的稳定，此外，两国在安全、人文

① 陈宗海：《试论冷战后的中印外交关系》，《和平与发展》2010 年第 1 期，第 55 页。

② 郑瑞祥：《中印关系的发展历程及前景展望》，《国际问题研究》2010 年第 4 期，第 4 页。

及其他领域的交流与合作不断扩大。随着中印经济快速发展，综合国力提升，国际影响力扩大，两国在重大国际问题上有着相近的立场和广泛的共同利益，中印双边关系的持续健康发展不仅对双方有利，而且对地区乃至全球都具有重要的战略意义。

（三）中印关系存在的问题及前景展望

在当前的中印关系中，仍存在着若干因素将对两国关系产生影响甚至制约两国关系的进一步发展，主要因素如下：①

第一，国界问题。中印两国国界争端是阻碍两国关系发展的最主要的因素，中印两国有2000多公里的接壤处，分为东、中、西三段，其中争议最大的是东段，臭名昭著的“麦克马洪线”也在其中。两国国界自古就没有明确划分过，也就是没有一个官方的划定，两国只有一个习惯性疆界，这是按照两地居民的生活习俗划分。然而，印度独立以后，屡次挑衅中国的边界线，企图把本国国界线强行推至“麦克马洪线”，造成既定的事实，最终导致了两国1962年的边境战争。战争结束后，两国曾多次围绕国界问题谈判，但一直没有达成共识。

第二，西藏问题。印度民族独立后，印度政府企图把我国西藏分裂出去，作为本国与中国的缓冲地带。西藏解放期间，印度政府曾多次阻挠西藏代表团进京谈判以及西藏的和平解放进程，并唆使上层奴隶主进行反革命活动，煽动了1959年西藏叛乱，后给予达赖喇嘛政治避难，暗中支持达赖分裂西藏活动，其国内至今还盘踞着“西藏流亡政府”。

第三，地缘政治问题。“谁控制了印度洋谁就统治亚洲。印度洋在21世纪是通向七大海域的钥匙，世界的命运将在这些水域见分晓。”②一直以来，印度把谋取南亚，甚至亚洲大国作为自己“大国政治”的梦想，尼赫鲁政府时期，就提出了“大印度联邦”的设想。然而，中国作为邻国是印度谋求政治大国不可回避的对象，一直以来被印度政坛带有极端民族主义的政客视为主要威胁和假想敌，他们动不动就拿中国

---

① 杨举：《面向未来的中印关系》，《科技信息》2010年第13期，第521页。

② 秦卫海：《印度洋上的战略三角》，http：//www.news365.com.cn/wxpd/wz/jsbl/200901/t20090124_2176814.htm。

说事，抛出“中国威胁论”，分散本国民众的注意力。此外，印度地处西亚、中亚与东南亚的交汇处，一直是美、俄等大国南亚战略所要拉拢、遏制中国的对象。还有，就是中巴关系的友好发展，也是印度所不能容忍的。

中印两个大国相邻而居不可能没有问题，温家宝总理曾强调，两国交往的悠久历史，绝大部分是友好积极的，冲突只是极其短暂的一页，应持向前看的态度。这是把握中印政治关系的关键，健全的心态和长远的视角有助于摆脱历史的误区，将两国关系的战略利益和全局影响置于更重要的地位。双方目前已经确定的面向和平与繁荣的战略合作伙伴关系是理解两国政治关系的要害，在这个基础上，双方需要寻求政治互信，以使双边关系的其他领域能够在现有条件下朝着积极的方向发展。[①] 当前是中印关系发展的重要阶段，两国正以纪念建交60周年为契机，深化中印各领域互利合作，推动中印战略合作伙伴关系不断向前发展。

三　中国与巴基斯坦的关系

巴基斯坦是中国通往非洲、中东的重要桥梁和中转站，也是中国走向印度洋的重要通道，地理位置十分重要，中巴合作前景广阔。中国与巴基斯坦自1951年建交以来，时至今日已经走过了60个春秋。在这60年里，中巴两国形成了全天候的友谊和全方位的合作伙伴关系，成为不同制度国家之间友好相处的典范。然而，随着冷战的结束和经济全球化时代的到来，国家间关系发生了巨大的变化，中巴传统友好关系也面临着一些挑战。

（一）中巴关系的历史回顾

巴基斯坦是最早承认中华人民共和国的非社会主义国家之一。1951年5月21日，中巴两国正式建立外交关系。建交初期，由于巴基斯坦

① 赵干城：《向前看，把握好中印政治关系》，《解放日报》2010年3月31日。

属于以美国为首的西方阵营，与我国关系较为冷淡。1955 年万隆会议期间，两国总理举行了两次友好会谈，巴方表示与美结盟并不针对中国，双方一致认为应加强两国在各个领域的交流与合作，中巴关系开始转暖。万隆会议后，两国高层往来逐渐增多。1956 年 10 月，巴总理苏拉瓦底应邀正式访华。同年 12 月，周恩来总理访巴。两国总理成功进行互访，极大地推动了两国友好合作关系和两国人民友谊的发展。但是 50 年代末期巴在恢复中国在联合国合法地位以及台湾、西藏等问题上一直追随西方阵营，使两国关系受损。

1961 年，巴政府在联大会议表决恢复中国在联合国合法权利的提案时首次投赞成票，在改善中巴关系上迈出了重要一步。1962 年，两国通过友好谈判就中巴边界位置和走向达成原则协议。1963 年 3 月，两国签订关于中国新疆和由巴基斯坦实际控制其防务的各个地区相接壤的边界的协定。1964 年 2 月，周恩来总理应邀访巴。同年 12 月，巴总统阿尤布·汗访华。1965 年第二次印巴战争爆发，中国坚定支持巴基斯坦维护国家主权和领土完整的斗争，并在巴基斯坦生死存亡的危难时刻，从多方面给予了巴方强有力的支持。战后两国关系，特别是双边军事合作迅速加强，中国成为巴基斯坦最主要的军事技术装备供应方之一。1966 年 3 月，刘少奇主席访巴。1965—1970 年，巴在历届联大都作为提案国，支持恢复中国在联合国的合法权利。

20 世纪 70、80 年代的中巴关系稳定发展，两国友好合作的政治、外交关系不断加深。在此期间，巴基斯坦总统、总理基本上每两年就访问一次中国。1980 年 5 月，巴总统齐亚·哈克访华；1981 年 6 月，中国总理访巴；1982 年 8 月，两国签署开放中巴交界的红其拉甫山口的议定书；同年 10 月，齐亚·哈克总统再次访华；1984 年 3 月，李先念主席访巴；1985 年 11 月，巴总理居内久访华；1987 年 6 月，中国总理再次访巴；1988 年 5 月，居内久总理再度访华。1988 年 11 月，巴基斯坦举行选举，人民党获胜，贝布托出任总理，她上任后第一个访问的国家就是中国。访华期间，邓小平在会见她时称赞中巴是特殊的朋友。他说：“中巴关系是不平常的，中巴关系真正体现了和平共处五项原则。因此，中巴关系是永恒不变的。”1989 年春夏之交中国在外交上最孤立的时候，是巴基斯坦采取与西方国家截然不同的态度，对中国表示充分的理解和支持，期间巴基斯坦国家主要领导人相继访华，中巴之间的友谊再次得到加深。

进入90年代以来，世界形势发生剧变，但中巴政治、外交关系经受了时间的考验，并继续向前发展。两国高层领导人进行了多次会晤，具有特殊意义的是1996年12月江泽民主席对巴进行的国事访问，两国领导人确定了建立面向21世纪的中巴“全面合作伙伴关系”，访问期间，江泽民主席还首次全面阐述了中国的南亚政策，提出了中国与南亚国家共同构筑面向21世纪的长期稳定的睦邻友好关系的五点主张，从而将中巴关系推向了一个新的阶段。

（二）中巴关系的发展

进入新世纪，中巴友好合作关系继续向前发展，两国在政治、经济、军事、文化等方面的合作取得了重大的成就，两国政府都非常重视中巴关系的发展，政治互信不断增强。2001年是中巴建交50周年，两国举行了一系列丰富多彩的庆祝活动。5月，朱镕基总理应邀访巴，唐家璇外长称之为“友谊之行，务实之行，合作之行”。访问期间取得了重要成果，特别是在经济科技合作方面，双方有关部门签订了七项合作协定。12月，穆沙拉夫总统对中国进行国事访问，双方就“9·11”事件、南亚局势、国际恐怖主义、阿富汗战争、伊拉克战争等许多重大问题上达成了相似或一致的看法。2003年中国提出“睦邻、安邻、富邻”以及“和平、安全、合作、繁荣”的亚洲政策，10月22日中国和巴基斯坦在东海长江口联合海上搜救军事演习。不久，11月14日中国与印度联合海上军事演习。中巴关系又一次得到考验，更加成熟。2005年4月温家宝访问南亚四国，期间，双方签署了《中巴睦邻友好合作条约》，还在打击恐怖主义、海关、经贸合作等领域签署了21个双边合作文件。穆沙拉夫总统于2006年2月19—23日对中国进行又一次访问，双方就进一步加强和发展中巴战略合作伙伴关系及共同关心的国际和地区问题深入交换了意见，达成广泛共识。中国与巴基斯坦最后发表《联合声明》，巴方欢迎中国成为“南亚区域合作联盟”（SAARC）的观察员，中方欢迎巴基斯坦成为“上海合作组织”（SCO）的观察员，并邀请巴方出席今年6月在上海举行的“上海合作组织”峰会。胡锦涛于

2006年11月23—26日回访巴基斯坦，这是10年来中国国家主席首次访巴。胡锦涛提出了有关加强中巴战略合作关系的五项建议，得到巴方的认可。2007年4月17日国务院总理温家宝接见巴基斯坦总理阿齐兹，双方同意共同努力将中巴战略合作伙伴关系提升到新的水平。两国领导人就深化中巴各领域合作达成以下共识：1. 积极落实《中巴自由贸易协定》和《中巴经贸合作五年发展规划》，加快自贸区服务贸易谈判，鼓励两国企业增加相互投资，调整贸易结构，推动两国经贸关系快速、平衡发展；2. 扩大人文交流，进一步增进相互理解，巩固传统友谊；3. 加强在非传统安全领域的合作，共同打击“东突”势力和跨国犯罪等；4. 密切在多边事务中的沟通与配合，推进南亚地区的稳定与发展。2008年9月上台的巴基斯坦总统扎尔达里在短短9个月的时间里就3次访华，10月他把上任后首次出访定在了中国，14—17日，扎尔达里对中国进行国事访问。双方认为，两国加强睦邻友好、开展互利合作、深化中巴战略合作伙伴关系符合两国人民的根本利益，有利于本地区的和平与发展，在新形势下要继续发扬光大。访问期间，双方签署了多达12份文件，涵盖经贸、农业、外交、政治、能源、信息、教育、环境及文化几乎所有领域。16日双方在北京签订《联合声明》。2009年2月扎尔达里总统二次访华，地点选在了湖北和上海，期间与中国有关经济活动各种部门达成的最新协议涉及电力、农业、金融和银行系统部门、基础设施等领域。扎尔达里4月17日晚抵达海南博鳌，出席于17—19日举行的博鳌亚洲论坛，期间会见了温家宝总理。[①] 新世纪以来，中巴两国一直保持着睦邻友好、相互合作的密切关系，良好的中巴关系符合中巴两国的根本利益，有利于中巴两国的发展，中巴双方的密切合作为中国与周边国家间的关系和世界上发展中国家间的关系树立了良好的典范。

（三）中巴关系存在的问题及前景展望

综上所述，进入21世纪以来中巴关系有了全面、深入的发展，中

---

① 张超哲：《简述改革开放以来中巴关系的发展历程及成就》，《改革与开放》2009年第11期，第24—25页。

巴两国形成了全天候的友谊和全方位的合作伙伴关系。然而，中巴关系依然存在着需要引起重视的一些问题。

首先，中巴贸易规模较小。中巴自建交之初两国就开始了经贸往来，但是，两国贸易发展速度却比较缓慢，这与中巴全方位的合作伙伴关系很不相称。

1993—2006 年的 14 年间，中巴贸易额累计只有 260 亿美元，14 年间双边贸易额仅仅稍高于中国和巴基斯坦的夙敌印度之间的 2006 年年度贸易额（248 亿美元）。[①] 2003—2008 年中巴贸易总额平均每年有 10 亿美元的增幅，到 2008 年中巴双边贸易额已达到 70 亿美元。很明显，迈进新世纪，中巴贸易额的发展速度已有相当大的提高，但双边贸易在各自国家所占贸易总额比例仍较小。因此，中巴贸易总额仍需提高，发展速度也需要大步提高。[②] 实际上，巴基斯坦在中国内地的亚洲贸易伙伴当中仅排在第 17 位。

中巴不仅双边贸易总额小，而且在中巴贸易往来中，中国的贸易顺差在不断扩大，双方贸易关系中的不平衡现象也非常严重。近年来中巴贸易额的增长实际上不过是中国出口增加的结果，自 2001 年以来，巴方贸易逆差一直以超过 30% 的速度加剧，2006 年趋势稍有好转，但实际金融却达到了创纪录的 30 亿美元。此外，中国出口到巴基斯坦的商品绝大多数为工业制品，而巴方出口到中国的商品多数为工业初级制成品以及未经锻造的矿产品，其中仅棉线一项就占到了六成以上。巴方商品的附加值远远低于中方商品，而且严重依赖于向中国纺织工业提供初级原料的棉线制造行业。两国经济发展水平的差距虽然使得双边贸易存在明显的互补性，但巴基斯坦经济规模的狭小和发展水平的落后，使得两国贸易格局在短期内既无法改变双边贸易总额偏小的局面，也无法走出贸易不平衡的困境。[③]

---

① 张蕴岭：《中国与周边国家：构建新型伙伴关系》，社会科学文献出版社 2008 年版，第 279 页。

② 杨龙：《冷战后中巴关系的内在影响因素分析》，《湖北第二师范学院学报》2010 年第 10 期，第 49 页。

③ 张蕴岭：《中国与周边国家：构建新型伙伴关系》，社会科学文献出版社 2008 年版，第 281 页。

再次，大量中国商品进入巴基斯坦，不仅会冲击巴国内的民族经济发展，而且也会对巴基斯坦本地企业和商业造成一些冲击。中国商品以其低廉的价格必然会影响巴基斯坦人民的选择，会影响当地生产厂家的生产，引起部分生产商的反对，这就会使得巴政府不得不为保护本国脆弱的经济体制采取措施，开始对中国进行反倾销调查，对中国商品征收反倾销税。

最后，进入21世纪，南亚地区国际格局的调整也对中巴关系带来了挑战。2000年以来，中国着手调整对印度政策，印度则出于实现世界大国梦想的考虑，适时地调整了对华政策。在两国政府的良性互动下，双边关系迅速从1998年南亚核危机之后的冷淡状态摆脱出来，两国关系快速升温。特别在2003年，印度总理瓦捷帕依的历史性访华，中印签署了《中印关系原则和全面合作宣言》，对中印关系的发展具有重要推动意义。

毋庸讳言，中印关系的改善和发展对中巴关系产生了一定影响，印度成为中巴国家关系的最重要的外部影响因素。至少在巴基斯坦看来，中国已经不再将印度作为军事上的对手和潜在的敌人，而巴基斯坦还没有改变对印度政策的事实根据。[①] 因此，一直以来，中印关系的改善是进一步发展中巴关系的消极因素。

即便如此，中巴关系仍然是中国对南亚政策的重要基石。巴基斯坦是我们的重要邻国，在穆斯林世界中有着特殊的地位，而且巴基斯坦地理位置极具战略价值，进一步巩固和发展中巴关系既是中国稳定周边地区、为改革开放和现代化建设塑造良好外部环境的需要，也是中国致力于推进世界多极化，实现和平崛起的需要，中巴两国对发展友好合作关系的政策不会变。巴基斯坦领导人多次重申，巴中关系是巴外交政策的基石。中国领导人也反复强调，发展与巴基斯坦的友好合作关系是中国的坚定国策。展望未来，中巴全面合作伙伴关系有着广阔的前景。

---

① 张蕴岭：《中国与周边国家：构建新型伙伴关系》，社会科学文献出版社2008年版，第287页。

四 中国与非洲的关系

中非友好关系源远流长，新中国的诞生和一大批非洲国家的独立，使中非关系进入了全面发展的历史时期。冷战结束后，中非都作出了重大调整，以适应双方国内及国际形势的新变化。进入新世纪，中国与非洲国家真诚合作，共同发展。不可否认，中非在关系发展过程中存在着一些问题，只要双方共同努力，采取措施解决问题，中非关系的发展前景十分广阔。

（一）中非关系的历史回顾

中国与非洲有着悠久的友好交往历史。自新中国成立以来，一贯重视发展同非洲国家的友好关系，把发展同非洲国家的团结与合作作为我国对外政策的重要部分。1955 年的万隆会议可以说是中国与亚非国家合作的典范，会议期间，周恩来总理与非洲国家领导人广泛接触，推动了中非关系的发展。1956 年埃及与中国建交，成为与新中国建交的第一个非洲国家。1960 年 9 月，几内亚总统杜尔作为第一位非洲国家元首访问中国。为加强中非关系，周总理在 60 年代曾 3 次访问非洲国家，其中 1963 年 12 月至 1964 年 2 月对非洲 10 国的访问给人留下的印象尤其深刻。期间，中国相继宣布了对非关系五项原则和中国对外经济技术援助八项原则，从而为中非关系的发展奠定了坚实的基础。这一阶段，中国不仅在政治上全力支持非洲国家和人民的反帝反殖斗争，为非洲培养了一大批民族解放运动战士，而且还向非洲国家提供了大量物资援助，积极帮助非洲独立国家发展经济，巩固独立成果，坦赞铁路、毛里塔尼亚的友谊港就是在这一时期建造的。与此同时，中国也在国际斗争中得到了非洲国家的大力支持，非洲国家为 1971 年中国恢复在联合国的合法席位作出了很大贡献，毛泽东主席曾形象地称之为，“是非洲黑人兄弟把我们抬进去的”。①

① 徐伟忠：《携手合作 共赢新世纪——中非关系回顾与展望》，《现代国际关系》2000 年第 11 期，第 1 页。

80年代起，中国和非洲的形势都发生了重大变化，中非关系进入转折期。1978年中共召开十一届三中全会，决定把我国工作重点转移到经济建设上来，并开始实行改革开放的方针政策，大力发展对外经济贸易关系。非洲国家也加速推行经济结构调整计划，双方都迫切感到需要对中非关系作重大调整，以适应双方国内及国际形势的新变化。为此，1982年中国领导人在访非时提出了中国与非洲国家进行经济技术合作的四项原则：平等互利，讲求实效，形式多样，共同发展。以四项原则为指导，中非合作的内容日益广泛、形式日趋多样。80年代非洲遭受严重的旱灾和蝗虫灾害时，中国政府都先后给予慷慨的捐赠，充分显示了中非兄弟情深、患难与共的真挚友谊。80年代末，由于中国国内出现政治风波，某些西方国家掀起“制裁”中国的反华逆流，此时，许多非洲国家顶住西方大国的压力，对中国的立场持理解、支持和同情的态度，一如既往地对华友好。当时，访华的第一位外国元首、政府首脑和外长都来自非洲。在反对霸权主义和强权政治的斗争中，中非友好关系经受了严峻的考验。

冷战结束后，以往两极体制下对立分明的情况逐渐消失，国际关系呈现出前所未有的复杂而深远的变化。非洲作为冷战时美苏争夺较量的前沿阵地，冷战的结束给非洲社会带来了动荡和战乱。

90年代中期以来，非洲的政治形势逐渐趋于缓和。自1991年起，中国外长每年的首次出访地必为非洲，表明中国领导人在两极格局结束后，世界朝多极化方向发展时，对非洲格外重视。1995年后，中国国家领导人江泽民、李鹏、朱镕基、胡锦涛、李岚清等接连访问非洲国家，这种高层连续出访非洲国家，在中非建交50年来是绝无仅有的。特别是1996年5月，中国国家主席江泽民访问非洲六国期间，明确表示中国愿意同非洲国家构筑面向21世纪的长期稳定、全面合作的伙伴关系，并提出5点原则建议：真诚友好、平等相待、团结合作、共同发展、面向未来，并表示彼此成为可以信赖的“全天候朋友”。

从1956年与埃及建交以来，至20世纪末中国先后与53个非洲独立国家中的50个建立了外交关系，同中国保持外交关系现有48个，已有50个非洲国家元首和20多个政府首脑访华近200余次。[①] 50多年来，中国与非洲国家面对发展民族经济，提高人民生活水平的共同的现实发展任务，始终风雨同舟，团结合作，不断把中非关系推向新的阶段。

（二）中非关系的发展

进入新世纪，中国与非洲正处于复兴与发展过程，进一步推动中国与非洲在更深入更广泛的层面上的交往联系，对于中非双方都是有意义的。

在新形势下，中非双方有着广泛的合作基础。中非奋斗的目标相同，共同的关切增加，拥有更为广泛的共同语言。第一，双方都认为，和平与发展仍是当今时代的主题，而没有占世界绝大多数的发展中国家的广泛参与，这两个问题难以真正得到解决。阻止南北差距继续扩大，关键在于建立公正合理的国际新秩序。第二，双方都主张，促进国际关系民主化，以多边主义思维和多边治理机制共同管理国际事务。维护世界的多样性，促进世界不同文明和不同发展模式的相互交流和借鉴。维护联合国的权威和作用，增加发展中国家在联合国组织中的代表性。要对话不要对抗，要合作不要摩擦，应成为新世纪国家关系的主要特征。第三，双方都呼吁，加强南南合作和南北交流。面对经济全球化的冲击，发展中国家要改变自身不利处境、实现可持续发展，需要自身的努力，也离不开国家间的合作。发达国家应认真落实在发展合作方面所做的承诺，切实帮助发展中国家解决困难、提高自主发展能力。第四，双方都赞同在新形势下全面深化合作。除传统的经援方式外，大力开展企业间多种形式的互利合作；除经贸领域合作外，努力拓展人力资源开发、科技、文教、卫生、旅游等多领域的合作；除高层政治交往外，积极推进从中央到地方、从官方到民间的多层次的交流。[②]

2006年初，中国政府发布了《中国对非洲政策文件》，着重阐述了

---

① 吉佩定：《中非友好合作五十年》，世界知识出版社2000年版，第99页。

② 吕国增：《加深友谊与合作，推动新时期中非关系不断发展》，《求是》2004年第2期，第62页。

中国对非政策的总原则和目标：（1）真诚友好，平等相待。坚持和平共处五项原则，尊重非洲国家自主选择发展道路，支持非洲国家联合自强。（2）互利互惠，共同繁荣。支持非洲国家发展经济、建设国家，同非洲国家开展形式多样的经贸及社会发展领域的合作，促进共同发展。（3）相互支持，密切配合。加强与非洲在联合国等多边机制内的合作，支持彼此正当要求与合理主张；继续推动国际社会重视非洲的和平与发展。（4）相互学习，共同发展。相互学习借鉴治国理政和发展的经验，加强科教文卫领域的交流合作，支持非洲国家加强能力建设，共同探索可持续发展之路。[①]《中国对非洲政策文件》成为中非交往与合作的原则和中非关系发展的动力。2006 年 4 月，中国国家主席胡锦涛访问非洲时提出建立中非新型战略伙伴关系的五点建议，全面阐述了新形势下的中非关系和中国对非政策，并为中长期的中非关系勾画出一幅绚丽前景。2006 年 11 月，中非合作论坛峰会上最终形成了以“政治上平等互信、经济上合作双赢、文化上交流互鉴”为内容的中非新型战略伙伴关系。冷战结束以来的中国对非洲政策的实践强烈地表达了中国加强中非之间平等、友好、互利观念的意愿。2009 年 2 月，胡锦涛主席出访亚非五国，访问坦桑尼亚时发表重要演讲：他强调，中国愿同非洲国家一道，重点从以下几个方面作出努力。第一，团结互助，携手应对国际金融危机挑战。第二，增进互信，巩固中非传统友好政治基础。第三，互惠互利，提升中非经贸务实合作水平。第四，扩大交流，深化中非人文领域合作。第五，紧密配合，加强在国际事务中的协调。第六，加强协作，共同推进中非合作论坛建设。

（三）中非合作存在的问题及前景展望

虽然冷战结束以来中非平等、友好、互利的共有观念推动了中非关系迅猛发展，但是近年来这一观念也面临着一些挑战。国际格局的变化导致中非观念形成的基础发生变化。中国和非洲在反殖、反帝的斗争中形成了平等、友好、互利的共有观念，其基础是“革命”的意识形态。20 世纪 90 年代，国际格局的剧变淡化了这种意识形态的认

---

① 《中国对非洲政策文件》，《人民日报》2006 年 1 月 13 日。

同，双方的交往日益增长，也使得中国和非洲之间的文化差异逐渐凸显。此外，如何维护中非合作的宗旨和原则，同时探讨多边合作的可能性，使中非合作在全球化背景下更有成效地发展，是中非双方乃至国际社会关注的议题。非洲国家的政府和公众对中国参与当地经济发展与维持和平行动所表达的支持及理解，是评价中非合作的性质与成果最基本的参照指标。[①] 近年来，赞比亚工会组织对中国驻当地企业一些行为的批评，显示出非洲的公民社会已经在国家的对外关系领域发出自己的声音。

尽管存在上述挑战和问题，中非关系发展的总体环境是积极的，只要双方共同努力，采取措施解决问题，中非关系的发展前景十分广阔。

五　中国与 WTO 的关系

世界贸易组织总部设在瑞士日内瓦，号称“经济联合国”，是一个独立于联合国的永久性国际组织。其前身是 1947 年订立的关税及贸易总协定。1994 年 4 月 15 日在摩洛哥的马拉喀什举行的关贸总协定乌拉圭回合部长会议决定成立更具全球性的“世界贸易组织”，取代成立于 1947 年的“关贸总协定”。1995 年 1 月 1 日世界贸易组织正式开始运作，一年后，它正式取代关贸总协定的临时机构，负责管理世界经济和贸易秩序。世贸组织是具有法人地位的国际组织，在调节成员争端方面具有更高的权威性，其协调范围涵盖货物贸易、服务贸易以及知识产权贸易，而关贸总协定只适用于商品货物贸易。世贸组织成员资格有创始成员和新加入成员之分，创始成员必须是关贸总协定的缔约方，新成员必须有其决策机构——部长会议以 2/3 多数票通过方可加入。

世贸组织的宗旨是：（1）在提高生活水平和保证充分就业的前提下，扩大货物和服务的生产与贸易，按照可持续发展的原则实现全球资

① 杨立华：《中国与非洲：建设可持续的战略伙伴关系》，《西亚非洲》2008 年第 9 期，第 11 页。

源的最佳配置；（2）努力确保发展中国家，尤其是最不发达国家在国际贸易增长中的份额与其经济需要相称；（3）保护和维护环境。世界贸易组织的目标是建立一个完整的、更具活力和永久性的多边贸易体制，其基本原则有：非歧视贸易原则，包括最惠国待遇和国民待遇条款；透明度原则，主要指可预见的和不断扩大的市场准入程度，主要是对关税的规定；促进公平竞争，致力于建立开放、公平、无扭曲竞争的"自由贸易"环境和规则；鼓励发展与经济改革。世贸组织的基本职能有：（1）管理和执行共同构成世贸组织的多边及诸边贸易协定；（2）作为多边贸易谈判的讲坛；（3）寻求解决贸易争端；（4）监督各成员的贸易政策，并与其他制定全球经济政策有关的国际机构进行合作。

部长级会议是世贸组织的最高决策权力机构，一般两年举行一次会议，讨论和决定涉及世贸组织职能的所有重要问题，并采取行动。部长级会议的主要职能是：任命世贸组织总干事并制定有关规则；确定总干事的权力、职责、任职条件和任期以及秘书处工作人员的职责及任职条件；对世贸组织协定和多边贸易协定作出解释；豁免某成员对世贸组织协定和其他多边贸易协定所承担的义务；审议其成员对世贸组织协定或多边贸易协定提出修改的建议；决定是否接纳申请加入世贸组织的国家或地区为世贸组织成员；决定世贸组织协定及多边贸易协定生效的日期等。部长级会议下设总理事会和秘书处，负责世贸组织的日常会议和工作。

世界贸易组织是处理国与国之间贸易规则的国际组织。冷战后中国对世界贸易组织的经济外交，突出地表现为中国加入世界贸易组织的努力上。

1986 年 7 月 11 日，中国正式向世贸组织的前身关贸总协定提出"恢复关贸总协定缔约国地位"的申请，同年 9 月 15—20 日，中国代表列席在乌拉圭举行的关贸总协定部长级会议，中国成为"乌拉圭回合"的全面参加方之一。1987 年 2 月，中国政府向关贸总协定递交《中国对外贸易制度备忘录》。同年 3 月关贸总协定成立专门工作组，5 月开始对恢复中国在 GATT 缔约国地位问题进行审议，同月，GATT 秘书长向中国提交各缔约国对我国外贸制度提出的书面问题 329 个。11 月，中国就此提交答疑稿。

1988 年 12 月 9 日，关贸总协定中国问题小组召开四次工作会议，其间，中方代表团就中国经济体制改革、外贸体制改革、关税制度等问题进行口头答疑，并向各国发出了关税减让谈判邀请，自此，中国恢复缔约国地位和参加多边贸易谈判两项工作同时展开。

1990 年 1 月底，关贸总协定中国问题小组召开第九次会议，审议中国恢复缔约国地位的要求，并完成了对中国外贸制度所进行的评估，决定于 7 月开始草拟中国重返 GATT 议定书。但此后由于种种原因，复关一再受阻和搁置。

1992 年 12 月，关贸总协定中国问题小组会议再度召开，之后直到 1994 年 6 月的第十六次会议，中国代表共答复了各缔约方就贸易制度所提出的十二大类 6000 余个问题。此间的 1994 年 4 月 15 日，中国参与签署了乌拉圭回合最后文件，希望成为即将取代 GATT 的 WTO 的创始成员国。

1994 年 8 月底，在第十八次会议后，中国提出改进后的农产品、非农产品和服务贸易关税减让表，并从 9—10 月派出关税代表团在日内瓦与各缔约方进行了 50 多天的谈判。

1994 年 12 月 17—21 日，中国问题小组第十九次会议上，中国未能与其他缔约方就 WTO 创始国问题达成协议。

1995 年 1 月 1 日，WTO 取代 GATT 正式成立，中国复关谈判改为入世谈判。

1995 年 5 月，中国先后与 7 个缔约方达成正式协议，谈判一度取得显著进展。

1995 年 11 月 28 日，美国提出关于中国“入世”的备忘录，即所谓的“交通图”。其中罗列了包括基本原则、市场准入、知识产权和补救、豁免与保障措施等 28 项要求。

1997 年 1 月 22 日—2 月 1 日，日本、欧盟、美国和加拿大四方先后派团来中国，就入世问题进行双边磋商。3 月份，中国工作组会议上有关外贸经营权问题取得进展，同年 5 月和 7 月，会议就议定书中的非歧视原则和司法审议以及议定书附件草案达成协议。

1997 年 12 月 5 日，WTO 中的发展中国家成员在日内瓦发表声明，一致支持中国尽早加入 WTO。

1998 年 3 月 28 日—4 月 9 日，WTO 中国工作组第七次会议，中国提交了一份近 6000 个税号的关税减让表，得到主要成员国的积极评价。其间的 4 月 6 日，朱镕基总理访问美国。4 月 10 日，中美发表联合声明，美国承诺“坚定支持中国在 1999 年内在商业基础上加入世贸组织”。同时签署了“农业合作协定”，但两国最终未达成双边协议。

1999 年 5 月 8 日，以美国为首的北约轰炸中国驻南联盟大使馆，中美谈判中断。

1999 年 9 月，在美方一再要求下，中美双方就中国加入 WTO 问题恢复接触，双方进行了多次重要会谈。同年 11 月 10 日，美贸易代表巴尔舍夫斯基和总统经济顾问斯珀林访华，中美进行新一轮双边谈判。15 日，双方达成协议，正式结束有关入世的双边谈判。

2000 年 5 月 19 日，中国与欧盟达成有关中国加入 WTO 的双边协议，入世又一主要障碍被扫除。

2000 年 5 月 24 日，美国国会众议院以 237 票对 197 票通过了美对华永久正常贸易关系议案，9 月 21 日，该议案在参议院获得通过。

2001 年 6 月 9 日和 21 日，美国和欧盟先后与中国就中国入世多边谈判的遗留问题达成全面共识。6 月 28 日至 7 月 4 日，第十六次世贸组织中国工作组会议就多边谈判中遗留的 12 个主要问题达成全面共识。7 月 16—20 日，第十七次世贸组织中国工作组会议对中国加入世贸组织的法律文件及其附件和工作组报告书进行了磋商，并最终完成了这些法律文件的起草。2001 年 9 月 13 日，中国和墨西哥就中国加入世界贸易组织达成双边协议。至此，中国完成了与世贸组织成员的所有双边市场准入谈判。

卡塔尔多哈时间 2001 年 11 月 10 日 18 时 34 分（北京时间 11 月 10 日晚 23 时 34 分），世界贸易组织（WTO）第四届部长级会议审议通过了中国加入世界贸易组织的决定。争取入世的努力与谈判是冷战后中国多边经济外交影响最为深远、最为重大的事件之一。最终实现“入世”不仅是中国经济外交的重大成果，也表明了中国与世界经济的关系从此揭开了新的一页，中国在 WTO 中也正在确立“负责任的发展中大国”的形象。

六　中国与联合国的关系

中国是联合国安理会常任理事国之一，这是中国在国际上最重要的一个角色，这一角色不仅是对中国国际地位的提升，也赋予中国重大的责任和义务，为中国提供了发挥大国作用的机会和可能。随着冷战的结束和国际形势的变化，世界上最大的国际组织联合国面临着新的挑战，安理会等各方面改革也提上日程。联合国的改革关系到不同国家的利益，关系到联合国的前途，自然也关系到中国未来在国际上的地位和作用。

（一）联合国的成立与宗旨

1. 联合国的成立

“联合国”这一名称是由美国总统富兰克林·D. 罗斯福设想出来的。该名称于1942年1月1日发布《联合国宣言》时首次使用。时值第二次世界大战进行期间，当时26个国家派出的代表承诺其政府将继续共同对轴心国作战。可见，联合国创建于世界反法西斯战争胜利的凯歌之中。

1944年秋在华盛顿郊区召开敦巴顿橡树园会议，并起草了一个新的国际组织章程草案《关于建立普遍性国际组织的建议案》，基本规划了蓝图并确立名称。

1945年2月在雅尔塔举行的英、美、苏三国首脑会议，又进一步解决了联合国安理会的表决程序这一重要问题。

1945年4月25日—6月26日，来自50个国家的代表参加了在美国旧金山举行的会议，在整整两个月的时间里，50个国家的代表们经过研究、讨论、争论以及多种形式的协商，终于完成了宪章的起草工作。代表们在敦巴顿橡树园会议上提出的提案基础上进行了讨论。1945年6月26日，50个国家的代表签署了《联合国宪章》（波兰补签，故会员国为51个），这一天后来被联合国定为“宪章日”。《联合国宪章》于1945年10月24日获得足够批准书而开始生效，联合国正式宣告成立，10月24日因此被命名为“联合国日”。

2. 联合国的机构和职能

根据《联合国宪章》规定，联合国下设6个主要机构：

（1）大会。是主要审议机构，由联合国的全体会员国组成，每个会员国有一个投票权，可以讨论宪章范围内的任何问题。大会无权对任何成员国政府采取行动，但它提出的建议作为世界舆论的表达，具有道义上的影响力。

（2）安全理事会，简称安理会。由5个常任理事国（中国、美国、英国、法国、俄罗斯）和10个非常任理事国组成，是联合国体系中唯一有权采取行动来维护国际和平与安全的机构，在联合国机构中享有特别重要的政治地位，它的决议对会员国具有约束力。非常任理事国由大会选出，任期两年。

（3）经济及社会理事会。由54个理事国组成，负责协调经济及社会事务。

（4）托管理事会。是联合国负责监督托管领土行政管理的机构，托管制度的目的是促进托管领土居民的进步以及托管领土向自治或独立方向的逐渐发展。

（5）国际法院。是联合国主要的司法机关，设在海牙，有15名国籍不同的独立最高行政首脑，由安理会推荐经联合国大会任命，任期9年，可以连任。

（6）秘书处。其任务是为联合国其他机关服务，并执行这些机关制定的计划和政策，由秘书长一人、副秘书长、助理秘书长若干人以及所需要的其他行政工作人员组成。

3. 联合国的宗旨和原则

根据联合国宪章的规定，联合国的宗旨是维护国际和平与安全；发展国际间以尊重各国人民平等权利及自决原则为基础的友好关系；进行国际合作，以解决国际间经济、社会、文化和人道主义性质的问题，并且促进对于全体人类的人权和基本自由的尊重；作为协调各国行动的中心，以达到上述共同目的。为实现上述宗旨，联合国遵循下列原则：（1）联合国组织基于所有会员国主权平等的原则；（2）各会员国应该忠实履行他们依宪章规定所承担的义务；（3）各会员国应该以和平方法解决他们的国际争端；（4）各会员国在他们的国际关系中不得以不符合联合国宗旨的任何方式进行武力威胁或使用武力；（5）各会员国对联合国依照宪章所采取的任何行动应给予一切协助；（6）联合国在维护国际和平与安全的必要范围内，应确保使非会员国遵循上述原则；（7）联合国组织不得干涉在本质上属于任何国家内管辖的事项，但此项规定不应妨碍联合国对威胁和平、破坏和平的行为及侵略行径采取强制行动。

（二）恢复中国在联合国席位

1971 年 10 月 25 日，联合国第二十六届大会就恢复中华人民共和国在联合国一切合法权利，并立即把国民党集团的代表从联合国及其所属一切机构中驱逐出去的第 2758 号决议进行表决。表决的结果是，决议以 76 票赞成、35 票反对、17 票弃权的压倒多数通过。当电子计票牌显示出表决结果后，会议大厅迅雷般的掌声轰鸣，持续达两分钟之久。不少国家的代表放声高歌，热烈欢呼，有不少人像过节一样情不自禁地跳起舞来。当然，也有人感到难堪和尴尬。

这是一个具有历史意义的时刻，是一个辉煌的时刻，是一个永远值得纪念、值得中国人民以及全世界热爱和平、主持正义的国家和人民感到自豪的时刻。

第二十六届联合国大会通过第 2758 号决议，明确“承认中华人民共和国政府的代表是中国在联合国的唯一合法代表，中华人民共和国是安理会五个常任理事国之一”，宣告“把蒋介石的代表从联合国及其所属机构驱逐出去”。这说明，中华人民共和国政府作为中国的唯一合法代表的事实已被联合国接受，中国在联合国中的代表权问题从政治上、法律上、程序上都已得到公正、彻底的解决。

（三）联合国与中国的关系

中国作为联合国的创始会员国和安理会五大常任理事国之一，与联合国的关系可以一直追溯到 65 年前。纵观中国与联合国的关系，人们不难发现从 1945 年到 1949 年中国虽然跻身安理会五大常任理事国，但中国的大国地位并没有得到其他常任理事国的真正承认，当时中国不过是一个“等外大国”。从1949年到1971年，占世界人口近1/4的中国竟然被排斥在号称具有最广泛代表性的国际组织——联合国之外，这无异是对历史的巨大讽刺。1971年中国在联合国合法席位得到恢复后，中国虽然立即参加了联合国的工作，但在一段时期内也只是把联合国看做一个能反映第三世界国家呼声、揭露超级大国霸权行径的论坛而已。直到20世纪80年代以后，中国才认识到联合国在一定的条件下能起到维护世界和平的作用，中国从此更全面地更积极地参与了联合国的各项工作并在联合国舞台上发挥越来越重要的作用。历经一个甲子，中国与联合国的关系可谓一路风雨走来。

1. 不活跃到活跃

中国参与联合国事务也经历了一个由不活跃到活跃的过程。中国刚恢复席位时，由于对联合国事务缺乏了解，加之当时正值“文化大革命”期间，对多边外交未形成明确认识，中国对联合国的有些问题采取了回避的态度。随着中国对联合国了解的增多和改革开放政策的实施，中国越来越重视多边外交，对联合国事务的参与日趋积极和深化。目前，中国已积极参与到联合国维和、发展、人权、裁军、环保等各个领域的活动中去。

在维和方面，多年来中国为在联合国框架内妥善解决柬埔寨、中东、非洲等国家和地区的热点问题发挥了建设性作用。自20世纪90年代起，中国先后派出了3000多人次的军事观察员、成建制部队、警察和民事官员等参与了15项联合国维和行动，并加入了联合国维和行动待命安排机制。截至2009年11月21日，中国已累计派出14650人次维和官兵参与联合国18项维和行动，现有1956名官兵在联合国9个任务区和联合国维和部队执行维和任务。中国是安理会五个常任理事国中派遣维和人员最多的国家。

在发展方面，20世纪90年代以来，联合国举办了一系列有关发展问题的重要会议。中国通过“77国集团+中国”机制，与发展中国家一起提出了许多有利于实现共同发展的合理主张和要求，并已不同程度地反映到联合国的有关文件、决议和行动中。在包括中国在内的广大发展中国家的努力下，联合国千年首脑会议确定的千年发展目标，已经成为推动全球发展的重要努力方向。此外，中国还广泛参与联合国社会领域的活动，积极推动在预防犯罪、社会、科技、文化、卫生、禁毒等领域的国家交流与合作。

2. 支持者和合作者

中国是联合国的坚定支持者，也是重要的合作伙伴。作为联合国的创始会员国和安理会常任理事国，中国始终坚持在和平共处五项原则基础上同世界各国建立和发展友好关系，积极参加联合国各领域的活动，支持联合国为维护和平、促进发展发挥核心作用。几十年来，中国以实际行动履行了对《联合国宪章》的承诺。二战中中国坚持抗战，为世界反法西斯战争的胜利作出了重大贡献并付出了巨大的民族牺牲。中国成为联合国发起国之一并在其中占据举足轻重的地位顺理成章。新中国成立后，中国积极支持第三世界国家争取民族独立的斗争，在广大亚非拉国家中广交朋友。此外，中国独立自主的和平外交政策也赢得了国际社会大多数国家的理解和支持。这些努力巩固和提高了中国在联合国和国际社会的重要地位。

3. 受益者与贡献者

中国与联合国附属机构也保持着密切的合作关系，也是其活动的受益者和贡献者。比如，在过去 20 年中，中国从联合国开发计划署（UNDP）得到的发展援助累计达 6.5 亿美元。随着中国的发展，中国对联合国的贡献也在不断增加。中国也是联合国倡导的各种活动的积极支持者和参与者。比如，中国认真实施联合国千年发展目标，所有八大目标都能提前或按时在 2015 年达标，并两次发表评估报告，成为在达标方面做得最好的国家之一，受到联合国方面的好评和赞赏。中国的非政府组织也在不断扩大对联合国事务的参与。目前，已经有 16 个中国非政府组织取得了联合国经社理事会的咨商地位，中国联合国协会就是其中之一。

（四）中国的战略选择

中国是联合国常任理事国，又是世界公认的正在崛起的大国，中国的国际地位与影响与日俱增。因此，对于正在酝酿和启动的新一轮联合国改革，中国的态度与选择举世瞩目。面对联合国改革，中国应该作出积极的回应。

1. 中国将以联合国为依托，以多边主义方式实现国家利益

主权国家层面的多边合作是联合国开展全球治理的基础。积极参与联合国多边活动是中国新时期外交的一个显著特点。因为中国相信“多边主义是应对人类共同挑战的有效途径，是解决国际争端的重要手段，是全球化良性发展的有力保障，是促进国际关系民主化和法制化的最佳途径”。显然，这些新的认识表明了我国对外战略的新选择，而这种新选择恰恰与联合国改革相吻合。

联合国为国际社会提供了和平、发展、民主、法治、合作的多边外交平台，有助于中国在多边外交领域有所作为。作为联合国安理会五个常任理事国之一，中国需要与世界主要大国和陆地、海上邻国和平相处，合作发展；需要利用双边及多边外交形式，在维护国家主权完整、地区安全与稳定方面进行斡旋协调；需要维护和支持发展模式的多样性，致力于发展中国家的崛起；也需要通过多边外交，为自身的良性发展开辟新的活动空间。

从原则上讲，对待多边主义与多边机制，我们的态度应该更积极、更主动、更自觉。这意味着我们不仅要成为已有多边组织、多边机制的成员和负责任的参与者，而且要在创建新的多边机制方面有更大作为。我们已有创建上海合作组织和博鳌亚洲论坛的经验，应该在东北亚、东南亚乃至整个东亚的区域性经济、安全机制的创建中发挥更大作用。

2. 明确坚持推进国际关系民主化的立场，支持联合国民主化改革

作为一种原则立场，推进国际关系民主化对于我们这样一个社会主义国家是责无旁贷的。联合国自身的民主，说到底是其成员国在联合国中的地位、作用问题。应当说，至今为止无论在机构的设置还是权利的享有和使用上，联合国的民主性都有较大欠缺。回应联合国民主化改革方面，我们首先要对广大中小国家的民主诉求表示理解与认同，对联合国的民主化趋势表示肯定。

3. 加强与联合国合作，在发展问题和非传统安全领域发挥更大作用

对于联合国在发展与非传统安全领域的改革，可以说中国不仅认同，而且是与我们的实践完全合拍的。在统筹解决经济增长、消除贫困、环境保护以及人口、资源等问题上，我们已做了许多工作，取得了不少经验。可持续发展、协调发展的理念与政策日益为更多的人所了解

和认同。正是在此基础上，中国又提出科学发展观与和谐社会的理念，进一步从理论上阐述了发展的科学内涵，强调经济、政治、社会、文化、生态全面协调的重要性。与此同时，在安全问题上，我们倡导互信、互利、平等和协作的新安全观，加强同世界各国在安全领域的对话与合作。面对非典、禽流感以及国际恐怖主义等非传统安全，中国更深切感受到人类社会的休戚与共。因此，我们完全有理由相信，在发展和非传统安全领域，中国会与联合国有更紧密的合作，而这种合作既包括着眼于人类共同体的全球合作，也包括解决好中国自身发展与非传统安全问题的国内合作。

4. 维护联合国的权威

维护联合国权威是符合我国的根本利益。六十多年来，联合国走过了一条曲折发展的道路，实践证明，走多边合作道路，始终是符合各国共同利益的正确选择。联合国作为最具普遍性、代表性和权威性的政府间国际组织，在实现《联合国宪章》的宗旨和原则、维护世界和平、促进共同发展等方面具有不可替代的重要作用。中国作为一个大国，决不仅仅是适应这种国际政治环境，也能在一定程度和一定空间改善、优化这个环境。把加强联合国的协调作用，更有效地发挥联合国和安理会的权威，提高联合国机构效率作为支持联合国改革的落脚点。促进联合国的改革，从而使得联合国作为一个最权威的国际组织，能在维护世界和平与稳定方面为所有国家创造更好、更宽松、更自由的活动空间，这就是中国作为一个大国可以而且应该有所作为的一个任务。

毫无疑问，联合国作为当今最重要的国际政治环境的一部分，对中国的发展是起了促进作用的，中国也从参与联合国活动的过程中得到了不少的国家利益。

联合国作为中国发展的国际政治环境的重要组成部分，在以下三个方面影响着中国的发展：

第一，中国是联合国安理会的常任理事国，因此，联合国能否正常运转直接关系中国的名誉和荣辱。

第二，中国是世界上最大的发展中国家，联合国维护世界和平稳定的使命能否正常履行，在一定程度上将对国际环境产生较大影响，从而对中国的和平与发展的国际环境产生影响；中国是世界上经济发展最快、潜力最大的新兴市场，正如安南访华前所说，中国强劲的经济发展对全球的影响随处可见，但如何改革联合国的经济机构，如何通过这些机构制定世界经济运行的规则，也将对中国的经济发展产生重要影响。

第三，联合国也是维护中国统一、反对分裂的重要阵地。近年来，台湾方面每年都以金钱为诱饵，引诱一部分国家向联合国提交讨论台湾加入联合国的提案，如果一旦这样的提案在联合国通过，后果不堪设想。所以，维护联合国的权威，不仅是中国的责任，也是中国的一个重要的利益所在。

与联合国携手走过风雨六十多年后，和平发展道路下的中国必将在这个国际政治“大舞台”上扮演更加重要的角色。正像联合国前秘书长布特罗斯·加利所说，“中国需要世界，世界更需要中国”。

七　中国与世界卫生组织的关系

世界卫生组织（简称世卫组织或世卫），是联合国属下的专门机构，国际最大的公共卫生组织，总部设于瑞士日内瓦，其前身可以追溯到1907年成立于巴黎的国际公共卫生局和1920年成立于日内瓦的国际联盟卫生组织。第二次世界大战后，经联合国经社理事会决定，64个国家的代表在纽约举行国际卫生会议，签署了《世界卫生组织法》，1948年4月7日得到26个联合国会员国批准后生效，世界卫生组织宣告成立。4月7日也因此成为全球性的“世界卫生日”。1948年6月24日，世界卫生组织在日内瓦召开的第一届世界卫生大会上正式成立。世界卫生组织负责对全球卫生事务提供领导，拟定卫生研究议程，制定规范和标准，阐明以证据为基础的政策方案，向各国提供技术支持，以及监测和评估卫生趋势。世界卫生组织的宗旨是使全世界人民获得尽可能高水平的健康。该组织给健康下的定义为“身体、精神及社会生活中的完美状态”。世界卫生组织的主要职能包括：促进流行病和地方病的防治；提供和改进公共卫生、疾病医疗和有关事项的教学与训练；推动确定生物制品的国际标准。截至2005年5月，世界卫生组织共有193个成员国。

世界卫生大会是世卫组织的最高权力机构，每年召开一次。主要任务是审议总干事的工作报告、规划预算、接纳新会员和讨论其他重要议题。执行委员会是世界卫生大会的执行机构，负责执行大会的决议、政策和委托的任务，它由32位有资格的卫生领域的技术专家组成，每位成员均由其所在的成员国选派，由世界卫生大会批准，任期三年，每年改选三分之一。根据世界卫生组织的协定，联合国安理会5个常任理事国是必然的执委成员国，但席位第三年后轮空一年。常设机构秘书处下设非洲、美洲、欧洲、东地中海、东南亚、西太平洋6个地区办事处。其经费来源一是会员国交纳的会费，构成“正常预算”。二是泛美卫生组织、促进组织志愿基金、儿童基金会、控制药品滥用基金、环境规划署、紧急活动、难民事物告急专员署、救灾署、世界银行等提供的专款及其他收入。

中国是世界卫生组织的创始国之一。1972年5月10日，第二十五届世界卫生大会通过决议，恢复了中华人民共和国在该组织的合法席位，以后，中国派代表参加了历届大会和区域委员会会议。1978年10月，中国卫生部部长和该组织总干事在北京签署了“卫生技术合作谅解备忘录”，这是双方友好合作史上的里程碑。在1979年5月召开的第三十二届大会上，中国代表被选为大会副主席。1981年，世界卫生组织在北京设立办事处，双方的友好合作关系日渐加强。从1982年起，中国开始获得世界卫生组织的正规拨款。1995年5月，中国执委在世界卫生组织执行委员会第九十六届会议上首次当选为主席。中国与世界卫生组织长期保持着良好合作关系，双方携手共抗“非典”，为人类认识并最终战胜“非典”作出了贡献。中国通过与世界卫生组织的友好协作，促进了国内医疗保健事业的蓬勃发展、人民健康水平的提高，加强了中国与世界其他国家的卫生合作和交往，为人类健康发展作出了自己应尽的贡献。

思考题：

1. 如何理解联合国改革的迫切性？
2. 联合国改革过程中中国应作出何种战略选择？
3. 中国与东盟之间存在的问题及未来发展？

4. 如何理解："谁控制了印度洋谁就统治亚洲；印度洋在21世纪是通向七大海域的钥匙，世界的命运将在这些水域见分晓" 这句话？

5. 为什么说：中巴关系是中国对南亚政策的重要基石？

6. 如何理解中国对非洲政策的总原则和目标？

7. 中国加入世界贸易组织的深远意义？

阅读文献：

1. 郑启荣主编：《改革开放以来的中国外交（1978—2008）》，世界知识出版社2008年版。

2. 张蕴岭主编：《构建和谐世界：理论与实践》，社会科学文献出版社2008年版。

3. 张蕴岭：《中国与周边国家：构建新型伙伴关系》，社会科学文献出版社2008年版。

4. 王逸舟：《全球政治和中国外交》，世界经济出版社2003年版。

5. 中国联合国协会编：《中国的联合国外交》，世界知识出版社2009年版。

第十讲

热点问题解读

进入新世纪以来，无论是国际形势还是中国的国内环境都发生了重大变化，恐怖主义的威胁、核扩散问题、民族矛盾、能源危机，等等，加之中国国内的热点难点问题已经影响到我们的日常生活，对热点问题的了解已经成为大学生认识世界、开阔视野、充实思想的一门必修课。因此，对于大学生来讲，了解世界热点问题、解读国内热点难点问题就显得尤为重要。

一　当代世界热点问题解读

（一）恐怖主义问题

21世纪初，以“基地组织”为代表的恐怖主义活动猖獗，尤其是“9·11”恐怖袭击事件给美国以及国际社会带来了巨大震撼，恐怖主义给世界和平与安全造成严重威胁，成为影响国际社会稳定的重要问题。

1.“恐怖主义”的界定

在世界范围内，较有影响的恐怖主义的定义有很多种，目前，国际社会对恐怖主义的定义尚未达成一个统一的认识。《现代汉语词典》将其解释为，由于生命受到威胁而引起的恐惧。与恐怖活动联系在一起，是在18世纪法国大革命时期。为保卫新生政权，巩固统治地位，雅格宾派用红色恐怖主义对付复旧的反革命分子。国民会议通过决议：“对一切阴谋分子采取恐怖行为。”而与恐怖组织联系在一起，是在二战之后，主要是指20世纪30年代滋生并逐渐扩大的由恐怖分子组成的网络与组织。这些组织通常分布于世界各地并通过各种极端的行为与手段来发泄、引起关注或强迫别人接受自己的主张。虽然国际社会对与恐怖主义相链接的有关词汇进行了基本的定性，但对“恐怖主义”却是众说纷纭，归纳起来，主要有三个方面：[①]

一是源自词典。如《简明不列颠百科全书》定义为：“对各国政府、公众和个人使用令人莫测的暴力讹诈或威胁，以达到某种特定目的的政治手段。各种政治组织、民族团体、宗教狂热者和革命者、追求正义者以及军队和警察都可以利用恐怖主义。”[②]《辞海》，定义为：“主要通过对无辜平民采取暴力手段以达到一定的政治和宗教目的的犯罪行为的总称。较多采用制造爆炸事件、劫机、扣押或屠杀人质等方式造成社会恐怖，打击有关政府和组织以满足某些要求或扩大其影响。”[③]《布莱克维尔政治学百科全书》定义为：恐怖主义可以简洁定义为强制性恐吓，或者更全面地定义为系统地使用暗杀、伤害和破坏，或者通过威胁使用上述手段，以制造恐怖气氛，宣传某种事业，以及强迫更多的人服从于它的目标。国际恐怖主义是指跨越国界的恐怖主义。《牛津高阶英汉双解词典》定义为：使用暴力或威胁使用暴力。[④]《世界知识大辞典》定义为：“为了达到一定目的，特别是政治目的而对他人的生命、自由、财产等使用强迫手段，引起如暴力、胁迫等造成社会恐怖的犯罪行为的总称。”[⑤]

二是源自学者。如美国学者本杰明认为：“恐怖主义是蓄意的、有组织的谋杀，用以威胁和残害无辜者，使其感到恐惧，以达到政治目的。”Lester A. Sobel认为恐怖组织是“地下秘密组织为了政治目的而从

① 姚臻：《关于“恐怖主义”的界定》，《北京政法职业学院学报》2010年第2期，第74—75页。

② 《简明不列颠百科全书》1985年版，第617页。

③ 《辞海》，1999年版，第1931页。

④ 《牛津高阶英汉双解词典》，商务印书馆1997年版，第1577页。

⑤ 《世界知识大辞典》（修订版），世界知识出版社1998年版，第835页。

事的几乎所有非法暴力活动。"① 英国学者 F. 哈利戴认为："恐怖主义是战争或内战以外，出于某种政治目的采取的个别暴力活动。"我国学者颜声毅认为："某些个人或集团，在狂热目标驱使下，针对特定的公司机构、设施、交通工具或公民，采取暴力袭击或暴力威胁，或者在无辜民众中制造恐怖气氛，以及滥开杀戒、酿成惨剧的行为。"② 胡联合博士认为：恐怖主义是指一种旨在通过制造恐惧气氛，引起社会注意以威胁有关政府或社会，为达到某种政治或社会目的服务的，无论弱者和强者都可以采用的、针对非战斗目标（特别是无辜平民目标）的暗杀、爆炸、绑架与劫持人质、劫持交通工具、施毒、危害计算机系统以及其他形式的违法或刑事犯罪性质的暴力、暴力威胁或非暴力破坏活动。以色列前总理内塔尼亚胡认为："为了政治目的而旨在制造恐怖气氛的故意策划的、系统性地针对公民的暴力攻击活动。"③ 博·格罗斯卡普认为："一种使用或威胁使用无选择性的暴力的秘密战争，旨在通过制造恐惧气氛，达到改变人们的心理状态，或国家或成员被威胁的群体的政策的目的。"④

三是各国政府的定义。美国政府 1986 年定义为："针对人身或财产，非法使用或威胁使用暴力，以推进政治或社会目标，或迫使政府、个人或团体改变其行为或政策。"⑤ 2001 年 4 月，美国国务院在一份报告中又指出："恐怖主义一词指的是由次国家组织或隐蔽人员对非战斗性目标所实施的、有预谋的、带有政治动机的、通常旨在影响群众的暴力活动。"⑥ 英国政府 1974 年反恐法案称："基于政治目的使用暴力，旨在使公众或公众的一部分处于恐怖之中。"俄罗斯联邦定义为："恐怖主义是指旨在侵犯公共安全、恐吓公众或强迫政府改变决定的爆炸、纵火、枪击，或其他造成人员危险或丧生、重大财产损失或引发其他社

---

① Lester A. Sobel, Political Terrorism, New York: Facts File. 1975. pp. 3 - 12.

② 颜声毅主编：《当代国际关系》，复旦大学出版社 1996 年版，第 344 页。

③ Benjamin Netanyahu, Fighting Terrorism, New York: Farrar Straus Giroux. 1995.

④ Beau Grosscup, The Newest Expplosion of Terrorism, Far Hills, New Jersey: New Horizon Press. 1998. 8.

⑤ Quoted in Military Review, Vol. 66, July, 1986, 74.

⑥ 石斌：《试析美国政府对恐怖主义的定义》，《世界经济与政治》2002 年第 4 期，第 56 页。

会危险后果的行为，以及相应的威胁行为。”① 德国政府认为“为了政治目的而持续袭击人们生命和其他人财产的行为，特别是暗杀、杀人、敲诈勒索、纵火、爆炸或其他旨在准备实施这种犯罪活动的暴力行为，以及相应的威胁行为。”②

2. 恐怖主义的特征

20世纪90年代以来，恐怖主义不断升级，恐怖袭击接连不断，国际恐怖主义主要表现为以下几个特征：③

暴力性与恐怖性。暴力性与恐怖性是当代国际恐怖主义两个相伴相随的特征。实施暴力是恐怖主义的手段，引发大规模恐怖摧毁人们的意志来实现自己的目标则是其目的。恐怖主义问题专家霍夫曼认为，“恐怖主义……旨在通过制造恐怖气氛，达到按照（事件）领导者的意愿对其他人施加影响，以及通过他们对事件的发展施加影响的目的”。④由此我们可以看出，恐怖主义活动在某种程度上也可以说是一种心理战。恐怖主义目的就是使用暴力或者威胁使用暴力，在个人、团体或者社会上形成一种恐怖气氛，制造恐慌，从精神上瓦解人们的意志，从而向某团体、政府施加压力，使之屈从于恐怖主义分子的要求。这样，其暴力性越强，制造的血腥场面越惨烈无疑对人心的震撼力越大，造成的恐慌也越大。

目标选择的多元化。伴随着国际恐怖主义的泛滥，恐怖主义针对的目标也显得无序化和多元化。为了达到自己的目的，恐怖主义分子根本不区分什么平民或军事人员，也不管你是商业、民用、政治或者军事机构和建筑，一切统统成了他们施暴的对象，当代国际恐怖主义以普通民众为目标已经是十分平常的事情了。

手段的多样化与智能化。在国际恐怖主义刚刚兴起和发展阶段，恐怖主义活动的主要手段无非是绑架、投毒、暗杀、爆炸、劫机，等等。冷战结束以来，恐怖主义活动的手段不但日益多样化，而且朝着科技化

① Quoted in Studies in Conflict and Terrorism, Vol. 21, p. 120.

② Alexp: Schmid And Albertj. Jongman, op. cit. 33.

③ 胡明莹：《当代国际恐怖主义特征论析》，《黑龙江史志》2010年第15期，第207—208页。

④ 王逸舟：《恐怖主义溯源》，社会科学文献出版社2002年版，第8页。

的道路发展。在科技革命和信息革命的推动下，恐怖主义也积极利用高科技为其目的服务。例如，本·拉登领导的“基地”组织就通过因特网来筹集资金、进行恐怖主义活动的安排、操纵，并且利用网络与其他恐怖主义组织联络。不仅如此，恐怖主义组织还充分利用高科技产品来实施自己的恐怖活动。例如，在恐怖主义爆炸活动中，他们就制造和利用各种新兴的塑胶炸弹和远距离遥控炸弹。同时，在冷战后大规模杀伤性武器有扩散趋势的情形下，恐怖主义也有可能利用包括核、生、化在内的大规模杀伤性武器。

浓厚的宗教色彩。在冷战后，宗教极端主义的影响和威胁日渐扩大，并且成为国际恐怖主义的主要思想来源之一。据霍夫曼考察，在1968年以前没有哪一个国际恐怖主义集团带有宗教性质。自从霍梅尼革命成功以后，当代国际恐怖主义的宗教性明显增强。1980年64个国际恐怖组织中有两个是宗教恐怖组织，此后，此数目一直在上升。1992年发动恐怖袭击的恐怖组织中宗教性质的约占四分之一，1994年达到了三分之一，1995年将近二分之一。总之，在整个20世纪90年代，大约有25%的恐怖主义是起源于宗教目的。现在我们比较熟知的一些恐怖主义组织无不打着宗教旗号，以之来号召信徒。本·拉登的基地组织就号召其门徒们对美国及其西方进行“圣战”。另外，哈马斯、黎巴嫩真主党等无不是具有宗教性质的恐怖主义组织。

恐怖主义的国际化与网络化。国际化与网络化是当代国际恐怖主义的又一鲜明特征。在国际恐怖主义兴起和发展的阶段里，它的范围大多还局限于中东地区和亚非拉一些贫困落后地区。可是，随着时间的推移，特别是冷战结束以后，恐怖主义活动呈现出遍地开花的趋势。现在不但宗教矛盾、民族矛盾聚集的中东地区备受恐怖主义问题的困扰，西欧、南亚、俄罗斯、美国等地也不断受到恐怖主义威胁，就是中国也在20世纪90年代中期受到过“东突”恐怖主义的干扰。与恐怖主义活动日趋国际化相伴随的则是网络化了，当今世界的国际恐怖主义组织往往不再单兵作战，而是有了联合化的倾向。本·拉登的“基地”组织在覆灭前几乎成了当代国际恐怖主义的大本营，很多恐怖主义组织团体向其“取经”。

反美性。反对美国及其代表的西方也是当代国际恐怖主义的一个不容忽视的特征。如果说在国际恐怖主义兴起和发展阶段针对美国的恐怖主义行为还不是很多的话，那么冷战结束后针对美国的恐怖主义活动数量则一路攀升。1995 年，全球恐怖事件 440 起，其中涉及侵犯美国利益的恐怖案件占 22.5% 左右；1996 年全球恐怖事件共 296 起，其中涉及美国利益的约占 24.7%，因此受伤的美国公民 1995 年为 60 人，1996 年则达 250 人。又据美国国务院统计，1997 年 304 起国际恐怖主义活动中有三分之一是针对美国的。国际恐怖主义之所以把其斗争的矛头指向美国与冷战结束后其奉行的大国主义、霸权主义以及其在阿以冲突中的偏袒以色列政策有很大的关系，本·拉登及其"基地"组织就把美国看做其打击的头号对象。2001 年"9·11"事件就被本·拉登"基地"组织及其他恐怖主义组织看做是反美活动的一次"大胜利"。

3. 恐怖主义的应对

恐怖主义威胁到国际社会的稳定和人民的生命安全，尽管国际社会高度重视并采取多项反恐措施，但国际恐怖主义活动仍接连不断。2009 年，巴基斯坦境内共发生 70 余起恐怖袭击事件，亡 1000 多人、伤 1720 人，平均每 5 天就发生一起恐怖事件，平均每起致死 16 人。在阿富汗，反政府武装今年实施了 3170 多起自杀式袭击或路边炸弹袭击，有 274 名外国军人、1500 多名阿富汗平民丧生。在伊拉克，全年恐怖袭击事件虽总量下降，但强度空前。特别是 8 月 19 日和 10 月 25 日的两次汽车炸弹袭击事件，至少造成 255 人死亡、1500 人受伤。此外，美国胡德堡军事基地发生的严重枪击事件、泰国南部分离主义组织制造的袭警事件、菲律宾南部马京达瑙省的政治绑架和屠杀事件等，都表明在当今多元化社会中，恐怖袭击事件是社会公共安全的第一大害。[①]

恐怖主义直接威胁到一个国家的经济发展，因此需要加强打击力度。首先是需要发挥国家的作用，国家反恐方式有四种：一是国内反恐法律体系建设；二是反恐力量建设；三是寻求国际反恐合作；四是国家

---

① 全球战略角逐加剧，军事专家盘点 2009 年世界军事安全形势，http://news.xinhuanet.com/mil/2009-12/29/content_12723671.htm。

建设，消除恐怖主义根源方面手段。[①]

其次，恐怖主义呈现出国际化趋势，区域性反恐，加强国家间的合作，需要建立全球反恐体系，可以打击跨国家的恐怖主义，有利于恐怖主义的打击，但是也会存在恐怖主义斗争中的悲剧，国家文化传统、国家利益等因素也会阻碍区域性反恐的发展。[②]

再次，打击恐怖主义需要国际合作。面对日益泛滥的国际恐怖主义犯罪，单靠个别国家和地区的努力是无济于事的，必须广泛动员国际社会的力量。只要国际社会加强合作，共同行动，恐怖主义就难以兴风作浪，这已得到国际社会的普遍认同。[③]

有效预防和打击恐怖主义活动才能维持世界的和平与稳定，“9·11”恐怖袭击事件后，打击恐怖主义活动已经成为国际社会的共识，只要各国加大反恐的投入，同时寻求有效的国际合作，建立公平正义的国际和谐社会环境，就一定能够有效地打击国际恐怖主义，为共同创造人类美好的未来作出更大的贡献。

（二）核不扩散问题

大规模杀伤性武器的扩散特别是核武器的扩散问题，是当代国际社会面临的最大威胁之一，二战后国际社会建立起一套较为完备的核不扩散机制，然而，冷战结束以来，核不扩散机制面临着前所未有的挑战，朝鲜核问题的出现使核不扩散机制陷入困境。目前朝鲜核问题出现大反复，六方会谈一次又一次陷入僵局，朝鲜核问题已经成为世界关注的一个焦点问题。

1. 核不扩散机制的建立

核不扩散机制的建立是冷战的产物，1968 年的《不扩散核武器条约》和 1996 年的《全面禁止核试验条约》是这一机制的两个基石性文献。1968 年 7 月 1 日，美国、英国、苏联和其他 59 个国家的代表分别在华盛

---

① 张俊梅、刘仕清：《恐怖主义及其应对》，《辽宁行政学院学报》2010 年第 9 期，第 162 页。

② 张家栋：《全球化时代恐怖主义及其治理》，上海三联书店 2007 年版，第 28 页。

③ 蒋荣耀：《恐怖主义探析》，《资治文摘（管理版）》2009 年第 5 期，第 47 页。

顿、伦敦和莫斯科签署了《不扩散核武器条约》。这一条约包括序言和11项条款，其中最为重要的是前4条的条款。第1条明确规定，有核国家“不直接或间接向任何接收国转让核武器或其他核爆炸装置的控制权，不协助、不鼓励、不引导无核国家获取核武器或其他核爆炸装置”。第2条明确规定，无核国家“不直接或间接从任何让与国接收核武器或其他核爆炸装置或对这种武器或爆炸装置的控制权的转让”。第3条确立了国际原子能机构在核查防止核扩散进程中的权威地位，要求“每个无核国家的缔约国承诺接受国际原子能机构规约及该机构的保障制度与该机构谈判缔结的协定中所规定的各项保障措施，防止将原子能自和平用途转用于核武器或其他核爆炸装置”。第4条旨在促进和平利用原子能，规定“各缔约国享有为和平目的而研究、生产和使用原子能的不可剥夺的权利。各缔约国承诺促进并有权参加在最大可能范围内为和平利用原子能的目的而交换设备、材料和科学技术情报”。同时引人注目的是条约对“有核国家”的界定，条约在第9条明确规定“本条约所称有核国家指1967年1月1日前制造并爆炸核武器或其他核装置的国家”。[①] 1970年3月5日《不扩散核武器条约》生效，交存批准书的国家超过40个。

《不扩散核武器条约》的签署标志着国际核不扩散机制的初步确立。1995年，《不扩散核武器条约》的缔约国在审议和延期这一条约会议上通过了使该条约无限期延长的一揽子决定。根据这些决定，1997年开始执行条约规定的新的审查过程，并通过核不扩散和裁军的原则和目标，制定了所有核武器缔约国和无核武器缔约国执行条约的标准。条约进一步规定，缔约国不仅确保将把条约作为全球核不扩散机制的核心加以维护，而且确保它的无限期延长，这将加强防止核武器扩散的国际法律规范化并使之永久化。1996年联合国大会通过的《全面禁止核试验条约》，则标志着国际核不扩散机制的进一步的完善。[②]

2. 核不扩散机制遇到的挑战

冷战结束后，国际安全形势有了新的变化，国际安全形势总体上趋向

---

① 《不扩散核武器条约》，《北京：国际条约集》（1966—1968），商务印书馆1978年版，第623—628页。

② 李春玲：《国际核不扩散机制与日本的“核武装”问题》，《世界经济与政治论坛》2005年第4期，第104—105页。

缓和，国际核不扩散机制也仍然继续得以维持。然而，一个不容忽视的事实是，国际核不扩散机制在冷战结束后正面临着前所未有的挑战。这些挑战主要来自三个方面：[①] 首先是无核国家开始获取或正在获取核武器，印巴核试验、伊朗核问题、朝核问题等，其中朝鲜还宣布退出《不扩散核武器条约》，公开进行核试验，就是这一挑战的具体和主要体现。第二方面的挑战来自有核国家对国际核不扩散机制的破坏，这主要是美国在冷战结束以来对其核战略的一系列重大调整。小布什政府上台后，先后决定拒绝批准《全面禁止核试验条约》、支持部署 NMD 以及退出《反导条约》。美国政府的举措是对国际核军控事业的重大挑战，势必对国际核不扩散机制产生深刻的影响。最后是国际恐怖组织积极寻求获取核武器。在这些挑战中，以来自前两个方面的挑战尤为突出和严峻。

3. 朝核问题

1985 年，朝鲜加入《不扩散核武器条约》（NPT），成为条约的成员国。但是，20 世纪 90 年代初，美国根据卫星资料怀疑朝鲜开发核武器，便以朝鲜已签署《核不扩散条约》为名要求核查，朝鲜方面坚决反对，由此引发了第一次朝鲜核危机。1994 年 10 月，美朝在日内瓦达成框架协议，规定朝鲜放弃核计划，美国为朝鲜建设两座采用轻水反应堆的电站。然而美国并没有按协议执行框架协议，朝美矛盾继续。2002 年 10 月，美国总统特使凯利访问朝鲜，凯利回国后美国宣布朝鲜已承认其推进浓缩铀开发计划，指控朝鲜正在开发核武器。随后，美国中断了向朝鲜提供重油，朝鲜则拆除国际原子能机构监视设备，驱逐监控人员，启用核计划。2003 年 5 月 22 日，朝鲜宣布退出《朝鲜半岛无核化宣言》，6 月 18 日，朝鲜正式宣布拥有核武器，第二次朝核危机形成。

第二次朝核危机形成后，为和平解决朝鲜核问题，在中国的推动下，2003 年 4 月，中、朝、美三方会谈在北京举行，然而，三方会谈没有取得任何实质性成果。为确保朝鲜半岛无核化，国际社会继续努力，在中国的倡导和主持下，自 2003 年 8 月开始举行中、朝、美、韩、俄、日六方会谈。迄今为止六方会谈已断断续续举行了六轮，取得了阶段性成果，通

---

① 李春玲：《国际核不扩散机制与日本的“核武装”问题》，《世界经济与政治论坛》2005 年第 4 期，第 106 页。

过了《9·19共同声明》、《2·13共同文件》、《10·3共同文件》三个共同文件，六方会谈作为和平解决朝核问题的最佳方式得到国际社会的广泛认同。但是，在有效维护朝鲜半岛无核化的问题方面，六方会谈远没有达到预期目标，不仅六方会谈达成的协议执行起来困难重重，而且在执行协议的过程中朝核问题也出现反复。2006年7月5日，朝鲜试射了多枚导弹，联合国安理会15日通过第1695号决议，对朝鲜导弹试射表示严重关切和谴责，要求朝方重新作出暂停导弹试验的承诺。朝鲜随后发表声明，强烈反对第1695号决议，表示将不受这一决议的任何约束。10月9日，朝鲜宣布成功地进行了一次地下核试验。朝鲜此举引起国际社会的极大关注，中国政府发表声明，对朝鲜无视国际社会的普遍反对，悍然实施核试验，表示坚决反对。10月14日，联合国安理会一致通过了关于朝鲜核试验问题的第1718号决议，对朝鲜核试验表示谴责，要求朝方放弃核武器和核计划，立即无条件重返六方会谈，并决定针对朝方核、导等大规模杀伤性武器相关领域采取制裁措施。目前，六方会谈陷入僵局，仍处于休会状态。

韩国李明博政府上台后采取强硬的对朝政策，南北关系急剧恶化。2009年4月朝鲜发射“光明星2号”卫星，5月进行了第二次核试验。2010年“天安”舰事件发生后，美韩进行了联合军事演习，把矛头指向了朝鲜，朝鲜核问题出现大反复，解决困难，已经成为世界关注的一个焦点问题。

（三）民族主义

民族主义是当今世界上最重要和最有影响力的政治思潮之一。冷战后，全球性和地区性的矛盾发生了重大变化，两极格局掩盖下的民族矛盾频发，民族主义再度高涨，成为影响世界和平与发展的重要因素。

1. 当代民族主义高涨的表现

普遍认为，当代世界范围的民族主义浪潮主要表现在以下几个方面：第一，民族分离主义势力十分活跃，并在一些国家的分裂、解体中起了重要作用。第二，跨国的“泛”字号的民族主义东山再起。第三，宗教与民族矛盾、民族冲突相互交织。第四，经济民族主义进一步强化。第五，形成了新的民族热点地区。[①] 也有论者把第三次民族主义浪潮的基本表现和特点概括为：以民族主义分离运动为特征的国家裂变；民族矛盾激化导致非主体民族谋求自治；民族矛盾的国际化使国家关系趋于复杂；民族主义泛起加剧了地方分离主义运动；宗教复兴加剧了教族冲突和民族矛盾；一些国家加强对境外同族的联系和关注；民族主义的复旧风潮和民族排他性增强；民族、宗教和领土等方面的冲突加剧；民族冲突和内战加剧了全球难民危机；种族矛盾加剧和种族排外主义势力回潮。并且认为以上十个方面的概括足以表明这股浪潮冲击、扩散的消极作用和引起民族矛盾普遍化、尖锐化和国际化的特点。[②]

2. 冷战后民族主义高涨的原因

冷战后民族主义浪潮再度兴起，主要由以下因素结合而成：(1) 制约民族矛盾的两极结构瓦解，为民族主义浪潮的兴起提供了历史契机。冷战时期，由于美苏两大集团对峙，意识形态和社会制度的对立居于主导地位，国内矛盾服从于国际矛盾，民族积怨和种族仇恨退居次要地位。冷战制度的瓦解使原本被长期压抑和掩盖的民族、种族和宗教问题重新显现。(2) 有些国家民族政策的失误是刺激民族主义发作的重要原因。有的多民族国家中少数民族政治权利保障机制薄弱，参政机制空泛；有的国家联邦制实行不彻底，中央集权过重，少数民族自治权利实际被剥夺；对于民族矛盾的解决，有的国家简单粗暴，甚至武装镇压，给民族关系投下了阴影。(3) 从社会结构来看，发展中国家的贫困是孕育极端民族主义的温床。纵观全球，无论是中东、中亚的民族冲突与教派纷争，还是非洲部族仇杀；无论是南亚、东南亚的民族与宗教争端，还是拉美的土著印第安人问题，一个显著的特点是第三世界地区构成冷战后民族冲突和宗教狂热的震荡带。贫困、落后与封闭不仅是孕育专制独裁的肥沃土壤，而且是滋生极端民族主义的温床。(4) 多民族国家经济发展的不平衡和民族经济政策的不合

---

① 龚学增：《民族、宗教基本问题读本》，四川人民出版社 1999 年版，第 177—180 页。

② 李赞：《当代世界民族主义浪潮及其对我国民族工作的挑战和对策研究》，《新疆大学学报》2007 年第 2 期，第 72 页。

理，是民族主义兴起的经济因素。俄罗斯族际关系紧张的原因中经济因素就占了很大的比重，盛产石油的科米、雅库特等共和国，其收入超过全国平均数，他们的动乱主要是经济方面的。(5) 大国的强权干涉、殖民政策的残余以及全球“民主化”浪潮的推动是民族危机发生的又一诱因。冷战结束不久，以美国为首的西方国家企图在全球范围内推行西方价值观和社会制度，加紧对发展中国家施加压力，要求它们实行西方式的“政治民主化”、“多党制”，并利用一些国家暂时的政治经济困难，拉拢国内某些势力打击另一派，造成他国内部矛盾。①

3. 民族主义的发展趋势

在全球化浪潮影响下的当代民族主义思潮，由于受到经济状况的不断改善、多民族国家中央政权执政能力不断提高、极端形式受到国际社会强烈谴责等多种因素的制约，其发展受到一定程度的遏制，基本发展趋势有以下几个方面：②

(1) 经济因素将成为民族主义发生的主导原因。世界各国认识到，贫困是包括恐怖主义在内的一切不稳定因素的根源，各国把主要注意力转向为经济的发展创造环境的工作思路上来。

(2) 政治性的地方民族分裂主义仍然将会是恐怖主义的主流形式之一。冷战的结束标志着世界历史由“民族国家时代”进入“多民族国家时代”，以建立本民族政治实体为中心内容的民族主义发展势头难以在短期内得到有效遏制。

(3) 随着世界民族和民族问题的政治化趋势，作为三大意识形态之一的民族主义将有可能成为超越共产主义和资本主义的主流意识形态。全球化时代的世界如果不能在解决民族问题上取得重大进展，表现出现存两种社会制度的优越性，很多感到没有出路的民族，就很可能走到以“民族主义”为理想的发展道路上去。

(4) 宗教因素将仍然是民族主义发生和发展的重要组织形式。宗教自形成以来，其对社会稳定的积极影响是毋庸置疑的，但同时我们

① 金鑫、辛伟主编：《世界热点问题报告》，浙江人民出版社2004年版，第170—172页。

② 徐祗朋：《当代民族主义与边疆安全》，民族出版社2009年版，第56—59页。

也不能否认其负面影响的存在，而且，宗教的负面影响是随着社会形势的变化而不同的。随着宗教影响的长期性，必然会在相当长的时间内成为引发民族主义的重要力量。

（5）民族主义产生诱因及其影响的国际化趋向日益突出。冷战结束以来的全球化浪潮，一方面使传统的“国际关系”演化为“全球关系”，以前的双边事务演化为“多边”乃至世界事务。重要的表现就是国内问题的国际化发展趋向日渐强烈，传统上的国内问题现在已经出现了国际性影响。对于民族主义而言，由于国际民族迁移随着两极格局的结束成为一股潮流。同时，人们原有的民族国家这样的政治单位划分的传统，现在也被社会关系、网络以及文化等方面影响的“全球化”所取代，所以有时候尽管看起来是国内的一个民族问题，实际上却已经具备了国际因素。

（四）能源问题

全球经济的迅速发展对能源需求不断上升，造成能源短缺和价格飙升，全球面临着能源危机。全球性的能源危机不仅表现为能源短缺，而且还表现为全球性能源需求在快速上升，因此，解决能源问题迫在眉睫。

1. 全球面临能源危机

目前世界主要有四种主流能源渠道，依次为：石油、天然气、煤炭和核能。石油储量的综合估算，可以支配的化石资源的极限大约为1180亿—1510亿吨，以1995年世界石油的开采量33.2亿吨计算，石油储量大约在2050年宣告枯竭；天然气储量估计131800—152900兆立方米，年开采量维持在2300兆立方米，将在57—65年内枯竭；煤的储量约为5600亿吨，1995年煤开采量为33亿吨，可以供应169年；铀的年开采量目前为每年6万吨，据1993年世界能源委员会的估计，可维持到21世纪30年代中期；核聚变到2050年还没有实现的希望。[①]

此外，全球能源需求将持续增长。《世界炼油商务文摘周刊》2009年12月14日报道，埃克森—美孚公司预测，中国、印度等发展中国家的石油需求快速增长势头还将继续，2005—2030年，全球能源将增长约35%，而非经合组织中的发展中国家能源需求将增长65%。埃克森—美孚对未来能源的前景表示乐观——经济将复苏和增长，生活水平将提高，贫困率将下降，新能源技术将快速发展。但也面临巨大挑战，即如何在满足世界能源需求增长的同时减少对环境的影响。埃克森—美孚还看好2005—2030年期间能源效率的提升潜力，对比历史增长率，到2030年全球能源需求增长将有所下降。尽管风能、太阳能和生物燃料等可再生能源可能会以年均10%的速度增长，但仍只占全球总能源比例的2.5%。[②]

2. 解决能源危机的途径

面对即将到来的能源危机，全世界认识到必须采取开源节流的战略，即一方面节约能源，另一方面开发新能源。[③]

一是节约能源，提高能源利用率。目前世界一些工业化国家都在采取节能措施，联合热电就是比较热门的话题之一。普通发电厂的能源效率只有35%，而多达65%的能源都作为热能白白浪费掉了。联合热电就是将这部分热用来发电或者为工业和家庭供热，因此可使能源利用率提高到85%以上，大大节约了初级能源。

二是开发“绿色能源”是解决能源危机的重要途径。太阳能、地热能、风能、海洋能、核能以及生物能等存在于自然界中的能源被称作“可再生能源”，由于这些能源对环境危害较少因此又叫做“绿色能源”。开发“绿色能源”是解决能源危机的重要途径。近年来，面对能源危机，许多国家都在下大力气研究和开发利用“绿色能源”的新技

① 郑美华、黄邦根：《全球能源危机条件下的中国经济可持续发展研究》，《北方经济》2008年第10期，第38页。

② 李晓兰摘编自《中国海洋石油报》2009年第12期，第18页。

③ 张全义主编：《当代全球热点问题》第12期，浙江大学出版社2009年版，第31—32页。

术新工艺，并且取得了相当可观的成就。目前“绿色能源”在全球能源结构中的比重已达到15%—20%，今后由石油、煤炭和天然气“老三样”能源唱主角的局面将得到改善。

三是开发核能，从根本上解决能源危机。目前科学家正在研究开发的替代能源有核能、风能、太阳能、地热、生物能和水力发电等。目前，最有希望的新能源是核能。核能有两种：裂变核能和聚变核能。可开发的核裂变燃料资源可使用上千年，核聚变资源可使用几亿年，这能从根本上解决能源危机。

3. 解决能源危机需要全球合作

全球能源短缺、全球能源价格上涨，必将导致世界经济增长速度放缓，并可能引发世界经济危机，因此在开发新能源的同时，解决能源危机需要全球合作。国际原子能机构总干事穆罕默德·埃尔巴拉迪认为，解决全球能源危机，需要一个全球性能源组织，世界各国可以通过这个能源组织对全球能源需求和供应进行权威性评价，将目前分散、不成套的重要能源数据整合到一起；可以加速合理的能源技术向穷国的转让，在建立安全、可靠和环境友好的最佳能源结构方面给穷国以客观性建议；可以建立一个在紧要关头和紧急需要时确保能源供应的全球性机制；可以帮助各国运转能源服务，甚至在战争或大的自然灾害后帮它们临时运转；可以为能源匮乏的国家提供协调与资金等。[①] 国内学者张全义则认为，能源开发需要全球联手，因为“国有石油公司控制着世界剩余的大多数石油储量，但是缺乏技术和人才；而外来的国际石油公司则有足够的管理能力和高新技术，却苦于无处可用。为此，应该加强石油公司之间的伙伴关系，这样才能互惠共赢”[②] 商定共同的方案来解决能源问题。

---

① 穆罕默德·埃尔巴拉迪：《解决全球能源危机》，《国际原子能机构通报》2008年第9期，第40页。

② 张全义、邹函奇：《当代全球热点问题》第12期，浙江大学出版社2009年版，第32页。

二　中国社会热点难点问题分析

（一）大学生就业问题

近年来，高等院校大规模扩招，大学毕业生人数与日俱增，就业压力也随之增大，就业形式十分严峻，大学生就业问题关系到国家和谐与社会稳定，日益受到社会各界的广泛关注。

1. 当前大学生就业现状

随着高校不断扩招，我国高校毕业生人数急剧增加。据全国普通高校毕业生就业工作会议公布的数据显示：2003 年 7 月全国高校毕业生约为 70 万人，2004 年 7 月达到 280 万人，2005 年全国普通高校毕业生人数达 338 万人，比 2004 年增加 58 万人，增幅达 20.71%。2006 年全国高校毕业生人数达 413 万人，与 2005 年相比增幅达到 22%。2007 年，全国普通高校毕业生达到 495 万人，而 2008 年全国高校毕业生人数又创历史新高——达到 559 万人，比 2007 年增加 64 万人。[①] 2009 年全国高校毕业生达到 611 万人，就业率为 87%；到 2010 年高校毕业生已经达到 631 万人，是近年来毕业生最多的一年。近年来，高校毕业生就业率维持在 70% 上下，并因此出现了大学生就业难的现状。

2. 大学生就业难的原因

当代大学生面临的就业难的现状是由多个原因造成的，大体上可以从以下两个方面分析其原因：一是，社会就业环境困难。目前，我国的失业率为 6%—7%，失业人口相当于欧盟 11 国失业人口的总和，约 1500 万—1800 万人。就业的总体形势制约了大学生就业。[②] 二是，高校培养问题。高等学校的专业设置、课程内容、教学水平与社会需求不相适应，因此，高校培养的毕业生是否符合社会需求、是否能够实现就业，是中国的高校普遍面临的一个重要课题。教高（2007）2 号《关于

---

① 王鑫周：《大学生就业问题研究》，《长春理工大学学报》2010 年第 12 期，第 19 页。

② 郭超：《大学毕业生面临的就业困境及对策》，《信阳农业高等专科学校学报》2010 年第 4 期，第 137 页。

进一步深化大学教学改革，全面提高教学质量的若干意见》指出："研究建立人才需求的监测预报制度，定期发布高等教育人才培养与经济社会需求状况，引导高等学校及时设置、调整专业和专业方向……深化人才培养模式、课程体系、教学内容和教学方法等方面的改革，实现从注重知识传授向更加重视能力和素质培养的转变。"教育部部长袁贵仁就2010年就业工作指出，高等教育质量高低的一个重要体现就是毕业生就业状况，要以社会需求为导向，推动新一轮高等教育改革，进一步增强高等教育与经济社会发展需求的适应性。①

3. 国家出台的大学生就业的主要政策

大学生就业是关系国计民生和社会稳定的大事，党和政府高度重视大学生就业工作。2009年以来，中国在大学生就业方面颁布了一系列政策。2009年1月7日，温家宝总理在主持召开的国务院常务会议上提出了包括"提升毕业生就业能力"的促进大学生就业的七项措施；2009年1月19日，教育部颁布了《关于做好2010年普通高等学校毕业生就业工作的通知》，提出了"要全面提高毕业生的就业能力"。为促进大学生就业，国家出台了一系列政策措施。

（1）努力为高校毕业生提供及时有效的就业信息。近年来，各省市公共职业介绍机构把为高校毕业生提供就业信息服务作为一项重点工作。通过多种渠道，收集发布适合高校毕业生的空岗信息。国家每年开展网上就业信息服务活动。各大中城市举办高校毕业生专场招聘会，组织供需见面。

（2）深入开展大学生职业指导工作。各高校普遍开设了就业指导课，宣传市场就业的方向和有关方针政策，指导毕业生树立正确的就业观念。国家也选派优秀的职业指导师进入高校，配合学校开展大学生就业指导工作。

（3）鼓励高校毕业生自主创业。国家鼓励高校毕业生自主创业，将高校毕业生创业培训工作纳入创业培训总体规划，加强创业培训师资、教材、培训机构等各种资源的技术支持，并与国家促进大学生就业

---

① 麦课思研究院：《2010年中国大学生就业报告》，社会科学文献出版社2010年版，第2页。

的相关扶持政策相衔接，为毕业生提供创业培训与项目开发、开业指导、小额担保贷款、减免收费、跟踪服务等“一条龙”服务。

（4）开展技能培训和就业见习，提升实践能力和就业能力。国家在有条件的中心城市开展了青年就业见习试点，组织未就业的高校毕业生到定点企业和单位进行职业见习，使他们获得工作经验，提高就业能力。

（5）面向基层就业，努力探索政府开发基层公共服务岗位的新机制。为引导高校毕业生面向基层就业，国家先后组织实施“大学生志愿服务西部计划”、“三支一扶计划”、“农村义务教育阶段学校教师特设岗位计划”等项目；各地因地制宜，稳步扩大地方项目规模和服务范围，积极探索实施引导高校毕业生进村、进社区工作的地方项目，国家争取通过3—5年的努力，实现每个村和社区至少有1名高校毕业生。

（6）鼓励各类中小企业和非公有制单位聘用高校毕业生。国家鼓励各类企业根据实际需要多招聘高校毕业生。要求对到中小企业和非公有制单位就业的高校毕业生，在专业技术职称评定方面，要与国有企业员工一视同仁。国家加大力度监督落实企业用工和劳动保障制度，加强对中小企业和非公有制单位在签订劳动合同、兑现劳动报酬，特别是缴纳社会保险等方面的监督检查，切实维护毕业生到中小企业和非公有制单位就业的合法权益。

（7）重点帮助困难家庭高校毕业生落实就业。各级政府和有关部门把对困难家庭高校毕业生的就业援助工作纳入政府援助困难群体就业的政策体系。各地有关部门要对离校后回原籍的“零就业”家庭未就业毕业生进行逐户逐人登记，优先安排进入高校毕业生就业见习基地，给予见习补贴，并实施重点帮助，提供有针对性的就业服务和公益性岗位帮助。①

（二）自然灾害

中国是世界上少数几个自然灾害频发、灾情严重的国家之一。近年

① 张金安主编：《大学生择业与成功就业》，陕西师范大学出版社2010年版，第10页。

来，我国自然灾害发生频繁，损失巨大，造成了人员的身心创伤，破坏了自然资源与环境，增加了社会不安定因素。减轻自然灾害已经成为全社会最关心的话题之一，同时也成为中国社会安全的重要组成部分。

1. 自然灾害的含义及分类

自然灾害是自然环境中对人类生命安全和财产构成危害的自然变异和极端事件。自然界的不断变化，太阳对地球辐射能的变化，地球运动状态的改变，地球各圈层物质的运动和变异，以及人类和生物的活动等因素，时常能破坏人类生存的和谐条件，导致自然灾害发生。人们通常把以自然变异为主因产生的并表现为自然态的灾害称为自然灾害，如地震、风暴潮等；而将以人为影响为主因产生的而且表现为人为态的灾害称为人为灾害，如人为纵火、交通事故、内乱、战争等。同时，也把由人为因素导致的表现为自然资源与环境成灾的灾害（“人为—自然灾害”）归为自然灾害，如某些森林火灾和地质灾害。

自然灾害的种类是多样的，按照统计管理口径进行分类而形成的自然灾害类别主要有：①

（1）气象灾害：气象灾害是指由因气象因素引起的灾害，即由于气候和天气原因导致的自然灾害，可分为天气、气候灾害和气象次生、衍生灾害。主要包括旱灾（土壤干旱、大气干旱）、暴雨灾害、热带气旋灾害、风灾（台风、龙卷风、大风、干热风）、低温冷冻灾害（冷空气、寒潮、冷雨、冻雨、霜冻、结冰、凌汛）、雪灾（雪崩、草原白灾、草原黑灾）、雹灾（冰雹、风雹）、雷电（雷击）、风沙（沙尘暴）灾害、其他气象灾害、混合型气象灾害（如暴风雪）等，共20余种。气象灾害具有种类多、范围广、频率高、持续时间长、群众性突出、连锁反应显著、灾情重等特点，是自然灾害中对人民生命财产造成损失最大的灾种。

（2）洪涝灾害

洪涝灾害俗称“水灾”，是指因气象等原因使水位异常升高，冲破堤岸，淹没田地、房屋，淹死人畜引发疾病等灾害现象。一般是由于降雨、融雪、冰凌、风暴潮等引起的洪流和积水造成的灾害。由于洪涝灾

① 张乃平主编：《自然灾害应急管理》，中国经济出版社2009年版，第1—6页。

害大多情况是气象气候原因所致，因而许多情况下也将其归类于气象灾害。

（3）地震灾害

地震灾害是指由于地震而造成人员伤亡、财产损失、环境和社会功能的破坏。地震及其震源有多种类别，主要为构造地震，其他还有陷落地震、水库地震等。

（4）地质灾害

这里指的是狭义的地质灾害，是由地球表层地形运动和其他地理作用造成的灾害。地质灾害主要包括崩塌、滑坡灾害、泥石流灾害、地面沉塌陷裂缝化灾害、盐碱地灾害以及土地沙漠化灾害、海水入侵灾害等。

（5）海洋灾害

因海洋水体、海洋生物和海洋自然环境发生异常变化导致在海上或海岸带发生的灾害都属于海洋灾害。主要包括风暴潮灾害、风暴海灾害、海啸灾害、海水灾害、赤潮灾害等。

（6）农业生物灾害

农业生物灾害是一类严重破坏农业的自然灾害，包括外来生物物种入侵，具体是指因农业病菌、虫害、杂草、害草、鼠害等有害生物而爆发的灾害。

（7）森林灾害

森林灾害主要是指有害生物暴发流行、森林大火及其他危害森林或林木的因素造成森林和林木损失的灾害，具体包括森林病虫害、鼠害和森林火灾等。

此外，自然灾害按照成灾过程进行分类，可分为突发性自然灾害、缓发性自然灾害；按照灾害先后作用进行分类，可分为原生灾害、次生灾害、衍生灾害；按照灾情的大小、并在灾情基础上结合灾害的性质、现实和潜在影响，自然灾害又可分为特别重大、重大、较大和一般四种自然灾害。

2. 我国自然灾害的基本概况

我国幅员辽阔，地理气候条件复杂，灾害载体传递距离长，受灾载体数目多，是世界上自然灾害最为严重的国家之一。我国灾害种类多，世界上所有的自然灾害几乎都有出现，自然灾害分布地域广、发生频率高，造成损失重。由于我国地理位置、特定的地形地貌和气候特征，致使我国气象灾害的种类之多，属世界少见。此外，洪涝、干旱、台风、风雹、雷电、高温热浪、沙尘暴、地震、地质灾害、风暴潮、赤潮、森林草原火灾和植物森林病虫害等灾害在我国都有发生。全国有74%的省会城市以及62%的地级以上城市位于地震烈度VII度以上危险地区，70%以上的大城市、半数以上的人口、75%以上的工农业产值，分布在气象、海洋、洪水、地震等灾害严重的地区。[①] 据民政部资料显示，在我国，一般年份全国受灾影响的人口约2亿人，其中死亡数千人，需转移安置300多万人，农作物受灾面积4000多万公顷，倒塌房屋300万间左右。特别是进入21世纪以来，我国年均受自然灾害人口达3.7亿人以上，年均直接经济损失至少1000亿元且呈逐年上升趋势。先后出现的2003年的非典、2008年初南方特大冰雪灾害、“5·12”汶川大地震以及2010年发生的云南、贵州、广西等地的大干旱，青海玉树大地震，江淮流域、四川及南方多个省大洪涝，甘肃舟曲特大泥石流等严重自然灾害所造成的生命财产和经济损失都是不可估量的。据国家统计局上半年发布的最新资料，仅2010年上半年受灾人口2.5亿人（次），因灾死亡3514人，失踪486人，直接经济损失2113.9亿元。有人估计过，自90年代以来，我国灾害造成的经济损失占我国年国民生产总产值的3%—6%（美国仅千分之几），损失巨大。[②]

自然灾害的频繁发生对我国经济社会造成的危害是巨大的。自然灾害造成人员的大批伤亡，使人民的生命财产和社会经济蒙受了巨大损失，对我国社会经济的可持续发展构成了严重威胁，同时，自然灾害处置不当造成的社会治安失控、犯罪活动增加等也是造成社会不稳定的重要因素之一。为此，加强环境保护，寻求有效的防灾减灾途径和方法刻不容缓。

3. 中国防灾减灾对策

防灾减灾建设已成为我国稳定社会、保障经济持续发展的重要国

---

① 张乃平主编：《自然灾害应急管理》，中国经济出版社2009年版，第17页。

② 方国联：《我国的自然灾害与防灾减灾教育思考》，《内江师范学院学报》2010年第10期，第96页。

策。我国政府制定的减灾建设的基本方针是“以防为主、防抗救相结合”。此外，防灾减灾建设还必须体现“除害兴利并举”的经济原则，以确保国家经济与社会可持续稳定的发展，保证人民的安居乐业。①

（1）加强自然灾害科学研究，建立灾情监测预报系统。加强自然灾害研究，就是要通过灾害预报、灾害区划与制订防灾减灾规划等措施抵御自然灾害。其中，灾害预报主要包括气象预报、理论预报和监测预报。（2）建立减轻自然灾害系统。具体是指由各级政府领导和协调建立的综合性职能机构。其主要职能包括制定减灾政策、确定灾害风险、发布灾情公报、决定减灾方案、领导减灾活动，以保证在当前的科技、经济水平上，尽可能将灾害的损失降低到最低限度，以保护人民生命财产的安全和维护社会的稳定。（3）采取多种形式，提高全民的减灾防灾意识。通过各种途径，积极开展防灾、减灾的宣传、普及教育，提高公众的环境保护意识和减灾意识，调动全社会的力量，开展和做好“以人为本，预防为主，群策群力，防治结合”的防灾、减灾工作。②

（三）腐败问题

腐败现象，自古有之，任何社会制度均无法避免腐败的困扰。自1978年实行改革开放以来，中国社会一直处于深刻的转型之中，随着我国市场经济的发展，我国的政治制度、政治生活发生了深刻的变革，但和谐社会的背景下也存在着一些不稳定的因素，腐败问题已经成为中国社会的难点问题之一。

1. 腐败问题在中国的主要表现

改革开放后，不少党员干部和社会上的种种腐败现象，越来越成为全党和全国人民密切关注的热点话题，腐败问题是当前中国所面临的诸多社会和政治问题中一个十分突出的问题，腐败现象呈现出不断滋长蔓延的发展势头，这主要表现在以下几个方面：③

---

① 国务院：《中华人民共和国减灾规划（1998—2010）》，1998年版。

② 盛海洋：《我国自然灾害特征及其减灾对策》，《水土保持研究》2003年第4期，第270—271页。

③ 何增科：《反腐新路——转型期中国腐败问题研究》，中央编译出版社2002年版，第1—5页。

（1）涉足腐败行为的公职人员无论在层级和数量上均呈上升趋势。自1978年以来，因牵涉腐败和其他经济犯罪而受到党纪政纪处分的党员达到235万人[①]，受到法律制裁的公职人员超过40万人。这一方面反映出转型期中国反腐败斗争取得了重要成果，但另一方面也反映出涉足腐败的公职人员在层级和数量上都在上升的事实。可以说，在公职人员中已经出现了大面积的腐败，更为严重的是腐败现象已经从基层干部蔓延到县处级以上领导干部，从经济管理部门蔓延到党政领导机关、行政执法机关和司法机关以及军队、武警等政权的要害部门，腐败现象的发展势头令人担忧。

（2）反腐败力度不断加大，但腐败案件增长势头有增无减。根据历届全国人大会议讨论通过的《最高人民检察院工作报告》及相关资料统计，全国各级检察机关1979—1982年查处贪污贿赂等腐败案件总数为98225件，1983—1987年间则增至155000件，1988—1992年间增至214318件，1993—1997年间更增至387352件，18年间查处的贪污贿赂等腐败案件平均每年以22%的速度增长。此外，大案要案呈上升趋势，违法违纪金额在千万元乃至上亿元的特大案件不断增加。

（3）被称为“不正之风”的行业性、部门性以权谋私的腐败现象和用公款进行奢侈性消费和挥霍浪费的各种不正之风愈演愈烈。行业性、部门性以权谋私的腐败行为不是一种个人行为而是一种“官方”行为。它是一些地方政府或政府职能部门利用自己所掌握的垄断性权力和资源进行“创收”改善内部职工福利待遇的行为，它实际上是在行政行为掩护下追求自身利益最大化的一种经济行为。

（4）腐化堕落、吃喝嫖赌黑“五毒俱全”的干部数量在增加。对外开放以来，受享乐主义和极端个人主义思想影响，一些干部道德堕落，生活腐化，嫖娼养情妇，参与甚至组织赌博，勾结利用黑社会恶势力为非作歹，被群众称为“五毒俱全”的干部，这种干部数量在一些地方和部门呈上升趋势。

---

① 陈怀鹏、田颖：《进一步推进党风廉政建设和反腐败斗争——访中央纪委副书记曹庆泽》，《求是》1999年第4期，第24页。

2. 腐败对中国的危害

腐败被称为“政治毒瘤”，对国家和社会具有很强的破坏作用，中国作为一个发展中国家，腐败对中国造成的危害也是多方面的，它破坏政治稳定，影响经济发展，毒化社会风气。

首先，腐败破坏政治稳定。腐败是导致政治不稳定的主要因素，是破坏中国政治稳定的严重隐患。腐败破坏党群干群关系，动摇政府的合法性地位，损坏了政府在人民心目中的道德形象，使民众对政府产生信任危机，为政治上的不稳定埋下了祸患。

其次，腐败影响经济发展。杨灿明和赵福军在《行政腐败的宏观经济学分析》一文中研究了腐败对转型期中国经济增长的影响。他们的结论认为：第一，在中国经济市场化过程中，行政腐败降低了中国经济增长率。第二，在我国公共支出领域，行政腐败行为的发生浪费了大量的公共支出。第三，在我国经济发展的过程中，存在着大量的预算外支出。预算外支出为腐败行为的发生提供了便利。①

再次，腐败毒化社会风气。腐败严重毒化了社会风气，破坏社会主义精神文明建设。腐败会降低人们的道德水准，动摇人们的理想与信念，助长利己主义、拜金主义和极端个人主义思潮的泛滥，破坏人与人之间的诚信与合作，从而在精神层面影响政治稳定。

3. 腐败治理的对策

(1) 加强思想道德教育

克服腐败现象的关键问题在于教育党员干部，帮助他们树立正确的世界观、人生观、价值观，通过加强思想道德教育提高党和国家工作人员的整体素质。中国共产党在长期的革命和建设时期，非常重视思想道德教育工作，思想工作历来是中国共产党的政治优势之一。在改革开放条件下，对广大干部进行思想政治教育，仍然是控制腐败的重要而有效的手段。② 以江泽民为核心的党的第三代领导集体，高度重视思想政治工作控制腐败的作用。1996 年 1 月 26 日，江泽民在中纪委第六次全会讲话中说：“要教育党员干部树立马克思主义的世界观、人生观、价值

---

① 马海军：《转型期中国腐败问题比较研究》，知识产权出版社 2008 年版，第 168 页。

② 同上书，第 260 页。

观，尤其要防止和克服拜金主义、享乐主义、极端个人主义，努力抵御各种腐朽思想和生活方式侵蚀的能力。拒腐防变的思想长堤越坚固，就越能自觉接受组织的监督，也就越经得住权力、金钱、美色的考验。”①

（2）建立健全法律法规、加强权力监督和制约

在改革开放过程中都要反对腐败，对干部和共产党员来说，廉政建设要作为大事来抓。反腐败要靠法制、健全的制度，这是邓小平同志的一贯思想。要加快立法步伐，进一步健全和完善各种法规，建立一整套行之有效的法律体系，使腐败分子无空可钻、无机可乘。在法治建设、机制建设的同时特别要加强权力监督制约机制的建设。针对社会转型期的特点，必须建立强有力的监督制约机制。要有群众监督制度，让群众和党员监督干部，特别是领导干部。②

（四）群体性事件

所谓群体性事件，一般是指“因人民内部矛盾而引发，由部分公众参与并形成有一定组织和目的的集体上访、集会、阻碍交通、围堵党政机关、静坐情愿、聚众闹事等群体行为，并对政府管理和社会造成影响”。③ 近年来，我国群体性事件频发，总量持续上升，规模不断加大，成为影响社会稳定和发展的突出问题。

1. 群体性事件的类型与特征

统计资料显示，从 1993 年至 2003 年 10 年间，我国群体性事件数量急剧上升，由 1994 年的 1 万起猛增到 2003 年的 6 万起，增长 5 倍之多。④《瞭望》新闻周刊也披露，群体性事件持续上升，2005 年为 8.7 万起，2006 年则超过 9 万起。而从近几年的媒体报道中看，群体性事件的上升势头并未得到有效缓解，仍然保持着多发态势。

从表现形式看，我国近些年出现的群体性事件主要有两大类型，即

---

① 中共中央文献研究室：《十四大以来重要文献选编（中）》，人民出版社 1997 年版，第 1693—1694 页。

② 王功名：《反腐败与政治稳定》，《天津市经理学院学报》2009 年第 2 期，第 12 页。

③ 中国行政管理学会课题组：《我国转型期群体性突发事件主要特点、原因及政府对策研究》，《中国行政管理》2002 年第 5 期。

④ 《2005 年社会蓝皮书》，社会科学文献出版社 2005 年版，第 38 页。

利益诉求型群体性事件与泄愤型群体性事件。利益诉求型群体性事件具有较为明确的利益诉求指向，其发生主要根源于利益受损群体缺乏必要的利益表态渠道，或者地方政府对这种利益诉求缺乏必要的回应性，如失地农民和下岗职工的集体上访、静坐示威，强制拆迁或环境污染所引发的社会抗议事件等。①

群体性事件的另一种类型，称为社会泄愤事件，是指“那些在相对自发的、无组织的和不稳定的群体情境中，由成员之间的相互暗示、激发和促进而发生的社会行为”。② 泄愤型群体性事件具有如下几个方面的特点：③ 一是事件起因偶然，升级剧烈，失控迅速；二是绝大多数参与者与作为导火线的具体时间并没有直接利益关系。他们参与行动，可能出于路见不平，更多的则是借题发挥，表达他们心中郁积的对于社会不公正、政治不清明的强烈不满。三是事件的发展过程，虽然可能有某些具有一定组织性的势力参与其中，但事件总体上仍然属于自发性行为，并无从头到尾策划、运作整个事件的组织，因而在事件的发展过程中地方党委政府往往很难找到能代表参与者的谈判对象。四是事态的扩大，往往与谣言的传播有着密切的关系。五是众多参与者在相互间的激愤情绪的感染下，以各种狂热和过激行为，直接冲击公共机构，严重扰乱社会秩序，造成公共财产的重大损失。

2. 群体性事件频发的原因

（1）群众利益受损，不满情绪弥漫

群体性事件，多数是普通群众的利益受损、心中充满强烈的不满情绪甚至积怨而发生的。社会底层不满情绪的发酵有一个值得高度关注的迹象，当弱势群体不满情绪的指向，从身边有劣迹的官商个体的憎恶发展到对整个干部群体和富人群体的敌视，从“对具体工作人员的质疑发展到对政权体制的不满”，进而形成了“为富不仁”、“为官必贪”的刻板印象，甚至用‘官黑一伙’、‘警匪一家’来表示对国家法律制度的

---

① 何显明：《群体性事件的发生机理及其应急处置》，学林出版社 2010 年版，第 4 页。

② 吴帆：《集体理性下的个体社会行为模式分析》，经济科学出版社 2007 年版，第 90 页。

③ 于建嵘：《社会泄愤事件中群体心理研究——对“瓮安事件”发生机制的一种解释》，《北京行政学院学报》2009 年第 1 期，第 26 页。

绝望”时，这种被四处涌动的社会不满情绪，这种被长期积累的民怨，即构成泄愤型群体性事件参与者的共同心理基础。[①] 从某种程度看，此起彼伏的群体性事件，其实就是群众不满情绪的集中爆发。

（2）利益表达渠道不畅

缺乏有效的利益表达机制，不满情绪无法通过正常渠道宣泄，是群体性事件大量出现的重要体制根源。[②] 目前我国民意表达渠道主要是通过各级信访和网络，而这些表达渠道的有效性主要是通过引起政府部门注意，从而采取相应措施来实现。原本人民代表大会是表达各阶层民意和利益诉求合法有效的渠道，但是受目前我国人民代表大会选举制度和当前国情限制，很少有来自社会底层和弱势群体的人大代表来反映他们的利益。这导致群众的真实情况无法向上反映，民众的疾苦不能及时得到解决，各种社会问题的不满情绪长期积压，从而引爆出大规模的群体性事件。当代中国农民进行的维权斗争和进京上访行为，大部分原因就在于缺乏合力畅通的信息交流渠道，农民自身的合法权益受到侵害而得不到公正地上诉途径。[③]

3. 群体性事件的应对

群体性事件冲击社会公共秩序，危害社会稳定。有专家认为，未来10年中，群体性事件将是中国社会稳定最大的威胁，也是对地方政府执政能力最大的挑战。[④] 因此如何有效地预防及应对群体性事件显得尤为重要。

（1）建立健全社会保障体系

要建立健全社会保障、社会救助社会福利和慈善事业相衔接的多层次的社会保障体系。社会保障体系是社会经济发展的“稳定器”，是从源头上防范群体性事件的根本。对那些通过自身劳动仍不能解决生活温

---

① 何显明：《群体性事件的发生机理及其应急处置》，学林出版社2010年版，第8—9页。

② 同上书，第9页。

③ 于建嵘：《中国当代农民的维权抗争：湖南衡阳考察》，中国文化出版社2007年版，第23页。

④ 米艾尼：《采访国家行政学院公共行政教研室主任竹立家》，《瞭望东方周刊》2010年第1期。

饱者，国家要通过财政转移支付，给予困难家庭在生活、医疗、教育、就业、住房、重大事故和灾情等方面的救助。政府要发挥主导作用并加强政策扶持，将社会保障体系建设纳入经济社会发展总体规划，动员社会各方力量投入，并成为社会保障体系建设的参与主体。

（2）畅通利益表达机制

利益表达机制有缺陷，普通群众的利益表达不畅通是造成我国群体性事件多的重要原因之一。因此，要通过创建多样化的利益表达机制，让人民群众依法拥有合法的利益表达机会、合法的利益表达平台、合法的利益表达维护手段，使那些深感不平的人们能够通过这些机制将不满情绪发泄出来，这样不仅可以舒缓精神压力，还可以把自己的利益诉求反映出来，争取获得支持，从而极大地减少不满者直接到街头发泄不满情绪，减少街头暴力冲突的机会。[①]

思考题：

1. 你了解和关注的国内外热点问题有哪些？
2. 国际恐怖主义蔓延的主要原因有哪些？如何应对？
3. 大学生就业难的自我原因？
4. 民族主义产生的诱因及其影响？
5. 如何理解：只有加强石油公司之间的伙伴关系，这样才能互惠共赢这句话？
6. 你对当前腐败现象的看法及对策？
7. 群体性事件之我见？

阅读文献：

1. 金鑫、辛伟：《世界热点问题报告》，浙江人民出版社 2004 年版。
2. 张全义、邹函奇：《当代全球热点问题》，浙江人民出版社 2009 年版。
3. 上海社会科学院世界经济与政治研究院编：《国际热点与中国的外交应对》，时事出版社 2008 年版。

① 赵永琛：《群体性事件应对与和谐社会构建》，《公安研究》2010 年第 9 期，第 30 页。

后　记

本教材是由延边大学社会科学基础部形势与政策教研室主任、硕士研究生导师、历史学博士金祥波副教授拟定专题题目、设定专题具体内容和撰写细则，然后由本教研室教师分工编写完成书稿。参加本教材编写的作者有：

第一讲——孟祥鹏

第二讲——金祥波

第三讲——封　莎

第四讲——封　莎、孟祥鹏

第五讲——金祥波、王丽丽

第六讲——孟祥鹏、王丽丽

第七讲——封　莎

第八讲——金祥波

第九讲——马　晶、金祥波

第十讲——马　晶

全书由教研室主任金祥波副教授改稿、统稿、定稿，由教研室马晶博士对改稿、统稿之处做电子版的修改、加工和对全部样稿进行统一校稿。

在编写过程中，我们参考并吸收了大量的相关研究成果，在此对相关的作者表示深深的谢意！同时也感谢王慧民教授和俞爱宗教授在本书编写过程中提出了很多宝贵的建议！

诚然，由于时间仓促和编者水平有限，书中缺点和疏漏在所难免。不足之处，欢迎批评指正。

2011 年 4 月 22 日于延边大学